Andreas Sanfilippo

Geschichte im Blick

Von der Französischen Revolution bis zum Ende des Zweiten Weltkriegs

Bibliografische Information der Deutschen Nationalbibliothek: Die Deutsche Nationalbibliothek verzeichnet diese Publikation in der Deutschen Nationalbibliografie; detaillierte bibliografische Daten sind im Internet über dnb.dnb.de abrufbar.

„Herstellung und Verlag: BoD – Books on Demand, Norderstedt"

ISBN 978-3-751923989

Vorwort zur 1. Auflage

1789 bis 1945, oder: Von der Französischen Revolution zum Ende des Zweiten Weltkriegs. Das ist der Zeitrahmen, den ich in diesem Buch behandle. Als Geschichtslehrer und YouTuber (dort unter Latiniculus zu finden) weiß ich nur zu gut, dass es da viel zu sagen gibt. Mit diesem Zeitraum oder zumindest mit Teilen davon wird sich jeder befassen, der Geschichtsunterricht in der Oberstufe hat, und in erster Linie richtet sich mein Buch an Schülerinnen und Schüler der gymnasialen Oberstufe und meine Geschichtskolleginnen und -kollegen.

Dieses Buch kann euch, liebe Schülerinnen und Schüler, als Nachschlagewerk oder zur vertiefenden Lektüre dienen. Es kann auch einfach ein Begleiter in eurem Geschichtsunterricht sein und als Vorbereitung für so manche Prüfung wie Klausuren oder dem Abitur hilfreich sein.

Und für Sie, meine lieben Kolleginnen und Kollegen, sei dieses Buch als Unterstützung und Ergänzung gedacht. Ich hoffe, dass es dem einen oder anderen nützlich sein wird.

Aber klar – das Buch kann auch jedem Anderen eine Freude bereiten, der sich für Geschichte interessiert und etwas dazulernen oder erfahren möchte. Auch Ihnen wünsche ich viel Freude bei der Lektüre.

Gerne nehme ich auch Rezensionen per Mail entgegen. Schreibt mir/schreiben Sie mir an schule.sanfilippo@gmail.com.

An dieser Stelle möchte ich mich bei all jenen bedanken, die durch ihre kritische Prüfung und Hinweisen geholfen haben, dieses Buch besser zu machen. Namentlich sind dies Sebastian Adensam, Odin Haller, Miriam Müller, Julia Öhrlein.

Weiterhin möchte ich einen Dank an Felix Juchem richten, der mir einen verlorengegangen Text zugesandt hat.

Abschließend, da ich dies im Mai 2020 schreibe, sei gesagt, dass ich daran arbeite, noch einen zweiten Band zeitnah zu veröffentlichen, der sich hauptsächlich mit der deutschen Geschichte von 1945 bis 1990 beschäftigen soll, da dies für den Oberstufenunterricht ebenfalls eine sehr wichtige Zeit ist. Daneben soll zusätzlich auch der Kalte Krieg vorgestellt werden. Der Text ist soweit fertig, aber es bedarf noch etwas Zeit für die Feinarbeit.

Nun aber viel Freude mit diesem Buch!

Euer/Ihr
Andreas Sanfilippo im Mai 2020

Inhaltsverzeichnis

1 Die Französische Revolution und die napoleonische Herrschaft 1799-1815

1.1 Frankreich am Vorabend der Revolution

Es gibt nicht *die* eine Ursache, die zur Französischen Revolution geführt hat. Vielmehr sind es mehrere Ursachen, die zusammen kombiniert dazu geführt haben, dass letztlich eine Revolution ausgebrochen ist. Die Fragen, die sich also zunächst einmal stellen, sind: Wie sah es denn in Frankreich unmittelbar vor Beginn der Französischen Revolution im Mai/Juni 1789 aus? Was sind die Ursachen, die zur Revolution geführt haben?

Rund 25 Millionen Franzosen lebten 1789 in Frankreich. Hierbei galt die mittelalterliche Ständeordnung: Den 1. Stand bildete der Klerus und umfasste ca. 120000 Personen, den 2. Stand bildete der Adel mit rund 350000 Personen[1] und den 3. Stand bildete der Rest der Bevölkerung – dies waren rund 98 % aller Franzosen gewesen. Keiner der Stände war in sich homogen, d. h. innerhalb der Stände war nicht jeder ähnlich wohlhabend – im Gegenteil: Innerhalb des Klerus waren Erzbischöfe und andere mächtige Kleriker sehr wohlhabend und stammten im Grunde ausschließlich von adligen Familien ab, während Landpfarrer und einfache Priester dagegen kaum reich waren. Bei den Adligen gab es dieses Gefälle ebenfalls: Es gab jene Adlige, die eng mit dem Königshof verbunden waren und einen verschwenderischen Lebensstil pflegten, und jene, die auf dem Land lebten und oft nicht übermäßig reich waren. Auch der 3. Stand war in sich sehr inhomogen: Die reichsten Bürger (v. a. wohlhabende Geschäftsleute und erfolgreiche Händler) zählten zur Bourgeoisie, die nach politischer Mitbestimmung strebte und 2-3 % der Bevölkerung[2] ausmachte. Ebenfalls zu den besser gestellten Gruppen zählten Gerichts- und Finanzbeamte, Ärzte, Journalisten und Schriftsteller. Weniger wohlhabend waren dagegen die Kleinbürger (z. B. Handwerker, kleine Einzelhändler) und Tagelöhner. Circa 85 %[3], und damit die überwältigende Mehrheit des 3. Standes, bildeten die Bauern, die eine große Menge an Abgaben zu leisten hatten.

Während Klerus und Adel von den Steuern befreit waren – der Klerus machte freiwillige Abgaben und erhielt dafür das Recht, den Zehnten zu erheben[4] – war der 3. Stand verpflichtet, Steuern zu bezahlen. Dies konnten direkte Steuern wie die *taille* (eine Art Einkommensteuer) oder indirekte Steuern wie die *gabelle* (Salzsteuer) sein. Brauchte der Staat Geld, konnte er willkürlich neue Steuern erheben, die vor allen Dingen die Bauern zu stemmen hatten.

---

[1] Vgl. Griesshaber, Dieter, Die Französische Revolution bis zum Ende der Diktatur Robespierres (1789 - 1794), Stand: 07.06.2019, unter: http://geschichtsverein-koengen.de/FranzRevolution.htm, abgerufen am 08.05.2020.
[2] Vgl. ebenda (im Folgenden: ebd.).
[3] Vgl. ebd.
[4] Vgl. Kuhn, Axel, Die Französische Revolution, Stuttgart 1999, S. 29.

Weiterhin besaßen die Bauern nur rund 30 % des Landes in Frankreich, während Klerus (10 %), Adel (30 %) und das besser gestellte Bürgertum (30 %) verhältnismäßig deutlich mehr Land besaßen.[5] Weil die Bauern in der Regel von einem Grundherrn abhängig waren, mussten sie Abgaben an ihn leisten, durften aber beispielsweise nicht jagen und mussten bestimmte Zahlungen an den Grundherrn verrichten.

Wirtschaftlich lief es unmittelbar vor dem Ausbruch der Revolution in Frankreich nicht gut. Zwar war Frankreich hinter dem Königreich Großbritannien[6] die zweitstärkste Wirtschaftsnation, aber der Bevölkerungszuwachs konnte nicht durch entsprechende wirtschaftliche Expansion kompensiert werden, sodass die Arbeitslosigkeit stark anstieg. Durch Missernten – gerade auch im Winter 1788/89 – wurde die Lage verschlimmert: Kosten und Preise stiegen an. Die Bevölkerung konnte sich weniger für ihr Geld leisten. Die Not stieg (an).

Ebenfalls eine Rolle im Vorfeld der Französischen Revolution spielten die politischen Ideen von einigen bedeutenden Staatstheoretikern. Hierbei sind Charles de Montesquieu, Denis Diderot und Jean-Jacques Rousseau zu nennen. Während die beiden Erstgenannten nicht gegen die Monarchie an sich waren, dafür aber den Absolutismus durch andere monarchistische Formen ersetzen wollten, war Rousseau kein Anhänger der Monarchie. Die Ideen dieser Staatstheoretiker wurden vor allen Dingen von den gebildeten bürgerlichen Schichten aufgenommen und diskutiert und ließen so den Wunsch nach Veränderungen aufkommen.

Die Phase unmittelbar vor dem Ausbruch der Französischen Revolution war zudem von einer großen Finanzkrise geprägt. Es drohte der Staatsbankrott. Zwischen 1740 und 1748 war Frankreich im österreichischen Erbfolgekrieg involviert, 1756-1763 beteiligte es sich am Siebenjährigen Krieg, in dem die Franzosen letztlich zu den Verlierern gehörten, und im Amerikanischen Unabhängigkeitskrieg (1775-1783) kämpfte man – dieses Mal erfolgreich – mit. All diese Kriege kosteten eine Menge Geld, das Frankreich immer tiefer in die Schulden fallen ließ. Allein rund 52 % der Einnahmen des französischen Staates wurden 1788 zur Schuldentilgung verwendet[7], aber die Einnahmen reichten nicht aus, um die finanzielle Situation zu verbessern. Diese miserable Situation erkennend, wollte Finanzminister Charles Alexandre de Calonne u. a. die Adelsprivilegien abschaffen. König Ludwig XVI., der als schwache Herrscherpersönlichkeit galt, wollte diese Reform umsetzen und berief deshalb zum 22.02.1787 die Notabelnversammlung ein. Dort kamen 144 Adlige zusammen, um über die Reformpläne abzustimmen. Auch wenn der König darauf bedacht war, Adlige auszuwählen, die eher geneigt

---

[5] Ebd., S. 26.

[6] Gerne findet man die Bezeichnung „England", aber England war damals nur ein Teil eines größeren Staatswesens, nämlich dem Königreich Großbritannien, das am 01.05.1707 durch die Vereinigung mit Schottland entstanden ist.

[7] Vgl. Griesshaber, Dieter, Die Französische Revolution bis zum Ende der Diktatur Robespierres (1789 - 1794), Stand: 07.06.2019, unter: http://geschichtsverein-koengen.de/FranzRevolution.htm, abgerufen am 08.05.2020. Auf der Seite wird noch angegeben, dass ca. 26 % für das Militär und rund 6 % für den königlichen Hof aufgewendet wurden.

waren, den Plänen zuzustimmen, scheiterte die Reform, da es dafür keine Mehrheit gab. Die Notabelnversammlung wurde am 25.05.1787 aufgelöst und nach einer Einschränkung der Macht der Parlements[8] (adlige Gerichtshöfe) in den einzelnen Regionen Frankreichs kam es im Mai 1788 zu Aufständen u. a. in Dijon und Toulouse. Die Situation war also angespannt und so berief Ludwig XVI. am 08.08.1788 die Generalstände für das kommende Jahr ein – diese Generalstände, die eine Versammlung von Vertretern der drei Stände waren, wurden seit 1614 nicht mehr einberufen.

Schon im Vorfeld des Treffens der Vertreter der Generalstände brodelte es. Zwar wurde die Zahl der Mitglieder des 3. Standes auf 600 erhöht, um damit genauso viele Vertreter wie Adel (300 Mitglieder) und Klerus (300 Mitglieder) zu haben, aber der König hielt daran fest, dass jeder Stand nur mit einer Stimme bei Fragestellungen abstimmen durfte.[9] Somit behielten diejenigen Kräfte die Oberhand, die gegen tiefgreifende Reformen waren. Damit war der Beginn für die Französische Revolution gelegt.

1.2 Die erste Phase der Revolution: Vom Ausbruch der Revolution bis zum Ende der Monarchie (1789-21.09.1792)

Die Französische Revolution lässt sich in mehrere Phasen unterteilen[10]: Die erste kann man vom Ausbruch der Revolution 1789 bis zur Abschaffung der Monarchie am 21.09.1792 eingrenzen. Die darauffolgende Phase vom 22.09.1792 (dem offiziell ersten Tag der Republik) kann dann bis zum Ende der jakobinischen Terrorherrschaft am 27.07.1794 gefasst werden und die finale Phase der Französischen Revolution endet schließlich am 13.12.1799– an jenem Tag erklärte Napoléon Bonaparte die Revolution für beendet.

Schauen wir uns zunächst die erste Phase der Revolution an: Ihren Ausgangspunkt findet die Revolution bei der Eröffnung der Generalstände am 05.05.1789. Statt über die eigentlichen Reformpläne abzustimmen, herrschte Uneinigkeit darüber, wie abgestimmt werden soll. Vor allen Dingen der 3. Stand forderte eine Abstimmung nach Köpfen (zur Erinnerung: 600 Mitglieder entstammten aus dem 3. Stand, aus den anderen beiden Ständen waren es je 300), der König und wohlhabenden Mitglieder der Generalstände lehnten dies ab und wollten

---

[8] Wird auch als Parlament im Deutschen bezeichnet.

[9] Dies funktionierte so: Gab es zum Beispiel zwei Möglichkeiten, über eine Sache zu entscheiden, trafen sich alle Vertreter eines Standes und stimmten innerhalb ihres Standes ab. Diejenige Möglichkeit mit den meisten Stimmen war dann die Entscheidung des Standes.

[10] Es gibt verschiedene Möglichkeiten, die Revolution in 3 Phasen aufzuteilen. Die Einteilung, die ich vornehme, basiert auf der freundlichen Auskunft von Herrn Professor Dr. Andreas Fahrmeir. Er verwies mich auf die „nouvelle histoire de la France contemporaine". In diesem wichtigen französischsprachigen Buch wird die Französische Revolution in die Phasen 1789-1792, 1792-1794 und 1794 bis zum Ende aufgeteilt.

jedem Stand nur 1 Stimme zukommen lassen, womit der 3. Stand kaum seine Belange hätte durchsetzen können.

Der Streit führte dazu, dass sich am 17.06.1789 der 3. Stand unter Führung von Graf Mirabeau und dem einflussreichen Kleriker Abbé Sièyes zur Nationalversammlung erklärte und die anderen Stände aufforderte, sich der Nationalversammlung anzuschließen. Dieser Forderung folgte der Klerus mit knapper Mehrheit, der Adel jedoch schloss sich nicht an. Ludwig XVI. hatte kein Interesse an einer Nationalversammlung und wollte sie wieder auflösen, doch die Mitglieder der Nationalversammlung trafen sich am 20.06.1789 im Ballhaus und schworen, nicht eher zu gehen, bis dass Frankreich eine Verfassung habe und nur der Gewalt der Bajonette weichen werde. König Ludwig XVI. gab schließlich nach und forderte den Adel auf, sich der Nationalversammlung anzuschließen (27.06.2789).

Lange blieb es aber nicht ruhig. Nachdem Ludwig XVI. am 11.07.1789 den im Volk beliebten Finanzminister Jacques Necker entlassen und Truppen um sich geschart hatte, breitete sich Angst in der Bevölkerung aus und Bürger bildeten eigene Milizen (d. h. bewaffnete Bürgerwehren). Die Situation eskalierte drei Tage später mit dem Sturm auf die Bastille (14.07.1789), dem alten Staatsgefängnis Frankreichs, das zwar kaum noch Insassen hatte, aber symbolisch für den Absolutismus stand. Die gewaltsame Eskalation führte dazu, dass der König zurückruderte: Er zog seine Truppen ab, setzte Necker wieder in sein Amt ein und erkannte nun offiziell die Nationalversammlung an.

Die Unruhen in Paris färbten auch auf den Rest Frankreichs ab. Vielerorts erhoben sich nun Bauern und töteten ihre adligen oder geistlichen Grundherren, setzten Schlösser und Kirchen in Brand, was letztlich dazu führte, dass es zu einer ersten Emigrationswelle von Adligen aus Frankreich kam.

Die Nationalversammlung wandelte in der Folge Frankreich um: Am 04.08.1789 wurden die Adelsprivilegien und damit auch das Feudalsystem abgeschafft, am 26.08.1789 wurden nach amerikanischem Vorbild Menschen- und Bürgerrechte verkündet. Hierbei standen die Schlagworte liberté (*Freiheit*), égalité (*Gleichheit*), fraternité (*Brüderlichkeit*) im Vordergrund.

Weil die wirtschaftliche Situation jedoch weiterhin brisant blieb, kam es am 05.10.1789 zum Zug der Pariser Frauen nach Versailles, dem sich auch rund 15000 Nationalgardisten anschlossen. Eines der Ergebnisse dieses Marsches war, dass die Königsfamilie in die Tuilerien, das Stadtschloss des Königs in Paris, umziehen musste.

Bis zum Ende des Jahres 1790 wurden einige weitere wichtige Beschlüsse gefasst: Um die Finanzkrise abzufedern und zu überwinden, wurden am 02.11.1789 sämtliche Kirchengüter verstaatlicht und auf Grundlage dessen Assignaten (das waren ursprünglich Pfandbriefe, später in der Revolution Papiergeld) ausgegeben. Wirklich profitiert haben davon aber nur die reichen Bürger, die auf diese Weise an noch mehr Landbesitz gelangen konnten. 1790 wurden dann schließlich die Klöster aufgehoben und der Stand des Adels abgeschafft. Am 12.07.1790 wurde die Zivilverfassung für den Klerus verabschiedet, durch die sich die Priester zum neuen französischen Staat bekennen und nicht mehr als Landbesitzer in Erscheinung treten sollten. Der Forderung auf einen Treueid auf diese Verfassung (ab dem 27.11.) kamen aber nur rund 50 % aller Pfarrer und wenige Erzbischöfe nach.[11]

Weiterhin arbeitete die Nationalversammlung an einer Verfassung. König Ludwig XVI. war allerdings nicht interessiert, eine Verfassung – vor allem eine, in der er nur eine schwache Stellung hatte – zu unterschreiben. Stattdessen wollte er aus Frankreich flüchten. Sein Fluchtversuch zusammen mit seiner Familie scheiterte am 21.06.1791 in Varennes – der verkleidete König wurde erkannt und nach Paris zurückgeführt. Es verwundert wohl kaum, dass dieser Fluchtversuch bei der mehrheitlich revolutionsbefürwortenden Pariser Bevölkerung nicht gut ankam. Ludwig XVI. war also in die Defensive gedrängt und akzeptierte letztlich die ausgearbeitete Verfassung, die am 03.09.1791 in Kraft trat: Frankreich war damit zur konstitutionellen Monarchie geworden, in der der König mehr ein Repräsentant des Staates als ein starker

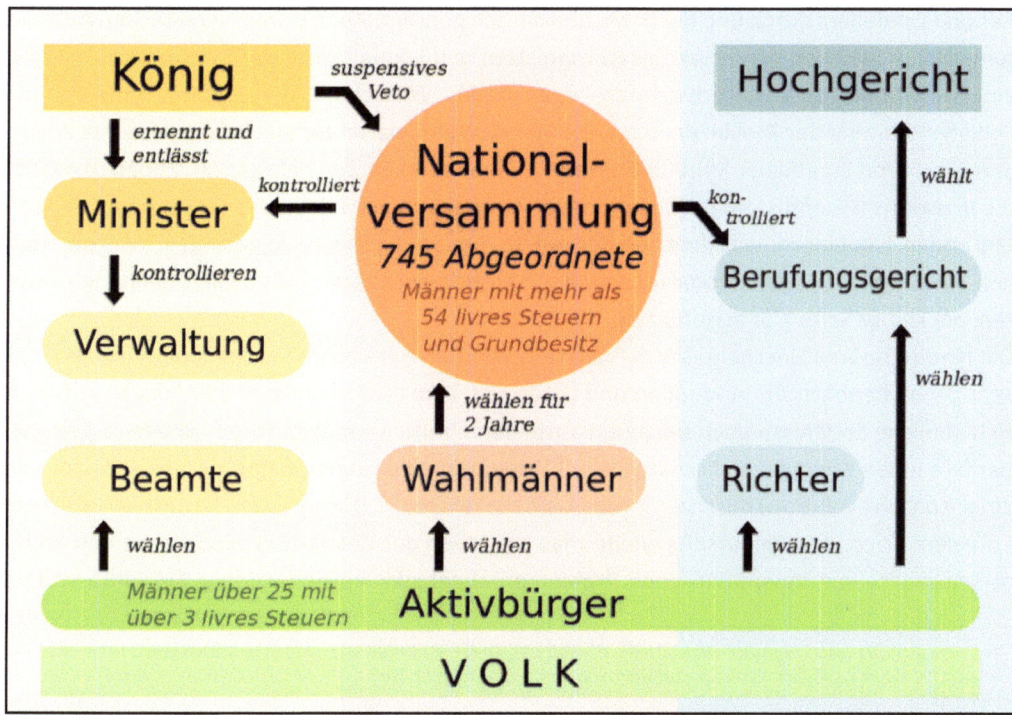

M1: Schaubild zur Verfassung von 1791

[11] Vgl. Kuhn, Axel, Die Französische Revolution, Stuttgart 1999, S. 73.

Staatsmann war (s. M1[12]). Dies zeigt sich zum Beispiel darin, dass er die von der Nationalversammlung beschlossenen Gesetze mithilfe des suspensiven Vetos nur für die Dauer von 4 Jahren blockieren konnte. Die Nationalversammlung wiederum beschloss alle Gesetze und kontrollierte die vom König ernannten Minister sowie die Berufungsgerichte. Sie wurde alle 2 Jahre von Wahlmännern gewählt, die wiederum durch das Volk nach dem Prinzip des Zensuswahlrechts gewählt worden sind.

Nach der Umwandlung Frankreichs in eine konstitutionelle Monarchie stand die Wahl der gesetzgebenden Nationalversammlung an, die am 01.10.1791 zum ersten Mal zusammengekommen ist. Von den 745 Mitgliedern[13] in der Nationalversammlung gehörten 264 den sogenannten Feuillants[14] an. Diese Gruppe bestand aus adligen und liberal geprägten Bürgern, die die noch junge Verfassung unterstützten und damit auch Befürworter der konstitutionellen Monarchie waren. 136 Abgeordnete in der Nationalversammlung gehörten den Brissotins, Jakobinern und Cordeliers an. Während die Brissotins, die später Girondisten genannt worden sind[15], teils die konstitutionelle Monarchie, teils die Republik bevorzugten, waren die Jakobiner und Cordeliers durch und durch republikanisch geprägt. Auch in ihrer inhaltlichen Ausrichtung gab es zwischen den Brissotins (Girondisten) und Jakobinern große Differenzen: Die Brissotins (Girondisten) befürworteten eine freie Wirtschaft und plädierten für die Selbstverwaltung der Provinzen, die Jakobiner dagegen waren für einen Eingriff in das Privatvermögen von staatlicher Seite und strebten einen starken Zentralstaat an. Zunächst waren die Brissotins (Girondisten) die bestimmende Gruppe, doch standen die Pariser hauptsächlich hinter den Jakobinern, was ihnen später nutzte, um an die Macht zu gelangen. Was die übrigen 345 Mitglieder der Nationalversammlung betrifft, sei gesagt, dass diese Unabhängige waren, die keiner Seite klar angehörten.

Die revolutionären Geschehnisse in Frankreich wurden derweil im europäischen Ausland teils sehr genau beobachtet. In Preußen und Österreich kam die Angst unter den Adligen auf, dass sich ähnliche Ereignisse auch bei ihnen abspielen könnten, und so waren sie bereit, gegebenenfalls einen Krieg gegen Frankreich zu führen, um eine Gegenrevolution (man spricht von einer Konterrevolution) durchzuführen. Auch die Brissotins (Girondisten) hatten ein Interesse an einem Krieg, denn einerseits wollte man die Ideen der Revolution exportieren und andererseits sollte von innenpolitischen Problemen abgelenkt werden. Ludwig XVI. unterstützte

---

[12] https://upload.wikimedia.org/wikipedia/commons/thumb/9/98/French_constitution_of_1791.svg/1280px-French_constitution_of_1791.svg.png, Urheber: Cirdan, hochgeladen von: Cirdan, Stand: 24.12.2008, CC BY-SA 3.0 nicht portiert, abgerufen am 25.04.2020.
[13] Die folgenden Zahlenwerte zur Sitzverteilung in der Nationalversammlung stammen aus Kuhn, Axel, Die Französische Revolution, Stuttgart 1999, S. 90.
[14] Benannt nach ihrem Tagungsort.
[15] Eigentlich hießen die Girondisten zur Zeit der Französischen Revolution Brissotins. Deswegen wäre die Verwendung des Begriffs Brissotins historisch korrekt. Allerdings habe ich noch kein Schulbuch entdeckt, dass von Brissotins spricht. Deswegen – um niemanden zu verwirren – schreibe ich in Klammern neben Brissotins immer auch den Begriff Girondisten.

die Brissotins (Girondisten) in ihrem Vorhaben, einen Krieg zu führen, doch war seine Hoffnung, dass die Revolutionären diesen verlieren würden und er selbst wieder zum absolutistischen Herrscher über Frankreich werden würde. Am 20.04.1792 war es dann so weit und Frankreich erklärte Österreich den Krieg.[16]

Dieser Krieg verschärfte zunächst die Situation in Frankreich, da er nicht erfolgreich verlief. Zahlreiche Niederlagen mussten weggesteckt werden. Am 25.07.1792 wurde ein Manifest des Herzogs Ferdinand von Braunschweig veröffentlicht, in dem er ankündigte, Ludwig XVI. befreien und die alte Monarchie wieder herstellen zu wollen. Solche Texte trugen nicht dazu bei, dass sich Ludwigs Position in Frankreich verbesserte – im Gegenteil: Der König war schon seit Langem vielen ein Dorn im Auge, da sie wussten, dass Ludwig kein Freund der Revolution war. Nun in dieser militärisch schwierigen Situation für Frankreich eskalierte die Situation. Am 10.08.1792 wurden die Tuilerien gestürmt: Die Königsfamilie wurde festgenommen und ab dem 13.08. im Temple (einem Staatsgefängnis) festgehalten. Ludwig XVI. wurde des Amtes enthoben. Frankreich selbst war zwar offiziell noch eine Monarchie, aber einige der führenden Männer im Staat drängten nun darauf, Frankreich in eine Republik umzuwandeln. Vor allen Dingen der Anwalt und Jakobiner Maximilien de Robespierre erreichte, dass ein Nationalkonvent gewählt werden sollte, der die Gründung einer Republik durchführen sollte.

Bis zur ersten Zusammenkunft des Konventes am 21.09.1792 regierte der sogenannte provisorische Exekutivausschuss. Männer wie Danton und Marat – beides Jakobiner – nutzten die Situation, um die Gefängnisse von Feinden der Republik zu säubern (02.-07.09.1792).

Der Konvent kam schließlich einen Tag nach dem französischen Sieg bei der Kanonade von Valmy gegen Preußen, die einen Wendepunkt im Krieg gegen Preußen markierte, das erste Mal zusammen. Im Nationalkonvent befanden sich – die Zahlen schwanken – ca. 200 Brissotins (Girondisten), ca. 120 Jakobiner und ca. 429 Mitglieder aus der Mitte.[17] Sie schafften die Monarchie am 21.09.1792 ab und gründeten am Tag darauf die Französische Republik.

1.3 Die zweite Phase der Revolution: Von der Gründung der Republik am 22.09.1792 bis zum Ende der Terrorherrschaft von Robespierre am 27.06.1794

Mit dem 22.09.1792 war Frankreich offiziell eine Republik. Zugleich befand sich das ehemalige Staatsoberhaupt, Ludwig XVI., im Gefängnis. Eben jener Ludwig XVI. musste sich ab dem 11.12.1792 unter seinem bürgerlichen Namen Louis Capet einem Prozess stellen, nachdem

---

[16] Anlässlich des beginnenden Krieges komponierte Claude Joseph Rouget de Lisle in der Nacht vom 25.04. auf den 26.04.1792 in Strasbourg die Marseillaise, die heute die Hymne Frankreich ist.
[17] Vgl. Kuhn, Axel, Die Französische Revolution, Stuttgart 1999, S. 91.

man bei ihm im Gefängnis belastendes Material gefunden hatte. Es ging um Verschwörung gegen den Staat. Er wurde für schuldig befunden (14.01.1793) und final am 18.01.1793 zum Tode verurteilt.[18] Das Urteil wurde am 21.01.1793 vollstreckt, Ludwig XVI. wurde guillotiniert. Seine Frau Marie Antoinette wurde nach einem Prozess am 16.10.1793 ebenfalls guillotiniert. Die Hinrichtung des Königs erregte großen Widerstand in vielen Monarchien in Europa. Trotzdem war es erneut Frankreich, das die Kriegserklärungen machte: Am 01.02.1793 wurde dem Königreich Großbritannien und den Vereinigten Niederlanden[19] der Krieg erklärt, am 07.03.1793 folgte die Kriegserklärung gegen Spanien. Damit spitzte sich die militärische Situation für Frankreich wieder zu, denn plötzlich führte man gegen mehr als nur Österreich und Preußen (seit April 1792) Krieg. Zudem gab es in Frankreich im Inneren zahlreiche Unruhen. Der bedeutendste war der royalistische Aufstand in der Vendée, der am 11.03.1793 ausbrach und bis Oktober 1793 nicht niedergeschlagen werden konnte. Um die Ziele der Revolution zu sichern, wurde am 20.04.1793 der sogenannten Wohlfahrtsausschuss gegründet, der das Exekutivorgan (ausführendes Organ) des Nationalkonventes war. Retten konnte das die Brissotins (Girondisten) jedoch nicht: Die schwierige militärische Situation, die Aufstände in Frankreich, die wirtschaftliche Krise, für die die Brissotins (Girondisten) verantwortlich gemacht worden sind, und die drohende Hungersnot sowie die Unterstützung der in Paris mächtigen Sansculotten (v. a. Handwerker und Einzelhändler) für die Jakobiner sprachen gegen die Brissotins (Girondisten). Sie wurden am 02.06.1793 gestürzt. 21 ihrer führenden Männer wurden am 31.10.1793 hingerichtet.

Zudem übernahm Robespierre bald darauf die Leitung im Wohlfahrtsausschuss und stieg zum führenden Mann in Frankreich auf. Zwar wurde am 24.06.1793 eine neue Verfassung beschlossen und am 04.08.1793 durch das Volk in einer Volksabstimmung gebilligt, doch wurde sie aufgrund des Krieges auf Eis gelegt. Damit konnten die Jakobiner diktatorisch herrschen – die Verfassung trat nie in Kraft.

Unter der jakobinischen Herrschaft wurde am 23.08.1793 die levée en masse eingeführt. Dies war die allgemeine Wehrpflicht für alle unverheirateten Männer zwischen 18 und 25 Jahren, die dazu führte, dass viel mehr Soldaten für die Kämpfe zur Verfügung stand. Mit dem sogenannten Maximumgesetz (29.09.1793) wurden Höchstpreise für Lebensmittel und die Höhe von Löhnen festgelegt. Ein Revolutionskalender wurde eingeführt (05.10.1793), das Christentum verboten (Dez. 1793) und die Sklaverei abgeschafft (04.02.1794).

---

[18] Ein paar Zahlenwerte zum Prozess aus Kuhn, Axel, Die Französische Revolution, Stuttgart 1999, S. 91: Er wurde „fast einstimmig für schuldig" (S. 91) befunden. Am 16. und 17.01. wurde er mit 387 zu 334 Stimmen zum Tode verurteilt. 26 stimmten für eine Aussetzung des Todesurteils, über die dann am 18.01. abgestimmt worden ist. Mit 380 zu 310 Stimmen sprach sich die Nationalversammlung gegen eine Aussetzung des Todesurteils aus.
[19] Heutiger Norden der Niederlande.

Gleichzeitig markiert die Herrschaft von Robespierre die wohl blutigste Phase der Revolution, die als Phase des Terrors (*Grande Terreur*) bezeichnet wird. Insgesamt 1251[20] Menschen wurden in Paris bis zur Hinrichtung Robespierres am 28.07.1794 guillotiniert. Davon entstammten 84 % aus dem 3. Stand (31 % Sansculotten, 28 % Bauern, 25 % Bourgeoisie) und 8,5 % aus dem Adel sowie 6,5 % aus dem Klerus.[21] Dieses Vorgehen gegen derart viele Menschen wurde durch das Gesetz über die Verdächtigen (17.09.1793), durch das Haftbefehle gegen Republikfeinde auch ohne stichhaltige Beweise erlassen werden konnten, und die Legalisierung der Todesstrafe am 10.06.1794 erleichtert.

Bald darauf wendete sich das Blatt gegen Robespierre. Eine Rolle spielt der Sieg der französischen Truppen bei Fleurus am 26.06.1794, der ein sehr wichtiger Sieg gegen die europäischen Gegner war. Damit besserte sich die militärische Situation deutlich und die Angst vor einer Niederlage, die den Terror getragen hat, wurde im Wesentlichen in der Bevölkerung zerstreut. Eine andere Rolle spielte das Vorgehen von Robespierre gegen die Sansculotten, die die jakobinische Herrschaft getragen haben. Am 27.07.1794 taten sich einige Gegner Robespierres zusammen und stürzten ihn. Einen Tag später wurde er zusammen mit 21 weiteren Anhängern guillotiniert, am 29.07.1794 wurden 71 weitere Anhänger Robespierres hingerichtet.

1.4 Die dritte Phase der Revolution: Vom Ende Robespierres bis zur Konsulatsverfassung und dem Ende der Revolution (27.06.1794-15.12.1799)

Nach dem Sturz und der Hinrichtung von Maximilien de Robespierre am 28.07.1794 wurden die Jakobiner am 11.11.1794 verboten. Die Brissotins (Girondisten), die einst von den Jakobinern gestürzt worden waren, kehrten in den Nationalkonvent zurück, und der Staat erfuhr einige Veränderungen. Das Maximumgesetz, das unter den Jakobinern eingeführt worden war, wurde Ende des Jahres abgeschafft, die Wirtschaft wurde weniger stark kontrolliert und die Aufgaben des Wohlfahrtsausschusses wurden verändert.

Außenpolitisch konnte am 05.04.1795 ein bedeutender Erfolg gefeiert werden. An jenem Tag wurde mit Preußen und Spanien der Sonderfriede von Basel geschlossen, der den Krieg mit diesen beiden Mächten beendete, wobei Frankreich der Sieger war. Alle preußischen Besitzungen westlich/links des Rheins fielen an Frankreich, wobei Preußen mit rechtsrheinischen Gebieten entschädigt werden sollte[22].

---

[20] Vgl. dtv-Weltatlas Geschichte Band 2: Von der Französischen Revolution bis zur Gegenwart, 39. korrigierte und aktualisierte Auflage München 2006, S. 299.

[21] Vgl. Zeiten und Menschen. Band 2: Die geschichtlichen Grundlagen der Gegenwart 1776 bis heute, Paderborn 1983, S. 24.

[22] Die genauen Entschädigungen wurden mit dem Hauptschluss der außerordentlichen Reichsdeputation (für gewöhnlich Reichsdeputationshauptschluss genannt) am 25.02.1803 festgelegt.

Bald darauf änderte sich die Verfassung Frankreichs ein weiteres Mal. Am 22.08.1795 wurde die Direktorialverfassung vom Nationalkonvent beschlossen, die am 23.09.1795 nach einem erfolgreichen Plebiszit (Volksbefragung) in Kraft getreten ist. Nach dieser Verfassung bestimmten der Rat der Alten mit seinen 250 Mitgliedern, die mindestens 40 Jahre alt und verheiratet sein mussten, und der Rat der 500, dessen Mitglieder mindestens 30 Jahre alt sein mussten, sämtliche Gesetze, wobei nur der Rat der 500 das Initiativrecht[23] besaß. Sowohl der Rat der Alten als auch der Rat der 500 wurden von Wahlmännern bestimmt, die ihrerseits von nur einem Teil des französischen Volkes nach dem Zensuswahlrecht gewählt worden sind. Im Bereich der Exekutive befand sich das Direktorium, das aus 5 Personen bestand, die allesamt vom Rat der Alten gewählt worden sind. Dieses Direktorium bestimmte die Minister. Das 1. Direktorium wurde am 31.10.1795 gewählt.

Harmonisch und ruhig war es in Frankreich in dieser Phase dennoch nicht, da u. a. die Finanz- und Wirtschaftskrise nicht gelöst werden konnten. Schon vor der Wahl des 1. Direktoriums kam es am 05.10.1795 zu einem royalistischen Aufstand in Paris, der von Truppen unter der Führung von Napoléon Bonaparte niedergeschlagen worden ist. Am 10.05.1796 folgte die Verhaftung von François Noël Babeuf (Gracchus Babeuf genannt), der einen neojakobinischen Umsturz plante. Am 23.07.1797 wurden dann alle politischen Clubs vom Direktorium geschlossen – am 05.09.1797 wurden sie wieder zugelassen.

Das Direktorium musste sich alles in allem gleich an mehreren Fronten wehren und diskreditierte sich am 04.09.1797 selbst. Die Royalisten wurden nämlich bei den Wahlen des Jahres 1797 deutlich stärker und einige Abgeordnete und 3 Direktoriumsmitglieder wollten das Wahlergebnis nicht akzeptieren und die Royalisten schwächen. So kam es an jenem 04.09. zu einem Staatsstreich, durch den 2 Direktoren und einige Abgeordnete verhaftet worden sind. Außerdem wurden einige Wahlergebnisse für ungültig erklärt, wodurch 177 Abgeordnete ihr Mandat verloren. So wurden zwar die Royalisten im Parlament geschwächt, aber zugleich wurde die eigene Verfassung untergraben.

Außenpolitisch konnten die Franzosen einen Erfolg am 17.10.1797 verzeichnen. An jenem Tag wurde der Friede von Campo Formio mit Österreich unterzeichnet, wodurch der 1. Koalitionskrieg auf dem europäischen Festland zu einem Ende kam[24]. Napoléons erfolgreicher Italienfeldzug 1796-1797 führte zu diesem Friedensschluss. Österreich verlor sämtliche linksrheinischen Gebiete an Frankreich (das waren rund 63000 km² und 3,5 Millionen Einwohner[25]) und

---

[23] D. h. nur der Rat der 500 durfte Gesetzesvorhaben zur Abstimmung stellen. Der Rat der Alten konnte keine eigenen Gesetzesideen zur Abstimmung stellen.

[24] Frankreich befand sich nach diesem Friedensschluss nur noch mit dem Königreich Großbritannien im Krieg.

[25] Vgl. dtv-Weltatlas Geschichte Band 2: Von der Französischen Revolution bis zur Gegenwart, 39. korrigierte und aktualisierte Auflage München 2006, S. 301.

musste die von Frankreich gegründete Cisalpinische Republik mit der Hauptstadt Mailand anerkennen, dafür bekam Österreich Venedig.

Neben der Cisalpinischen Republik gründete Frankreich noch einige weitere Republiken bis einschließlich 1799[26]. Diese Tochterrepubliken waren von Frankreich abhängig und dienten zugleich als Pufferstaaten und Geldquelle für das nahezu bankrotte Frankreich.

Nach dem Kriegsende brach Napoléon 1798 zur Ägyptenexpedition auf, die zwar nicht erfolgreich für ihn verlief; dennoch aber war er aufgrund seiner vergangenen Erfolge im Volk hoch angesehen. Letztlich wagte es Napoléon, durch einen Staatsstreich selbst an die Macht zu gelangen. Dieser Staatsstreich geschah am 09.11.1799. Zuvor hatten die Neojakobiner bei den Wahlen im Frühjahr 1799 einige Erfolge feiern können und konnten sogar 2 der 5 Direktoren stellen. Ein weiterer Aufstieg der Neojakobiner erschien durchaus möglich, aber Napoléon nahm eine angebliche Verschwörung der Neojakobiner als Vorwand, um die Macht an sich zu reißen. Unter Waffengewalt wurden der Rat der Alten und der Rat der 500 zur Abschaffung der Verfassung gezwungen und am 12.12.1799 wurde eine neue Verfassung beschlossen, die am 25.12.1799 in Kraft trat – die sogenannte Konsulatsverfassung. Napoléon war als 1. Konsul das Haupt des Staates. Bereits am 15.12.1799 erklärte eben jener Napoléon zusammen mit den beiden anderen Konsuln Roger Ducos und Abbé Sièyes die Französische Revolution für beendet: „Bürger, die Revolution ist auf die Grundsätze gebracht, von denen sie ausgegangen ist: Sie ist beendet."[27] In der Tat beruhigte sich Frankreich in der Folge und Napoléon Bonaparte konnte seine neu erlangte Macht absichern.

1.5 Der Aufstieg Napoléons und der Weg zur Kaiserkrönung 1804

Das Ende der Französischen Revolution 1799 ist untrennbar mit dem Namen Napoléon Bonaparte verknüpft, der bis 1815 mit einer Unterbrechung von rund einem Jahr an der Spitze des französischen Staates stand.

Napoléons Aufstieg im Militär ist dabei an den Verlauf der Französischen Revolution gebunden. Am 15.08.1769 als Napoléon Buonaparte (die Familie trug zu dieser Zeit noch die italienische Form des Nachnamens) auf die Welt gekommen, wurde Napoléon von seinem Vater für eine militärische Karriere bestimmt. Vor Ausbruch der Französischen Revolution war Napoléon im Bereich der Artillerie tätig.

---

[26] 1797 Ligurische Republik (um Genua), 1798 Römische Republik (um Rom), 1799 Parthenopäische Republik (um Neapel).

[27] Kuhn, Axel, Die Französische Revolution, Stuttgart 2009, S. 255. Angabe dort: Übers. A. Kuhn. Vgl. Grab, Die Französische Revolution, S. 300 f. Originalzitat: „Citoyens, la révolution est fixée aux principes qui l'ont commencées: elle est finie." – entnommen aus: Kuhn, Axel, Die Französische Revolution, Stuttgart 2009, S. 150.

Der missglückte Fluchtversuch von König Ludwig XVI. in der Nacht vom 20. auf den 21.06.1791 führte dazu, dass Napoléon sich den Jakobinern anschloss. Unter der Herrschaft der Jakobiner gelang ihm der erste große und bedeutende militärische Erfolg: Der Sieg in der Belagerung von Toulon am 18.12.1793. Royalisten hatten diese Stadt seit dem 18.09.1793 gegen die Revolutionstruppen verteidigt und erst Napoléons Belagerungs- und Schlachtplan hatte zum Sieg geführt. Durch diesen prestigeträchtigen Sieg wurde Napoléon zum jüngsten Brigadegeneral der revolutionären Truppen erhoben und er wurde zudem zum Oberbefehlshaber der Italienarmee ernannt.

Durch den Sturz der Jakobiner am 27.07.1794 verlor Napoléon als Jakobiner den Generalsrang sowie den Oberbefehl und er wurde sogar verhaftet, kam jedoch bald wieder frei. Der Sturz der Jakobiner warf ihn alles in allem im Militär wieder zurück und so bedurfte es eines neuerlichen großen Erfolges, um wieder aufzusteigen. Die Gelegenheit zu einem solchen großen Erfolg tat sich am 05.10.1795 auf und Napoléon nutzte sie. An jenem Tag kam es zu einem royalistischen Aufstand in Paris und Napoléon gelang es, diesen Aufstand niederzuschlagen. Aufgrund dieser Leistung erhielt er bald darauf den Oberbefehl im Inneren. Außerdem wurde er Oberbefehlshaber über die Italienarmee (02.06.1792). In Oberitalien konnten die französischen Truppen unter Napoléon große Erfolge feiern und so die Österreicher am 17.10.1797 zum Frieden von Campo Formio bringen, durch den Frankreich territoriale Gewinne westlich des Rheins und Einfluss auf Oberitalien erhielt.

Nach dem erfolgreichen Feldzug in Oberitalien kam es zur Ägyptenexpedition (1798-1801) von Napoléon 1798-1799[28], die aber wenig ruhmreich verlief. Trotz des Misserfolges in Ägypten wurde Napoléon bei seiner Rückkehr in Frankreich gefeiert, da er durch die Erfolge in Oberitalien sehr angesehen im Volk war.

U. a. gestützt auf die Unzufriedenheit des Volkes über das Direktorium wagte Napoléon am 09.11.1799 den bereits (in Unterkapitel 1.4) erwähnten einen Staatsstreich (unter dem Vorwand, dass eine Verschwörung der Neojakobiner bevorstünde). Am 25.12.1799 trat die sogenannte Konsulatsverfassung in Kraft trat. Napoléon als 1. Konsul wurde zum wichtigsten Mann im Staat, seine beiden Mitkonsuln und Minister, die allesamt von Napoléon ernannt worden waren, waren lediglich Berater. Durch den Art. 94 der Verfassung sicherte Napoléon die Veränderungen im Besitz, der durch die Revolution zustande gekommen war, womit er sich die Zustimmung zu seiner Herrschaft von den Besitzbürgern sichern wollte. Apropos Zustimmung zu seiner Herrschaft: Bei einem Plebiszit zur Konsulatsverfassung stimmten 3 Millionen Franzosen für die Verfassung, 1500 dagegen, 4 Millionen wählten nicht.[29]

---

[28] Napoléon Bonaparte verließ Ägypten bereits am 23.08.1799. Die Expedition ging noch bis 1801 weiter. Die Franzosen verloren letztlich gegen die Briten und kapitulierten am 02.09.1801.

[29] Vgl. Kuhn, Axel, Die Französische Revolution, Stuttgart 2009, S. 255. Angabe dort: Übers. A. Kuhn. Vgl. Grab, Die Französische Revolution, S. 151.

Noch bevor Napoléon 1. Konsul geworden war, aber dann auch als 1. Konsul, war Napoléon wieder in einen Krieg verwickelt – dem 2. Koalitionskrieg. Das Königreich Großbritannien, Österreich und Russland hatten sich gegen Frankreich verbündet und waren in dem Krieg beteiligt. Der Krieg verlief äußerst erfolgreich für Napoléon. Die Siege gegen Österreich stabilisierten seine Herrschaft weiter und am 09.02.1801 kam es zum Frieden von Lunéville, der im Wesentlichen eine Bestätigung der Ergebnisse des Friedens von Campo Formio war. Am 27.03.1802 konnte dann mit dem Frieden von Amiens ein Waffenstillstand mit dem Vereinigte Königreich von Großbritannien und Irland[30] erzielt werden. Damit war nicht nur der 2. Koalitionskrieg zu Ende, sondern auch eine mehr als dreijährige Friedensphase folgte.

Napoléon nutzte die militärischen Erfolge, um sich vom Senat zum 1. Konsul auf Lebenszeit ernennen zu lassen. Ein Plebiszit am 02.08.1802 darüber führte zu folgendem Ergebnis: 3,5 Millionen Franzosen stimmten dafür, 8000 dagegen.[31]

In der Friedensphase gab es einige bedeutende Entwicklungen: Am 18.04.1802 kam es zu einem Konkordat (Übereinkunft) zwischen Napoléon und Papst Pius VII. Napoléon erkannte den Katholizismus als Religion an, dafür erkannte der Papst den Verlust des kirchlichen Gutes im Zuge der Französischen Revolution an. Damit kamen viele Kleriker nach Frankreich zurück und diejenigen, die ehemals kirchliches Gut als Landbesitz erhalten hatten, mussten nicht mehr fürchten, es zu verlieren, und stärkten Napoléon. An dieser Stelle sei außerdem erwähnt, dass ab dem 01.01.1806 wieder der christliche Kalender in Frankreich galt.

Weiterhin kam es durch die Friedensverträge, die Frankreich mit Preußen und Österreich geschlossen hatte, zum Hauptschluss der außerordentlichen Reichsdeputation am 25.02.1803, der für gewöhnlich Reichsdeputationshauptschluss genannt wird. Durch die Friedensverträge von Basel und Campo Formio gelangte Frankreich an linksrheinische Gebiete, doch sollten dafür diejenigen Staaten rechtsrheinische Entschädigungen enthalten, die ihre Gebiete an Frankreich verloren hatten. Über die Frage der Entschädigung wurde am 25.02.1803 ein Beschluss gefasst. Hierbei gibt es zwei wesentliche Entscheidungen:

(1) Säkularisation des Heiligen Römischen Reiches deutscher Nation (kurz: HRR): Die Kirche verliert sämtlichen Landbesitz, der als Entschädigungsmasse an Fürsten vergeben werden konnte.

(2) Mediatisierung: Zahlreiche kleinere adlige Herrschaften und bis auf 6 Fälle alle Reichsstädte wurden abgeschafft.

---

[30] Nach dem Zusammenschluss mit dem Königreich Irland (Acts of Union) wurde aus dem Königreich Großbritannien zum 01.01.1801 das Vereinigte Königreich von Großbritannien und Irland, das am 12.04.1927 nach der Abspaltung Irlands am 06.12.1922 zum heutigen Vereinigten Königreich Großbritannien und Nordirland (kurz typischerweise: Vereinigtes Königreich) geworden ist.
[31] Kuhn, Axel, Die Französische Revolution, Stuttgart 2009, S. 255. Angabe dort: Übers. A. Kuhn. Vgl. Grab, Die Französische Revolution, S. 152.

Durch den Reichsdeputationshauptschluss entstanden einige mittelgroße Staaten wie Baden, Bayern oder Württemberg. Das HRR selbst gelangte schon bald mit dem Verzicht auf die Krone des Reiches durch Franz II. am 06.08.1806 an ein Ende.

Am 21.03.1804 wurde derweil in Frankreich der Code civil des Français, der v. a. als Code civil oder Code Napoléon bekannt ist, eingeführt. Es handelt sich hierbei um ein bürgerliches Gesetzbuch, in dem u. a. die Grundrechte für jeden Bürger definiert worden sind und auch Rechtsgleichheit festgeschrieben worden ist. Dieses Werk wurde später von anderen Staaten aufgegriffen und für eigene bürgerliche Gesetzbücher genutzt.

Im gleichen Jahr (1804) kam es am 02.10. zu einem bedeutenden Ereignis. In der Kirche Notre-Dame de Paris krönte sich Napoléon in Anwesenheit von Papst Pius VII. selbst zum Kaiser der Franzosen. In einem später durchgeführten Plebiszit stimmten mehr als 3,5 Millionen Franzosen für das Kaisertum Napoléons, ca. 2500 stimmten dagegen.[32] Damit war Frankreich wieder zu einer Monarchie geworden.

1.6 Von der Kaiserkrönung 1804 zum Ende der napoleonischen Herrschaft 1814/5

Im Laufe des Jahres 1805 bildete sich eine neue Koalition gegen Frankreich: Zunächst gingen das Vereinigte Königreich Großbritannien und Irland sowie Russland ein Bündnis ein, dann schlossen sich diesem Bündnis Neapel, Schweden und Österreich an. Auch Frankreich konnte eine Koalition schmieden. Hierfür bildete man ein Bündnis u. a. mit Bayern, Baden, Württemberg und Spanien.

In dieser Konstellation ging es in den 3. Koalitionskrieg, der am 08.09.1805 ausbrach. Während die Briten durch den Sieg in der Schlacht bei Trafalgar (21.10.1805) ihre Vorherrschaft auf dem Meer verteidigten, gingen deren Verbündeten zu Lande unter: Napoléon marschierte am 13.11. in Wien ein und seine Truppen siegten am 02.12.1805 in der Dreikaiserschlacht bei Austerlitz gegen Russland und Österreich. Die Russen zogen sich zurück und die Österreicher unterzeichneten erneut einen Friedensvertrag als Verlierer eines Krieges gegen Napoléon. Durch den Frieden von Preßburg vom 26.12.1805 wurde Österreich aus Italien und Teilen des HRR zurückgedrängt.

Apropos HRR: Am 01.08.1806 entstand unter französischer Führung der sogenannte Rheinbund, dem sich zahlreiche Gebiete des HRR anschlossen. Hierbei handelte es sich um ein militärisches Bündnis. Mit dem Rheinbund schaffte sich Napoléon einen Puffer um Teile der

---

[32] Vgl. Kuhn, Axel, Die Französische Revolution, Stuttgart 2009, S. 255. Angabe dort: Übers. A. Kuhn. Vgl. Grab, Die Französische Revolution, S. 152.

Ostgrenze Frankreichs. Kurz nach der Gründung des Rheinbundes verzichtete Franz II. am 06.08.1806 auf die Krone des HRR, womit das Reich zu existieren aufhörte.

Im gleichen Jahr gingen Preußen und Russland gegen Frankreich ein Bündnis ein; im Oktober 1806 brach der 4. Koalitionskrieg aus. Dieser verlief für die Preußen katastrophal. Man verlor die Doppelschlacht bei Jena und Auerstedt am 14.10.1806 und weniger als zwei Wochen später am 27.10. marschierte Napoléon in die preußische Hauptstadt Berlin ein. Von dort aus befahl er die Errichtung einer Kontinentalsperre gegen das Vereinigte Königreich (21.11.1806). Alle Staaten unter napoleonischer Herrschaft waren verpflichtet, fortan keine britischen Handelsschiffe mehr in ihre Häfen zu lassen und Handel mit den Briten zu treiben. Ein Import britischer Waren war damit verboten. Napoléon wollte auf diese Weise die Briten empfindlich treffen und entscheidend schwächen, doch brachte die Kontinentalsperre letztlich nicht das gewünschte Ergebnis. Der 4. Koalitionskrieg ging dann noch einige Monate weiter.[33] Am 07.07.1807 kam es letztlich zur Unterzeichnung des Friedens von Tilsit. Preußen musste herbe Verluste akzeptieren: Alle preußischen Gebiete westlich der Elbe und die Gebiete aus der zweiten und dritten polnischen Teilung gingen verloren. Damit schrumpfte Preußen um mehr als die Hälfte an Fläche und Einwohnerzahl und nur die russische Fürsprache für Preußen verhinderte, dass Preußen komplett aufgelöst worden ist. Mit Russland wurde im Übrigen auch Frieden geschlossen. Die zu erbringenden Leistungen auf russischer Seite waren verhältnismäßig gering (u. a. Beitritt der Kontinentalsperre).

1809 kam es zum 5. Koalitionskrieg zwischen Österreich und Frankreich. Nach einem österreichischen Sieg bei Aspern (21.+22.05.1809) endete der Krieg insgesamt mit einer Niederlage der Gegner Napoléons und dem Frieden von Schönbrunn am 14.10.1809. Österreich musste rund 100000 km² an Gebieten abtreten und verlor über 3,5 Mio. Einwohner[34]. Zudem verlor man den Zugang zum Meer.

Die zahlreichen Kriegsniederlagen für Österreich und Preußen führten zu einigen Reformen in diesen Staaten. In Preußen[35] wurden z. B. 1807 die Bauern von der Leibeigenschaft befreit (09.10.), die Verwaltung 1808 und das Bildungssystem verändert (ab 1809), die Juden rechtlich gleichgestellt (1812) und das Heer reformiert (u. a. Einführung der Wehrpflicht 1814). In Österreich wurde ebenfalls die allgemeine Wehrpflicht eingeführt.

Napoléon herrschte zusammen mit seiner Familie derweil über weite Teile Europas, doch begann Napoléons Macht allmählich zu schwinden. Der Beginn des Russlandfeldzuges im Juni

---

[33] Sieg in der Schlacht bei Friedland (Ostpreußen) gegen Russland 14.06.1807.
[34] Vgl. Mazohl, Brigitte, Vom Tod Karls VI. bis zum Wiener Kongress (1740-1815), in: Winkelbauer, Thomas (Hrsg.), Geschichte Österreichs, 3. aktualisierte und erweiterte Auflage Stuttgart 2016, unter: https://books.google.de/books?id=qD54DwAAQBAJ&printsec=frontcover&hl=de&source=gbs_ge_summary_r&cad=0#v=one-page&q&f=false, abgerufen am 27.05.2020.
[35] Die Reformen wurden im Wesentlichen angetrieben von Heinrich Friedrich Karl Reichsfreiherr vom und zum Stein und Carl August Fürst von Hardenberg.

1812 ist untrennbar mit dem Niedergang und Untergang Napoléons verknüpft. Dass ein Krieg mit Russland bevorstehen würde, war schon 1811 abzusehen. Russland hatte wirtschaftliche Probleme und hatte im Dezember 1810 zum Unmut Napoléons die Kontinentalsperre aufgegeben. Weiterhin wurde der Herzog von Oldenburg, der ein Verwandter des russischen Zaren war, von Napoléon abgesetzt, womit der Konflikt zwischen den beiden Großmächten verschärft worden ist. Sukzessive wurde auf einen Krieg hingearbeitet. Dazu zwang Napoléon Preußen und Österreich in ein Bündnis gegen Russland und im Juni 1812 brachen rund 450000 Soldaten unter Napoléons Führung, wovon mehr als die Hälfte nicht Franzosen waren, nach Russland auf. Dieser Feldzug erwies sich schnell als verheerende Katastrophe. Insgesamt nur rund 10000 Mann sollten am 10.12.1812 wieder aus Russland zurückkommen. Dabei war es nicht so, dass Napoléons Truppen in Schlachten niedergemacht worden wären. Vielmehr wichen die Russen aus und vermieden Schlachten; Versorgungsprobleme und Winterwetter dezimierten die Reihen. Moskau wurde zwar im September 1812 von Napoléon eingenommen, aber die Russen gaben die Stadt auch kampflos her und hatten sie zuvor in Brand gesteckt, sodass Napoléon nicht auf eine Verbesserung der Lage hoffen konnte. Mitte Oktober trat Napoléon mit den verbliebenen Soldaten den Rückzug an. Die Katastrophe war perfekt.

Diese militärische Katastrophe führte dazu, dass der preußische Generalleutnant Johann David Ludwig von Yorck[36] hinter dem Rücken seines eigenen Königs (Friedrich Wilhelm III.), ein Waffenstillstandsabkommen mit Russland beschloss (Konvention von Tauroggen am 30.12.1812). Preußen fiel bald darauf offiziell von Napoléon ab und erklärte am 15.03.1813 Frankreich den Krieg. Hierbei schlossen sich auch viele freiwillige Kampfverbände Preußens an. Österreich wiederum zögerte erst, trat aber dem Krieg im August 1813 bei; auch Schweden und das Vereinigte Königreich befanden sich unter den Gegnern Napoléons.

Die Völkerschlacht bei Leipzig vom 16.-19.10.1813 führte zu einer Vorentscheidung in diesem Krieg. Dieses Mal wurde Napoléon geschlagen. Seine Truppen zogen sich hinter den Rhein zurück, der Rheinbund fiel von Frankreich ab und die Kriegsniederlage zeichnete sich klar ab. Am 31.03.1814 marschierten die Gegner Napoléons in Paris ein und zwangen ihn zur Unterzeichnung der Abdankungsurkunde (11.04.1814). Napoléon wurde aus Frankreich verbannt und erhielt das Fürstentum Elba, am 30.05.1814 wurde Ludwig XVIII. König von Frankreich.

Damit kam die napoleonische Herrschaft nur vorerst an ein Ende. Ludwig XVIII. war nämlich unbeliebt im Volk und diese Unzufriedenheit konnte Napoléon ausnutzen, um am 01.03.1815 aus Elba zurückzukehren und erneut an die Macht gelangen. Noch einmal wagte er einen Feldzug gegen seine alten Gegner, aber die Niederlage in der Schlacht bei Waterloo am 18.06.1815 war der Ausgangspunkt für das Ende seiner erneuten Herrschaft. Seine Feinde marschierten

---

[36] Ab 1814: Graf Yorck von Wartenburg.

am 07.07.1815 erneut in Paris ein und dieses Mal wurde er auf die Insel St. Helena im Pazifik verbannt, wo er am 05.05.1821 verstarb.

Der Wiener Kongress (18.09.1814-09.06.1815) ordnete die Machtverhältnisse nach den Ereignissen von 1789-1815 letztlich neu.

2 Die Zeit des Deutschen Bundes und der Weg zur deutschen Einigung 1815-1870

2.1 Der Wiener Kongress 1814-1815

Die Französische Revolution und die napoleonische Herrschaft über Frankreich haben bis 1814 zu vielen territorialen Veränderungen in Europa geführt. Nach dem Sieg über Napoléon im 6. Koalitionskrieg 1814 und dessen Verbannung nach Elba wurde im Ersten Pariser Friedensvertrag formuliert, dass auf einem Kongress über die Neuordnung Europas nach der napoleonischen Herrschaft beraten werden solle. Dieser Kongress begann am 18.09.1814 in Wien und dauerte bis zum 09.06.1815 an und wird als Wiener Kongress bezeichnet.

Hierbei trafen sich nicht nur Vertreter der europäischen Großmächte[37] fernab des Osmanischen Reiches, sondern auch Herrscher vieler kleiner Fürstentümer und Herrschaftsgebiete. Dass aber gerade die Vertreter der Großmächte die wichtigste Rolle bei diesem Kongress gespielt haben, liegt auf der Hand.

Der österreichische Außenminister Fürst Klemens von Metternich trat dabei als Schlüsselfigur auf. Ähnlich wie er lehnten die Großmächte den Liberalismus (d. h. die politische Mitbestimmung von Bürgern und die maximale freie Entfaltung der Menschen in einem Staat) und die Nationalstaatenidee (z. B. Entstehung eines deutschen Nationalstaates aus den ehemaligen Gebieten des HRR) ab. Stattdessen ging es beim Kongress um Restauration, d. h. in diesem Fall eine teilweise Wiederherstellung des Status quo von 1792, und Legitimation der Herrschaft.

Für die 5 Großmächte Europas kam der Wiener Kongress zu den folgenden Ergebnissen:

Frankreich:	*Wiederherstellung der Staatsgrenzen von 1792 mit Verlusten von kleineren Gebieten wie z. B. Nizza, sowie Zahlung von Kriegsentschädigungen*
Vereinigtes Königreich[38]:	*Hinzugewinn vom Königreich Hannover, Malta und Helgoland*
Österreich:	*Verzicht auf die habsburgischen Niederlande (das ist das heutige Belgien) und Vorderösterreich, im Gegenzug*

---

[37] Für Frankreich: Außenminister Charles-Maurice de Talleyrand-Périgord; für das Vereinigte Königreich Großbritannien und Irland: Außenminister Robert Stewart, 2. Marquess of Londonderry; für Österreich: Außenminister Fürst Klemens von Metternich; für Preußen: Staatskanzler Carl August von Hardenberg und Bildungsreformer und Diplomat Wilhelm von Humboldt (als Assistent, da von Hardenberg schwerhörig war); für Russland: Zar Alexander I. und Staatssekretär Karl Robert Reichsgraf von Nesselrode-Ehreshoven.
[38] Damit ist das Vereinigte Königreich Großbritannien und Irland gemeint.

Annexion von Dalmatien, Galizien (ht. Teil von Polen und der Ukraine), Oberitalien

Preußen: *Annexion von Teilen Sachsens sowie Westfalen und weiteren Gebieten am Rhein => Damit war das preußische Staatsgebiet zweigeteilt.*

Russland: *Annexion des sogenannten Kongresspolens (Ostpolen mit Warschau)*

Zugleich schlossen sich das katholische Österreich, das evangelische Preußen und das orthodoxe Russland infolge des Wiener Kongresses zur sogenannten Heiligen Allianz zusammen, deren Aufgabe es war, den Frieden in Europa sicherzustellen. Später schloss sich das Vereinigte Königreich diesem Bündnis an, womit eine Quadrupelallianz (= Viererbündnis) zur Wahrung des Status quo entstanden ist.

Der Wiener Kongress befasste sich auch mit den Gebieten des ehemaligen HRR. Hierbei verzichtete man auf eine Restauration, also Wiederherstellung, des HRR. Stattdessen wurde der Deutsche Bund (s. M2[39]) gegründet. Es handelte sich

M2 Karte des Deutschen Bundes 1815-1866

[39] https://upload.wikimedia.org/wikipedia/commons/thumb/e/e9/Deutscher_Bund.svg/1014px-Deutscher_Bund.svg.png, Urheber: ziegelbrenner, hochgeladen von: Ziegelbrenner, zuletzt bearbeitet von: Ras67, Stand: 24.09.2013, CC BY-SA 3.0 Unported, abgerufen am 25.04.2020.

dabei lediglich um ein loses Bündnis von zunächst 38, ab 1817 durch Hessen-Homburg insgesamt 39 souveränen Einzelstaaten, dessen Ziel es war, die innere und äußere Sicherheit sicherzustellen. Österreich und Preußen waren nur mit jenen Teilen ihres Staatsgebietes im Deutschen Bund vertreten, die früher zum HRR gehört haben, und auch der britische König war genauso wie der König von Dänemark und der König der Vereinigten Niederlande Teil des Deutschen Bundes, da sie über Besitzung im Deutschen Bund verfügten.[40]

Rechtliche Grundlage des Deutschen Bundes war die Bundesakte, durch die der Bund am 08.06.1815 gegründet worden ist und die auch die Errichtung einer Bundesversammlung (Bundestag genannt) festlegte. Der Bundestag trat unter dem Vorsitz Österreichs in Frankfurt am Main zusammen und konnte Beschlüsse für alle Mitgliedsstaaten fassen, wobei ohne gemeinsame Exekutive deren Ausführung vom Willen der Herrscher in den Einzelstaaten abhing. Apropos Willen der Herrscher in den Einzelstaaten: Artikel 13 der Bundesakte legte fest, dass in jedem Mitgliedsstaat eine Verfassung eingerichtet werden solle. Während einige kleinere und mittelgroße Staaten des Deutschen Bundes dieser Forderung nachkamen[41], zeigten in erster Linie die großen Staaten kein Interesse an einer Verfassung. Durch diesen Artikel 13 wird aber auch deutlich, dass eine deutsche Gesamtnation durch den Wiener Kongress abgelehnt wurde, da keine Verfassung für einen Gesamtstaat beschlossen oder zum Ziel gesetzt worden ist.

2.2 Aufruhr und Revolutionen in Europa 1815-1832

Auch wenn der Wiener Kongress das Ziel hatte, den Liberalismus und die Entstehung von Nationalstaaten bspw. in Deutschland weitestgehend auszuschalten, kam es zwischen 1815 und 1830 in einigen Gebieten in Europa zu Erhebungen (von Teilen) des Volkes und Revolutionen. In Spanien kam es 1820 zu einer Revolution gegen König Fernando VII[42]. Nachdem in Spanien 1812 eine Verfassung eingerichtet worden war, hatte jener Fernando VII die absolutistische Herrschaft angestrebt, die er zwischen 1814 und 1820 auch ausgeübt hatte. Die Revolution führte zur Wiederbeachtung der Verfassung von 1812, doch durch eine französische Intervention 1823 wurde die absolutistische Herrschaft Fernando VII wiederhergestellt.

Ebenfalls im Jahr 1820 kam es zu Unruhen im Königreich beider Sizilien[43], die von den Carbonari (zu Deutsch: Köhler) ausgelöst worden sind. Die Carbonari waren eine Geheimgruppe,

---

[40] Das Vereinigte Königreich verfügte über das Königreich Hannover; Dänemark über das Herzogtum Holstein; die Vereinigte Niederlande über das Großherzogtum Luxemburg.

[41] 1814 Nassau; 1816 Sachsen-Weimar; 1818 Bayern, Baden; 1819 Württemberg; 1820 Hessen-Darmstadt.

[42] Im Spanischen wird kein Punkt nach der VII gesetzt. Demzufolge ist die Schreibweise Fernando VII der Schreibweise Fernando VII. vorzuziehen.

[43] Die Hauptstadt war Neapel.

die sich bereits unter der napoleonischen Herrschaft ausgebildet hatte und nach dem Wiener Kongress das Ziel verfolgte, dass eine Verfassung im Königreich beider Sizilien eingeführt werde. Dieses Ziel konnte erreicht werden und die Spanische Verfassung von 1812 wurde – natürlich auf das Königreich angepasst[44] – übernommen. Ebenfalls zur „angepassten" Annahme der Spanischen Verfassung kam es im Königreich Piemont im Jahre 1821. Nichtsdestotrotz gelang es österreichischen Truppen, den Aufstand der Carbonari im März 1821 niederzuschlagen, womit zunächst wieder Ruhe in Italien[45] einkehrte.

1821 erhoben sich die Griechen, damals zum Osmanischen Reich gehörten. Sie strebten nach staatlicher Unabhängigkeit. Um diese zu erreichen, begannen sie einen Krieg gegen das Osmanische Reich. Dieser Krieg dauerte bis 1829 und endete mit der Gründung des griechischen Staates. Obwohl eigentlich die europäischen Großmächte gegen neue Nationalstaaten waren, unterstützten Frankreich, das Vereinigte Königreich[46] und Russland die Griechen, um das islamische Osmanische Reich zu schwächen.

Weitere Unruhen ereigneten sich zudem 1824 in Portugal und 1825 in Russland. In Frankreich kam es 1830 zu einer erneuten Revolution, die als Julirevolution bekannt ist. Frankreich wurde mit Ausnahme der Herrschaft der hundert Tage von Napoléon Bonaparte 1815 seit 1814 wieder von den Bourbonen (also der Familie von Ludwig XIV. und Ludwig XVI.) regiert und hatte eine Verfassung. Diese Verfassung schrieb zwei parlamentarische Kammern vor und gewährte Rechtsgleichheit und zahlreiche Freiheiten für die Bürger. Im Jahre 1828 übernahmen die Liberalen die Kontrolle in den Parlamentskammern, was König Karl X. nicht gefiel. Um die Machtverhältnisse in seinem Sinne gerade zu rücken, erließ er am 25.07.1830 einige Bestimmungen: Er löste die Abgeordnetenkammer auf, hob den Wahlzensus[47] an und schränkte die Pressefreiheit ein. Dies ließen sich vor allen Dingen viele Studenten, Arbeiter und auch ehemalige Soldaten nicht gefallen. Es folgten Barrikadenkämpfe und letztlich die Abdankung von König Karl X. am 02.08.1830. Er flüchtete ins Vereinigte Königreich.

Wie sollte es mit Frankreich weitergehen? Da sich vor allen Dingen Großgrundbesitzer und Liberale vor einer neuen jakobinischen Herrschaft fürchteten, strebte man die Fortsetzung der konstitutionellen Monarchie an – mit dem Unterschied jedoch, dass der König vom Parlament gewählt werden sollte. Am 09.08.1830 wurde auf diese Weise nach Abstimmung im Parlament Louis-Philippe von Orléans zum König Louis-Philippe I. erhoben. Die Revolution fand ein Ende.

---

[44] Unter „angepasst" meine ich, dass weder das Königreich beider Sizilien noch das Königreich Piemont Teile von Spanien geworden sind.
[45] Italien war in dieser Zeit kein einheitlicher Staat, sondern bestand aus diversen Einzelstaaten.
[46] Gemeint ist das Vereinigte Königreich Großbritannien und Irland.
[47] Beim Zensuswahlrecht waren nur diejenigen Bürger (in dieser Zeit nur Männer) wahlberechtigt, die eine bestimmte Menge an Steuern zahlten.

Zwar hatte die Julirevolution nicht die Strahlkraft der Französischen Revolution von 1789 bis 1799 auf das Ausland gehabt, aber in einigen Gebieten in Europa kamen dennoch neue Unruhen auf: Belgien führte 1830-1831 erfolgreich einen Unabhängigkeitskrieg gegen das Königreich Vereinigte Niederlande. Auch in Kongresspolen kam es zu Unabhängigkeitsbestrebungen, die aber 1832 durch Russland final zerschlagen wurden. In Italien lösten Carbonari Unruhen im Kirchenstaat, Modena und Parma aus und im Deutschen Bund kam es zu Unruhen.

Insofern kann man sehen, dass es immer wieder in den ersten knapp zwei Jahrzehnten nach dem Wiener Kongress zu Erhebungen kam, die mal mehr und mal weniger erfolgreich verliefen. Der Liberalismus und der Wunsch nach eigenen Nationalstaaten wurden zwar von vielen Herrschern bekämpft, konnten aber in Europa nicht ausgelöscht werden.

2.3 Die Entwicklungen im Deutschen Bund zwischen 1815 und 1848

Dass kein eigenständiger und zusammenhängender deutscher Nationalstaat im Zuge des Wiener Kongresses entstanden ist, sondern mit dem Deutschen Bund lediglich ein loses Staatenbündnis aus zunächst 38 bald darauf 39 souveränen Staaten entstand, die sich nur teilweise Verfassungen gaben, war gerade für viele derjenigen eine Enttäuschung, die als Freiwillige – das waren meist Studenten – auf Seiten der Koalition gegen Napoléon im Befreiungskrieg gegen Napoléon 1813-1814 mitgekämpft haben.

Viele dieser Studenten gaben sich mit dem Deutschen Bund nicht zufrieden und verfolgten das Ziel, einen deutschen Nationalstaat entstehen zu lassen. Hierbei bildeten sich Studentenvereinigungen, die sogenannten Burschenschaften, deren erste am 12.06.1815 in Jena gegründet wurde. Die Studenten verstanden sich als christlich, freiheitlich und national und nutzen als Banner die Farben Schwarz, Rot und Gold. Bald schon entstanden an vielen weiteren Orten weitere Burschenschaften.

Am Jahrestag des Thesenschlags von Martin Luther 1517 und der Völkerschlacht bei Leipzig 1813 kam es am 18.10.1817 zum Wartburgfest. Organisiert von den Burschenschaften in Jena und Halle kamen über 450 Studenten zusammen. Auf dem Fest wurden bürgerliche Symbole, diverse Bücher und die Bundesakte verbrannt, man sprach sich gegen die Restaurationspolitik aus und forderte die Gründung eines deutschen Staates. Zahlreiche Fürsten reagierten besorgt auf diese Geschehnisse.

Eine heftige Reaktion der Befürworter der Restaurationspolitik folgte aber nach anderen Ereignissen. Am 23.03.1819 wurde der Monarchist, deutsche Schriftsteller und russische

Staatsrat August von Kotzebue durch den Burschenschaftler Carl Ludwig Sand[48] ermordet. Dieser Mord wurde als Begründung für eine strengere Gesetzgebung genommen. In einem ersten Schritt verständigte sich der österreichische Außenminister Klemens Fürst von Metternich mit Preußen am 01.08.1819 über strengere Gesetze. Tags darauf und an den darauffolgenden Tagen kam es ausgehend von Würzburg in diversen Städten des Deutschen Bundes zu Übergriffen auf Juden, das waren die sogenannten Hep-Hep-Aufstände. Diese Unruhen waren der unmittelbare Auslöser für eine verschärfte Gesetzgebung im gesamten Deutschen Bund. Die Herrscher der 10 größten Staaten des Bundes kamen zu einer Konferenz in Karlsbad (06.-31.08.1819) zusammen und arbeiteten diverse Gesetze aus. Deren Ergebnis, die sogenannten Karlsbader Beschlüsse, wurden bald darauf vom Bundestag einstimmig verabschiedet. Sie sahen u. a. die Auflösung von allen Studentenverbänden vor. Das Bundesuniversitätsgesetz kontrollierte Professoren und konnte zu deren Entlassung führen, Zeitungen konnten durch das Bundespressegesetz vorab zensiert werden und es wurde ein Ausschuss gegründet, der gegen Verdächtige vorgehen sollte. Die Karlsbader Beschlüsse schränkten die Handlungsmöglichkeiten der Liberalen merklich ein.

Zugleich gab es im wirtschaftlichen Bereich erste Schritte hin zu einer Vereinigung auf dem Gebiet des Deutschen Bundes. Friedrich List gründete 1819 den allgemeinen deutschen Handels- und Gewerbeverein, der das Ziel verfolgte, dass im deutschen Raum sämtliche Binnenzölle wegfallen sollten, um gegenüber dem Vereinigten Königreich konkurrenzfähig zu sein. Gerade Preußen hatte ein Interesse am Wegfall der Binnenzölle, da das Staatsgebiet nicht zusammenhängend war. Dort wurden bereits 1818 die 67 Binnenzölle im eigenen Staatsgebiet abgeschafft. 1828 kam es zur Gründung des preußisch-hessischen Zollvereins, dieser näherte sich im Folgejahr an den Süddeutschen Zollverein an und 1834 wurde der Deutsche Zollverein unter preußi-

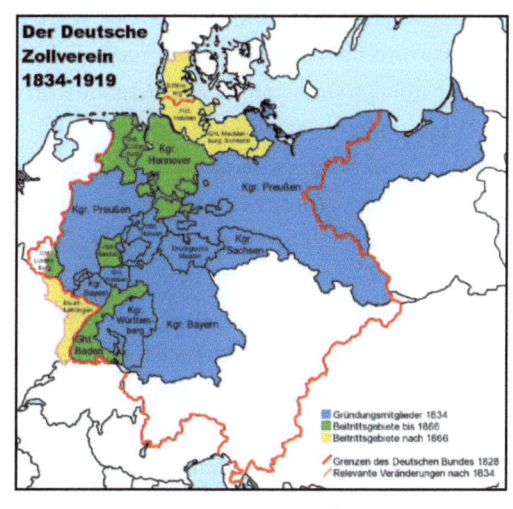

M3 Der Deutsche Zollverein 1834-1919

scher Führung gegründet, dem vor allen Dingen bis auf den Norden und Südwesten des Deutschen Bundes sowie Österreich große Teile des Deutschen Bundes angehörten (s. M3[49]).

---

[48] Sand wurde 1820 hingerichtet.

[49] https://upload.wikimedia.org/wikipedia/commons/d/d2/ZollvereinBIG_1834.png, Urheber: Pischdi, hochgeladen von: File Upload Bot (Magnus Manske), Stand: 09.04.2011, CC BY-SA 3.0 nicht portiert, abgerufen am 25.04.2020. Anmerkung dort: „Original uploader was Pischdi at de.wikipedia. Later version(s) were uploaded by Ulamm at de.wikipedia."

Derweil kam es 1830 infolge der französischen Julirevolution zu Unruhen im Königreich Hannover, Königreich Sachsen, Kurfürstentum Hessen und Herzogtum Braunschweig, doch auch jetzt noch war die liberale Bewegung nicht stark genug, um einen gesamtdeutschen Staat zu erzwingen. Dass aber die Liberalen deutlich an Zustimmung und Anhängern gewonnen haben, zeigte das sogenannte Hambacher Fest, das vom 27.-30.05.1832 stattfand. Die Initiatoren Philipp Jakob Siebenpfeiffer und Johann Georg August Wirth konnten etwa 20000-30000 Zuhörer[50] versammeln. Das Fest selbst richtete sich u. a. gegen die Zensur und das Versammlungsverbot, die im Deutschen Bund praktiziert worden sind. Zugleich wurden ein gesamtdeutscher Staat und das Ende des Absolutismus gefordert. Einige Redner sprachen sich stattdessen für die Staatsform der konstitutionellen Monarchie aus, andere wiederum plädierten für die demokratische Republik. Einig war man sich darin, sich für den Kampf gegen die Heilige Allianz auszusprechen. Die Reaktion der absolutistischen Herrscher folgte auf dem Fuß: Die Gesetze wurden verschärft.

Am 03.04.1833 wurde ein erster ernsthafter Versuch zur Errichtung eines deutschen Staates gewagt. An jenem Tag stürmten etwas mehr als 50 Personen[51], zumeist Studenten, die Frankfurter Hauptwache und wollten später noch den Bundestag in Frankfurt besetzen und die Revolution ausrufen. Da aber ihr Plan im Vorfeld verraten worden war und die Bevölkerung wider Erwarten der Aufständischen nach dem Sturm auf die Hauptwachen still blieb, scheiterte der Umsturzversuch sehr früh. Nichtsdestotrotz war dies für die Fürsten eine Mahnung und erneut wurden die Gesetze verschärft.

Trotz der strikten Zensurvorschriften gelangte am 31.07.1834 ein vom deutschen Schriftsteller Georg Büchner erstelltes Flugblatt, das den Titel „Der Hessischer Landbote" trägt, in den Umlauf. In diesem Flugblatt rechnete er mit dem Großherzog von Hessen ab und führte dezidiert auf, welche unnötigen Ausgaben der Großherzog zu verantworten habe. Büchner wollte dabei auch die Massen des niederen Volkes von einer Revolution überzeugen. Dies schaffte er in der gewünschten Form nicht; er floh nach Frankreich, um nicht verhaftet zu werden.

Im darauffolgenden Jahr wurden die Schriften des sogenannten „Jungen Deutschlands" verboten, die sich gegen die Politik der Restauration richteten.

Ein Ausrufezeichen setzten 1837 sieben Göttinger Professoren[52] (darunter die Brüder Jakob und Wilhelm Grimm). Nachdem das Königreich Hannover ab 1837 nicht mehr in Personalunion vom britischen König regiert worden war, wurde Ernst August von Hannover König des

---

[50] Vgl. Blume, Dorlis, Das Hambacher Fest 1832, URL: https://www.dhm.de/lemo/kapitel/vormaerz-und-revolution/der-deutsche-bund/das-hambacher-fest-1832.html, Stand: 10.10.2004, abgerufen am 27.05.2020.

[51] Vgl. Hock, Sabine, Vor 175 Jahren scheiterte der Frankfurter Wachensturm, Artikel vom: 25. März 2008, URL: https://www.journal-frankfurt.de/journal_news/Panorama-2/Vor-175-Jahren-scheiterte-der-Frankfurter-Wachensturm-5446.html, abgerufen am 27.05.2020.

[52] Sie werden gerne als Göttinger Sieben bezeichnet.

Reiches und nahm die Verfassung zurück, die bis dahin galt. Dies passte eben jenen sieben Professoren aus Göttingen nicht, die dagegen protestierten. Dieser Protest war deshalb so besonders, weil sich erstmals hohe Staatsbeamte gegen die Obrigkeit richteten. 1840 wurde schließlich in Hannover wieder eine Verfassung (eine neue) eingeführt.

In der Folgezeit rumorte es an weiteren verschiedenen Orten – auch außerhalb des Deutschen Bundes[53]. Im Juni 1844 kam es zum Schlesischen Weberaufstand, da viele Weber verarmt waren, und im Februar 1846 scheiterte die Republik Krakau damit, gegenüber Österreich mehr Selbstbestimmungsrechte zu erlangen. Stattdessen wurde Krakau von Österreich annektiert.

Im Jahre 1847 gab es dann gleich zwei bedeutende Versammlungen: Deren erste fand am 12.09.1847 in Offenburg statt und war eine Versammlung von knapp 900 Demokraten[54]. Sie forderten das Ende der Gültigkeit der Karlsbader Beschlüsse, mehr Freiheitsrechte für das Volk und eine gesamtdeutsche Vertretung nach einem gleichen Wahlrecht[55]. Um mehr Rückhalt im Volk zu erhalten, vermieden sie eine Festlegung auf einen demokratischen Staat.

Die Heppenheimer Tagung am 10.10.1847 war derweil ein Treffen von 18 bedeutenden liberalen Politikern aus dem Südwesten des Deutschen Bundes. Sie forderten einen deutschen Nationalstaat unter preußischer Führung, in dem Bürgerrechte gewährt würden. Ihnen gelang es, dass in der Presse von ihrer Tagung berichtet wurde.

Alles in allem zeigt sich, dass sich immer mehr Stimmen erhoben, die einen gemeinsamen deutschen Staat haben wollten, aber 1847 kam es noch nicht zu einer Revolution im Deutschen Bund. Diese sollte aber im folgenden Jahr tatsächlich ausbrechen.

2.4 Die Märzrevolution und die weiteren Geschehnisse 1848

Das Jahr 1848 sollte ein Jahr zahlreicher Revolutionen in Europa sein. Hierbei war auch der Deutsche Bund betroffen.

Der Ausgangspunkt für die sogenannte Märzrevolution im Deutschen Bund liegt in Frankreich. Dort regierte seit der Julirevolution 1830 der Bürgerkönig Louis-Philippe. Die Regierung Frankreichs war allerdings nicht sehr beliebt und galt als korrupt. Der Wunsch nach Reformen war groß und ein Bankett zur Reform des Wahlrechts war bereits geplant gewesen, doch wurde dieses kurzerhand abgesagt. Dies war der Auslöser für die Revolution: Vor allen Dingen die

---

[53] So kam es 1843 in Griechenland zu einem Volksaufstand, der 1844 in der Annahme einer Verfassung durch den König endete.
[54] Vgl. Frei, Alfred Georg/Hochstuhl, Kurt, Ein kleines Hambacher Fest. Von der Offenburger Versammlung 1847 bis zum Hecker-Zug, in: Wegbereiter der Demokratie. Die badische Revolution 1848/9. Der Traum von Freiheit, Karlsruhe 1997, S. 63, URL: https://books.google.de/books?id=Pa7NBgAAQBAJ&printsec=frontcover&hl=de&source=gbs_ge_summary_r&cad=0#v=onepage&q&f=false, abgerufen am 27.05.2020.
[55] Also kein Zensuswahlrecht (d. h. ein Wahlrecht, bei dem man nur wählen darf, wenn man einen bestimmten Anteil an Steuern zahlt).

Kleinbürger und Arbeiter in Paris ließen sich das nicht gefallen. Sie organisierten am 22.02.1848 und in den Folgetagen Aufstände und gingen auf die Barrikaden. Da die National-garde sich zurückgehalten hat, zeigte der Aufruhr schnell Wirkung: Am 24.02. trat nicht nur der Regierungschef François Guizot zurück, sondern auch König Louis-Philippe dankte ab und floh ins Vereinigte Königreich. Am 25.02.1848 wurde die zweite Französische Republik ausge-rufen, die allerdings nicht allzu lange hielt: Im Dezember 1852 wurde Napoléon III., ein Neffe von Napoléon Bonaparte, französischer Kaiser.

Nichtsdestotrotz führte die erfolgreiche Revolution in Frankreich zu Reaktionen im Deutschen Bund. Am 27.02.1848 trafen sich zahlreiche badische Politiker in Mannheim und stellten ei-nige Forderungen auf: Sie verlangten eine demokratisch gewählte Volksversammlung, die Ab-schaffung sämtlicher Privilegien des Adels und vollständige Presse- und Versammlungsfrei-heit. Am 05.03.1848 trafen sich 51 liberale und demokratische Politiker in Heidelberg und beschlossen, dass in Frankfurt am Main ein Vorparlament zusammenkommen solle, das Wah-len für ein gesamtdeutsches Parlament planen und durchführen solle. Trotz dieser Planungen schienen diese Aktionen keine großen Änderungen zu bewirken.

Dies änderte sich, als in Österreich revolutionäre Ereignisse geschahen. Hierzu sei gesagt, dass die Donaumonarchie Österreich zu dieser Zeit gleich mehrere Probleme hatte: Aufgrund eines schlechten Winters 1847/8 war nicht nur der Hunger in Teilen der Bevölkerung groß, sondern auch die Wut auf die Oberen; zugleich war Österreich ein Vielvölkerstaat, in dem einige Volks-gruppen nach mehr Rechten oder gar Unabhängigkeit strebten. Am 13.03.1848 stürmten Stu-denten, Handwerker und Arbeiter das Ständehaus in Wien und Läden sowie Fabriken wurden von Revolutionären angegriffen. Staatskanzler Fürst von Metternich trat noch am Abend zu-rück und floh ins Vereinigte Königreich. Kaiser Ferdinand I. beruhigte die Situation, indem er am 15.03. eine Verfassung und das Ende der Zensur in Aussicht stellte. Diese Beruhigung war nur von kurzer Dauer, denn schon bald kam es zu neuen Protesten und neuem Aufruhr in Österreich. Gleichzeitig musste der Kaiser mit Kämpfen in Italien und Ungarn umgehen, die sich gegen die kaiserliche Herrschaft richteten.

Die Geschehnisse in Wien alarmierten König Friedrich Wilhelm IV. in Preußen. Aus Angst vor einer Revolution war er zu Zugeständnissen wie der Lockerung der Zensur bereit. Am 18.03. wurde im preußischen Landtag verlesen, wonach der König strebe: Hier war u. a. die Rede von einem einheitlichen deutschen Staat mit einer gemeinsamen Verfassung für alle Teilgebiete. Zugleich solle die Pressefreiheit gewährt werden.

All dies schien einer Revolution zuvorzukommen, doch kam es am gleichen Tag am Berliner Stadtschloss zu einem fatalen Ereignis: Bei einer Volksdemonstration lösten sich Schüsse beim anwesenden Militär. Das Volk (v. a. Arbeiter und Handwerker) glaubte an einen Verrat des Königs – nämlich, dass er die angekündigten Ziele nicht so meine – und ging auf die

Barrikaden. Das Volk behielt die Oberhand und auf Geheiß des Königs (womöglich infolge eines Missverständnisses) wurden die Truppen aus Berlin am Folgetag abgezogen. Die Lage stabilisierte sich. Weiter deeskalierend wirkte die Rede „An mein Volk und die deutsche Nation" von Friedrich Wilhelm IV. am 21.03., in der er ankündigte, dass er selbst die Führung bei der Vereinigung der deutschen Gebiete übernehmen wolle. Ein deutscher Einheitsstaat solle gegründet und eine Verfassung mit bürgerlichen Rechten erstellt werden. Einen Tag später huldigte der König den Gefallenen bei den Barrikadenkämpfen mit einer schwarz-rot-goldenen Armbinde. Die Lage in Preußen war beruhigt.

Die Ankündigungen des preußischen Königs waren auch für das Vorparlament, das sich am 31.03.1848 in der Frankfurter Paulskirche traf, von Bedeutung. Dort kamen insgesamt 574 Mitglieder[56] zusammen, die in der Regel der gebildeten Schicht angehörten und deren Aufgabe es war, gesamtdeutsche Wahlen vorzubereiten und durchzuführen. Diese Wahlen fanden zwischen Ende April und Anfang Mai 1848 statt. Hierbei waren alle Männer ab 25 Jahren wahlberechtigt und es wurde je 1 Abgeordneter pro 50000 Einwohner bestimmt. Nach der Wahl kam die Frankfurter Nationalversammlung am 18.05.1848 erstmals zusammen. Von den insgesamt 586 Abgeordneten hatten die Gelehrten die Oberhand: So waren beispielsweise 223 Abgeordnete Juristen und 106 Professoren. Geistliche, Ärzte und andere Beamte. Nur 46 Mitglieder waren Industrielle, gar nur 4 Handwerker und keiner war Bauer.[57]

Die Sitzordnung im Parlament hat bis zur heute üblichen Einteilung von Linken und Rechten geführt. Vom Rednerpult aus gesehen saßen rechts die Konservativen, links daneben das rechte Zentrum, daneben die liberale Mitte, dann folgte das linke Zentrum und ganz links die Mitglieder der äußersten Linken, die republikanisch gesinnt war.

Parlamentspräsident wurde Heinrich von Gagern, Erzherzog Johann von Österreich wurde Reichsverweser[58].

Das Parlament arbeitete nun in der Folge daran, eine gesamtdeutsche Verfassung zu erstellen. Dies gestaltete sich aus mehreren Gründen als kompliziert, weil viele verschiedene Ansichten in wichtigen Fragestellungen vorherrschten:

(1) Sollte Österreich Teil des neuen Staates sein (großdeutsche Lösung) oder nicht (kleindeutsche Lösung)?

(2) Welche Staatsform sollte der gesamtdeutsche Staat haben? Sollte es eine Republik sein oder eine konstitutionelle Monarchie?

---

[56] Zusammensetzung nach Gebieten: Preußen: 141 Mitglieder; Hessen-Darmstadt: 84; Baden: 71; Württemberg: 52; Bayern: 44; Sachsen, Kurhessen, Nassau je 26; aus Bremen, Frankfurt, Hamburg, Lübeck insgesamt 26; thüringische Kleinstaaten: 21; Mecklenburg: 18; Hannover: 8; Holstein: 7; Österreich: 2.
[57] Vgl. dtv-Atlas Weltgeschichte Band 2. Von der Französischen Revolution bis zur Gegenwart. 39. Aufl. 2006, S. 335.
[58] Ein Reichsverweser ist der Vertreter für einen Monarchen, solange es keinen Monarchen gibt.

(3) Welche Art von Monarchie sollte es geben, wenn man sich für eine konstitutionelle Monarchie entscheiden würde? Soll eine Familie den Monarchentitel vererben können (Erbmonarchie) oder sollte jedes Mal ein neuer Monarch gewählt werden (Wahlmonarchie)?

Diese Fragen wurden heftig diskutiert und erst 1849 kam es zur Fertigstellung der Verfassung. Bis dahin wurden der Bundestag (28.06.) abgesetzt und die Grundrechte, die Bezüge zu den Grundrechten der USA und Frankreich aufwiesen[59], verkündet (27.12.). Zudem dankte Kaiser Ferdinand I. in Österreich zu Gunsten seines 18-jährigen Sohnes Franz Joseph ab (02.12.). 1848 also schien die Etablierung eines gesamtdeutschen Staates nahe, doch ein Jahr später war der Traum eines deutschen Nationalstaates vorerst ausgeträumt.

2.5 Die Paulskirchenverfassung und das Scheitern der Revolution 1849

Wie bereits beschrieben, nahm die Ausarbeitung der Verfassung eine ganze Weile in Anspruch. Oftmals gab es größere Differenzen zwischen den Parlamentariern. Am 28.03.1849 war die Verfassung letztlich fertig (s. M4[60]) und wurde mit einer knappen Mehrheit von 267 zu 263 Stimmen angekommen – auch das ist ein Hinweis darauf, dass es viele Kontroversen bei der Ausarbeitung der Verfassung gab.

Die Verfassung sah dabei wie folgt aus: Was das Staatsgebiet betraf, entschieden sich die Abgeordneten der Paulskirche mit 290:248 Stimmen[61] für die kleindeutsche Lösung, d. h. Österreich sollte nicht Teil des neuen Staates werden. Bei der Frage, ob man eine Republik oder eine konstitutionelle Monarchie errichten solle, entschied man sich für die konstitutionelle Monarchie. Das ist wenig verwunderlich, wenn man bedenkt, dass die meisten Abgeordneten im Parlament nicht zu den Republikanern zählten. Weiterhin entschied man sich für das System der Erbmonarchie. Nach der Wahl des ersten Kaisers sollte die Kaiserwürde automatisch innerhalb der Familie des Kaisers auf den erstgeborenen Sohn übertragen werden[62]. Der Kaiser selbst war Oberbefehlshaber, ernannte und entließ Regierungen (es gab nur Minister) und konnte Gesetzesinitiativen im Reichstag einbringen, das aus 2 Kammern (das direkt vom Volk gewählte Volkshaus sowie das aus den Landtagen bestehende Staatenhaus) bestand. Zugleich

---

[59] Vgl. https://www.deutschlandfunk.de/vor-170-jahren-verabschiedet-die-grundrechte-des-deutschen.871.de.html?dram:article_id=436831, abgerufen am 19.07.2019.
[60] https://upload.wikimedia.org/wikipedia/commons/c/c9/Paulskirchenverfassung.PNG, Urheber: Alexander König (AKoenig) und Petra Maton, hochgeladen von: AKoenig, Stand: 12.11.2006, CC BY-SA 3.0 nicht portiert, abgerufen am 25.04.2020.
[61] Vgl. https://www.zum.de/Faecher/G/BW/Landeskunde/rhein/geschichte/1848/nationale_frage.htm, abgerufen am 18.04.2020.
[62] Art.69: „Diese Würde [gemeint ist die Kaiserwürde, A. S.] ist erblich im Hause des Fürsten, dem sie übertragen worden. Sie vererbt im Mannesstamme nach dem Rechte der Erstgeburt." – Zitat aus: http://www.documentarchiv.de/nzjh/verfdr1848.htm, abgerufen am 19.07.2019. Was den Fall betrifft, dass ein Kaiser keinen Sohn hat, konnte ich nicht herausfinden.

besaß der König ein suspensives Vetorecht, mit dem er allerdings Gesetzesbeschlüsse nicht dauerhaft blockieren konnte.

Mit der kleindeutschen Lösung und damit dem Ausschluss von Österreich hatte sich ein anderes Problem gleichzeitig gelöst: Wäre Österreich nämlich Teil des geplanten Staates gewesen, wäre ein Machtkampf zwischen den Großmächten Österreich und Preußen sehr wahrscheinlich gewesen, zumal nur eine der beiden Mächte den zukünftigen Kaiser hätte stellen können. Der Ausschluss Österreichs war prinzipiell auch kein Problem für die Österreicher gewesen, da in Österreich durch Art. 2, Abs. 1 der Verfassung kein Interesse an einem neuen Staat und damit an einer Führung im diesem neuen Staat bestand.[63] Nach diesem Absatz hätte Österreich für seinen Gebietsteil innerhalb des deutschen Staates und jenem außerhalb des deutschen Territoriums je eine eigene Verfassung und Regierung benötigt, was der österreichische

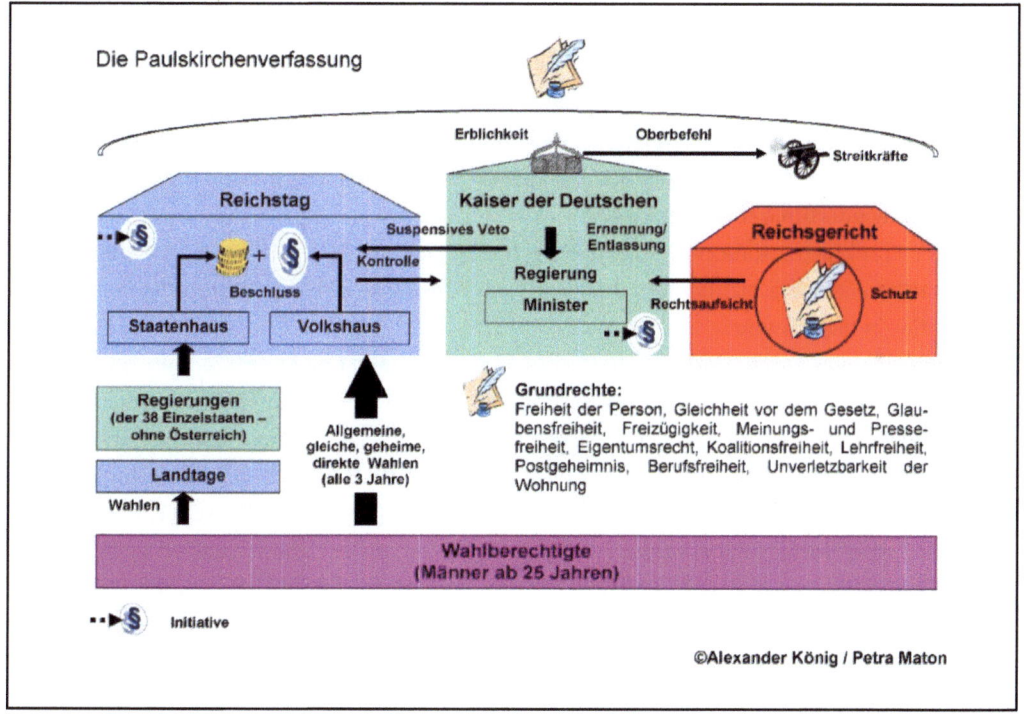

M4 Schaubild zur Paulskirchenverfassung

Ministerpräsident Fürst Felix zu Schwarzenberg am 26.11.1848 bereits offiziell abgelehnt hatte.

Demzufolge war die Wahl des Kaisers eine relativ leichte. Am 28.03.1849 wählten die Parlamentarier den preußischen König Friedrich Wilhelm IV. zum Kaiser. Nun war eigentlich alles bereitet, um tatsächlich den geplanten Staat zu gründen, doch am 03.04.1849 lehnte Friedrich Wilhelm IV. die Kaiserkrone ab. Offiziell lehnte er sie ab, weil er nicht von Fürsten zum Kaiser gewählt worden war, aber eigentlich lehnte er sie ab, weil er kein Freund der Revolution war. Er hatte kein ernsthaftes Interesse gehabt, die Krone vom einfachen Volk anzunehmen. Zugleich hätte eine Rangerhöhung zum Kaiser auch zu einem Konflikt mit Österreich führen können, was aber nicht der Hauptgrund für Friedrich Wilhelms IV. Entscheidung war.

Mit der Zurückweisung der Kaiserkrone war der Anfang vom Ende der Revolution besiegelt. Heinrich von Gagern trat als Parlamentspräsident zurück, die österreichischen und preußischen Abgeordneten wurden aus dem Parlament zurückbeordert und das Parlament löste sich auf. Die radikalen Demokraten wollten nun gewaltvoll die Revolution fortführen und erhoben sich mancherorts, doch letztlich waren sie erfolglos: Am 03.05.1849 wurde der König von Sachsen verjagt, sechs Tage später siegten preußische Truppen über die Aufständischen; am 11.05.1849 gab es Unruhen in Rastatt, bei dessen Belagerung den preußischen Truppen am 23.07.1849 wiederum der Sieg gelang.

Reste der Frankfurter Nationalversammlung trafen sich am 06.06.1849 in Stuttgart. Dieses Rumpfparlament hatte nichts mehr auszurichten. Am 30.06.1849 flüchteten die letzten Parlamentarier in die Schweiz.

Die Revolution war gescheitert, ein deutscher Nationalstaat ist nicht entstanden. Stattdessen blieb es bei der Zersplitterung des deutschen Gebietes in zahlreiche Einzelstaaten. Preußen und Österreich blieben die größten Mächte. Während Preußen dabei seit dem 05.12.1848 eine Verfassung hatte, die vom 31.01.1850 bis zum Jahr 1918 Gültigkeit behielt, regierte Kaiser Franz Joseph von Österreich ab 1851 wieder als absolutistischer Herrscher, nachdem im März 1849 eine Verfassung eingeführt worden war. Den kaiserlichen Truppen gelang es zudem, 1849 wieder die Kontrolle über die abtrünnigen und aufständischen Gebiete in Italien und Ungarn zu erlangen.

Summa summarum blieb nach der gescheiterten Revolution der Deutsche Bund bestehen. Der Wunsch nach nationaler Einheit blieb trotzdem bei vielen erhalten, jedoch sollte erst 1871 ein gesamtdeutscher Staat unter preußischer Führung entstehen – das Deutsche Kaiserreich.

2.6 Der Weg zum Deutschen Kaiserreich: Die Jahre 1849-1870

In der Zeit nach dem Scheitern der Revolution im Deutschen Bund 1849 bis zur Entstehung des Deutschen Kaiserreiches 1871 spielte Preußen eine immer wichtigere Rolle hinsichtlich einer deutschen Einigung. Schon unmittelbar nach dem Scheitern der Revolution versuchte Preußen auf andere Weise die kleindeutsche Lösung umzusetzen. Österreich jedoch gelang es, dass Preußen diesen Plan nicht umsetzen konnte, sodass der Deutsche Bund wiederhergestellt worden ist. In Preußen selbst galt seit dem 31.01.1850 eine oktroyierte[64] Verfassung. Der eigentliche Weg zur deutschen Einigung wurde erst unter König Wilhelm I. beschritten. Dieser wurde am 18.10.1861 neuer preußischer König. Zunächst wollte er das Militär reformieren: Er forderte eine Erhöhung der Zahl der Soldaten und wollte vor allen Dingen das Bürgerheer durch ein königliches, stehendes Heer ersetzen und die Dienstzeit der Rekruten auf 3 Jahre erhöhen. Diese letzten beiden Veränderungswünsche führten zu einem großen Verfassungsstreit, denn der mehrheitlich liberal dominierte preußische Reichstag sprach sich klar gegen die Machterweiterung des Königs aus. In dieser Situation ernannte Wilhelm I. den preußischen Diplomaten Otto von Bismarck zum Ministerpräsidenten, denn Bismarck sicherte dem König zu, die Heeresreform zu bewilligen. Zugleich allerdings regierte Bismarck ohne genehmigten Staatshaushalt, was verfassungswidrig war. Nichtsdestotrotz hielt Bismarck sein Wort und die Heeresreform wurde durchgeführt. Bismarck ging es vor allen Dingen darum, die preußische Monarchie und den Staat gegenüber Österreich zu stärken, das er als großen Konkurrenten Preußens ansah.

1864 kam es allerdings zu einem Krieg mit einem anderen Staat – nämlich dem Königreich Dänemark. Im März 1863 wurde eine neue dänische Verfassung beschlossen, die die Eingliederung Schleswigs ins Königreich vorsah. Dies war jedoch ein Bruch des Londoner Protokolls von 1852, in dem die Dänen die Eigenständigkeit Schleswigs und Holsteins billigten. Widerstand gegen die neue Verfassung kam von vielen Fürsten des Deutschen Bundes, die die Herrschaftsansprüche über Schleswig und Holstein von Prinz Friedrich von Augustenburg teilten, und eine militärische Intervention beschlossen; Widerstand kam aber auch von Preußen und Österreich, die zwar nicht die Ansprüche des Prinzen teilten, aber auf den Bruch des Londoner Protokolls hinwiesen. Durch den dänischen Vertragsbruch sicherte sich Bismarck die Neutralität des Vereinigten Königreichs im Kriegsfall und es folgte ein Ultimatum von Preußen und Österreich in Richtung Dänemark, die Verfassung zurückzunehmen. Die Dänen ließen das Ultimatum verstreichen und so brach der Deutsch-Dänische Krieg am 01.02.1864 aus. Relativ schnell gingen Österreich und Preußen als Sieger hervor – am 20.07.1864 kam es zum

---

[64] „Oktroyieren" heißt, dass die Verfassung vom Monarchen selbst erlassen worden ist. Es ist eine „Verfassung von oben", die in diesem Fall ohne Beteiligung der preußischen Abgeordneten entstanden ist.

Waffenstillstand und schließlich zum Frieden von Wien: Dänemark trat Holstein, Schleswig und Lauenburg ab.

Mit dem Friedensvertrag wuchsen die Spannungen zwischen Österreich und Preußen. Sie waren sich nicht einig, wie mit den neuen Gebieten umgegangen werden sollte. Man verwaltete sie zunächst zusammen, aber beide Mächte hatten ein unterschiedliches Interesse: Österreich hatte kein Interesse daran, ein so weit vom eigenen (Mutter-)Land entferntes Gebiet zu verwalten, Preußen wiederum wollte Schleswig und Holstein in das eigene Land integrieren, was Österreich jedoch nicht ohne weiteres akzeptieren wollte, da somit Preußens Macht in Norddeutschland noch größer werden würde. Die Österreicher machten Preußen zur Lösung zwei Vorschläge: Der erste Vorschlag sah so aus, dass Schleswig und Holstein ein unabhängiges Herzogtum unter Führung der Augustenburger[65] werden sollte; der Deutsche Bund fernab von Preußen unterstützte *wohl*[66] die Idee eines unabhängigen Herzogtums. Die Preußen wollten sich eine Realisierung dieses Vorschlags teuer erkaufen und stellten letztlich zu hohe Forderungen, auf die nicht eingegangen worden ist. Somit war der erste Vorschlag nicht die Lösung des Problems. Der zweite Vorschlag Österreichs lautete, dass Preußen die Gebiete im Norden annektieren dürfe, wenn Österreich dafür schlesische Gebiete, die zu Preußen gehörten, erhielte. Dies war für Preußen nicht annehmbar. Insofern blieben die Spannungen zwischen beiden Staaten zunächst erhalten, jedoch konnte man am 14.08.1865 mit dem Vertrag von Gastein augenscheinlich eine Lösung finden: Österreich erhielt Holstein und Preußen Schleswig. Trotz dieser Einigung wurde ein Krieg zwischen Österreich und Preußen immer wahrscheinlicher, v. a. weil Bismarck die preußische Vormacht über die deutschen Gebiete durchsetzen wollte. Bismarck war es, der in der Folge Bündnisse und Vereinbarungen schloss, damit der Krieg gegen Österreich stattfinden konnte. Russland sicherte Zurückhaltung zu; Frankreich auch, wobei es auf die Annexion Luxemburgs im Gegenzug hoffte; der junge italienische Staat wollte Venetien von Österreich erobern und schloss ein Bündnis mit Preußen; und die deutschen Staaten wurden durch einen Antrag zur Wahl eines gesamtdeutschen Parlamentes geködert.

Österreich lieferte Preußen am 01.06.1866 schließlich den Kriegsgrund. Die Österreicher riefen nämlich den Bundestag um Hilfe, um die Schleswig-Holstein-Frage zu klären. Hierin sah Preußen den Vertrag von Gastein gebrochen, der diese Frage doch eigentlich geregelt hatte.

---

[65] Vgl. Griesshaber, Dieter, Von der gescheiterten Revolution 1848 bis zur Gründung des Deutschen Reiches 1871, Stand: 21.01.2019, unter: http://geschichtsverein-koengen.de/WeltReaktion.htm, abgerufen am 08.05.2020.

[66] Ich habe leider keine genauen Angaben finden können, ob wirklich alle Mitglieder fernab Preußens diese Idee unterstützt haben. Bei Griesshaber, Dieter, Von der gescheiterten Revolution 1848 bis zur Gründung des Deutschen Reiches 1871, Stand: 21.01.2019, unter: http://geschichtsverein-koengen.de/WeltReaktion.htm, abgerufen am 08.05.2020, heißt es: „Der Deutsche Bund - unter der Führung Österreichs - wollte einen unabhängigen Staat Schleswig-Holstein errichten." Preußen gehörte allerdings dem Deutschen Bund auch an und unterstützte dieses Vorhaben nur, wenn Preußen dafür einiges an Gegenleistungen erhielt, worauf letztlich nicht eingegangen worden ist.

Preußen trat aus dem Deutschen Bund aus und marschierte in Holstein ein, der Deutsche Bund beschloss am 14.06.1866 Maßnahmen – der Deutsche Krieg war ausgebrochen.

Dieser kriegerische Konflikt zwischen Österreich und Preußen war von recht kurzer Dauer: Angefangen am 14.06.1866 war der Krieg am 23.08.1866 beendet. Erst besiegte Preußen die Truppen Hannovers bei Langensalza am 29.06., dann erfolgte am 03.07. der entscheidende Sieg gegen Österreich in der Schlacht bei Königgrätz, die die größte Einzelschlacht in der Menschheitsgeschichte bis zum Ersten Weltkrieg war. Am 22.07. kapitulierte Österreich und der Vorfriede von Nikolsburg wurde geschlossen. Auf Anraten Bismarcks verzichtete der preußische König auf Annexionen von österreichischem Territorium. Durch diesen Schachzug wollte Bismarck verhindern, dass Frankreich Gebietsansprüche für seine Neutralität durchsetzen konnte. Österreich verzichtete auf Schleswig-Holstein, musste eine Kriegsentschädigung zahlen und stimmte der Auflösung des Deutschen Bundes zu. Zugleich schloss Preußen Schutz- und Trutzbündnisse mit einigen süddeutschen Staaten, die im Falle eines französischen Angriffs greifen sollten.

Am 18.08.1866 wurde unter preußischer Führung der Norddeutsche Bund gegründet. Preußen annektierte außer Sachsen und Hessen-Darmstadt alle Gebiete nördlich des Mains des Deutschen Bundes und bildete mit 22 weiteren Einzelstaaten dieses neue Staatenbündnis. Am 01.07.1867 wurde die Verfassung veröffentlicht, die von Bismarck geprägt worden war und später im Wesentlichen auf das Deutsche Kaiserreich übertragen werden sollte.

Die vielen politischen Erfolge unter Bismarck führten derweil zu Spannungen unter den Liberalen in Preußen. War Bismarck bei Amtsantritt wegen der Genehmigung der Heeresreform bei den Liberalen unbeliebt, standen nun zahlreiche von ihnen auf Seiten Bismarcks. Dies führte dazu, dass durch das sogenannte Indemnitätsgesetz Bismarcks Regieren ohne genehmigten Haushalt im 14.09.1866 mit 250:75 Stimmen nachträglich genehmigt worden ist. Da aber auch einige Liberale weiterhin in Opposition zu Bismarck blieben kam es 1866/7 zur Spaltung der Liberalen: Während die Deutsche Fortschrittspartei weiterhin ein Gegner Bismarcks blieb, unterstützte die neugegründete nationalliberale Partei den bismarckschen Kurs. Damit hatte Bismarck innenpolitisch eine gute Stellung erlangt.

Die deutsche Einigung war mit der Gründung des Norddeutschen Bundes noch nicht an den Endpunkt gelangt. Allerdings sah es zunächst nicht so aus, als würden die süddeutschen Staaten mit den Staaten des Nordens ein gesamtdeutsches Reich bilden wollen, auch wenn es die Schutz- und Trutzbündnisse gab. Mehr als eine wirtschaftliche Einheit war bis 1870 nicht erreicht gewesen. Entscheidend für die Gründung des Deutschen Kaiserreiches 1871 wurde der Deutsch-Französische Krieg, der 1870 infolge massiver Spannungen zwischen Preußen und Frankreich ausbrach. Erst durch diesen Krieg sowie intensiven Verhandlungen stimmten die süddeutschen Staaten einem gesamtdeutschen Kaiserreich zu (siehe Unterkapitel 4.1).

3 Die Industrialisierung

3.1 Die Industrialisierung in Großbritannien im 18. und 19. Jahrhundert

Der Wandel von einer von der Landwirtschaft geprägten Gesellschaft hin zu einer von der Industrie geprägten Gesellschaft bezeichnet man als Industrialisierung. Wenn es darum geht, diesen Wandel für einige europäische Staaten im 18. und 19. Jahrhundert zu beschreiben, dann findet man auch den Begriff der Industriellen Revolution. Allerdings muss darauf hingewiesen werden, dass es unter Wissenschaftlern unterschiedlich bewertet worden ist und wird, inwiefern man tatsächlich von einer Revolution sprechen kann.

Wie dem auch sei: Das Mutterland der Industrialisierung ist das Königreich Großbritannien. Vor allen anderen europäischen Staaten begann dort etwa Mitte des 18. Jahrhunderts die Umwandlung des Staates in eine industrialisierte Gesellschaft. Das wirft natürlich die Frage auf, warum es gerade in Großbritannien als erstes zur Industrialisierung kam. Eine definitive und finale Antwort haben Wissenschaftler auch hier nicht hervorgebracht, aber es gibt einige Gründe, die in ihrer Summe eine Industrialisierung Großbritanniens besonders begünstigt und unterstützt haben.

Ein erster wichtiger Faktor sind die Veränderungen im Agrarsektor vor der Industrialisierung[67]: So kam es zur Abkehr von der Dreifelderwirtschaft und zur Einführung der sogenannten Fruchtwechselwirtschaft. Diese Wirtschaftsform sieht einen Wechsel bei der Bepflanzung von Äckern vor. Während bei der alten Dreifelderwirtschaft Teile des Feldes brach lagen – also nicht bepflanzt wurden –, wird bei der Furchtfelderwirtschaft immer wieder abgewechselt, mit was der Acker bepflanzt wird, z. B. in einem Jahr mit Halmfürchten (Getreide) und dann mit Blattfrüchten wie Kartoffeln oder Futtergräser[68]. Zusammen mit der Verwendung von neuartigen Düngern konnte der Ertrag gesteigert werden, wobei zugleich weniger Bauern für den Anbau benötigt wurden. Das hatte zur Folge, dass Bauern das Landleben hinter sich lassen konnten/ließen und in Städte zogen, um neue Arbeit zu finden. Da es in Großbritannien auch schon längst keine Leibeigenschaft gab, war ein Zuzug in die Städte kein Problem. Weiterhin war es Wohlhabenden seit dem Ende des 17. Jahrhunderts möglich, große Landstücke zu erwerben, wodurch sie zu Großgrundbesitzern wurden. Hierbei gerieten auch adlige Grafschaften in den Besitz jener Großgrundbesitzer. Eigenständig arbeitende Bauern konnten keine Konkurrenz mehr leisten und Bauern im Dienste der Großgrundbesitzer arbeiteten für geringe Löhne, weil es ein Überangebot an Bauern gab.

---

[67] Manchmal wird von der Agrarrevolution gesprochen.
[68] Vgl. https://hls-dhs-dss.ch/de/articles(027646/2011-03-24/, abgerufen am 12.04.2020. Der dortige Artikel zum Thema „Fruchtwechselwirtschaft" wurde von Albert Schnyder verfasst und hat den Stand 24.03.2011.

Die höheren Erträge in der Landwirtschaft führten dazu, dass mehr Menschen versorgt werden konnten. Zugleich verbesserte sich die Hygiene und die Medizin machte Fortschritte. Alles zusammen führte im 18. Jahrhundert zu einem deutlichen Bevölkerungsanstieg in Großbritannien. Von 5,5 Mio. Einwohnern 1700 stieg die Zahl auf 9,1 Mio. bis 1801.[69] Dadurch standen mehr Menschen als Arbeitskräfte zur Verfügung.

Als nächstes sei darauf hingewiesen, dass in Großbritannien ein Binnenmarkt existierte. Binnenzölle gab es nämlich damals nicht, sodass ein freier Warentransport und Markt innerhalb Großbritannien vorhanden war (anders als z. B. im Heiligen Römischen Reich deutscher Nation, das in viele Kleinstaaten mit eigenen Zöllen und Währungen zersplittert war).

Apropos freier Warentransport: Großbritannien besaß im Laufe des 18. Jahrhunderts eine herausragend gute Infrastruktur. Teils durch natürliche Flüsse, teils durch künstlich angelegte Kanäle[70] konnten Waren gut und preiswert transportiert werden. Später wurde dann auch ein stark ausgebautes Eisenbahnnetz errichtet. Zugleich war Großbritannien die weltweit führende Seemacht. Keine Nation konnte ihr das Wasser reichen. Deshalb konnte Großbritannien ungehindert Waren in andere Regionen der Welt exportieren. Dadurch, dass Großbritannien eine Vielzahl an Kolonien besaß, kam es sowohl an Rohstoffe, als auch fungierten diese Kolonien als Absatzmärkte für produzierte Waren. Und auch das europäische Festland war ein Absatzmarkt für britische Waren.

Weitere Punkte, die die Industrialisierung Großbritanniens begünstigt haben, sind das Fehlen von Zunftschranken, der Friede auf der Insel, die Tatsache, dass Großbritannien keinen (absolutistischen) Herrscher an der Spitze hatte, der in die Wirtschaft eingegriffen hat, und das Vorhandenseins der Gewerbefreiheit. Darüber hinaus verfügte Großbritannien über Kohle- und Eisenerzvorkommen, was sich für Dampfmaschinen und andere Gerätschaften als vorteilhaft erweisen sollte.

Blicken wir nun auf die eigentliche Industrialisierung. Ihren Ausgangspunkt hatte sie in der Textilbranche. Im 18. Jahrhundert wurden die Forderungen immer lauter, bessere Methoden zur Verarbeitung von Baumwolle zu finden. Und tatsächlich gelang es, wichtige Verbesserungen zu entwickeln: 1733 wurde zum Beispiel das fliegende Weberschiffchen von John Kay erfunden. 1764 folgte die Spinning Jenny von James Hargreaves, mit der acht Fäden gleichzeitig verarbeitet werden konnten. Fünf Jahre später ist durch Richard Arkwright die wasserbetriebene Spinnmaschine entstanden. Zwei Jahre danach eröffnete er die erste industrielle Baumwollspinnerei. Eine weitere Verbesserung bei der Textilverarbeitung stellte die Spinning Mule von Samuel Crompton 1779 dar.

---

[69] Vgl. Zeiten und Menschen Band 2. Die geschichtlichen Grundlagen der Gegenwart. 1776 bis heute. Paderborn 1983, S. 42.
[70] Ab 1750 durch private Initiativen.

Von großer Bedeutung über die Textilbranche hinaus war die Verbesserung der Dampfmaschine von James Watt ab 1769. Zwar wurde sie nicht von Watt erfunden, wie viele behaupten, doch hatte er sie entscheidend verbessert – der Wirkungsgrad wurde deutlich gesteigert, sodass sie in Fabriken gewinnbringend eingesetzt werden konnte. Zudem wurden Fabriken unabhängig von Flüssen. Mit den effizienter gewordenen Dampfmaschinen konstruierte Edmund Cartwright 1784 den ersten mechanischen Webstuhl. Hierdurch wurde die Herstellung von Baumwolltextilien mechanisiert.

Durch die Industrialisierung der Baumwollverarbeitung wurde Großbritannien zum weltweit führenden Hersteller von Baumwolltextilien. Keiner konnte mit Großbritannien mithalten und so spielte auch der Import von Baumwolltextilien aus Indien keine Rolle mehr. Stattdessen konnte man selbst zur Massenproduktion übergehen, was Preise senkte und mehr Leute mit Baumwolltextilien ausstattete. Den Rohstoff für die Produktion, also die Baumwolle, bezogen die Briten aus ihren Kolonien Indien und USA.

Die Gewinne aus der Textilproduktion waren massiv. Diese Kapitalerträge konnten in der Folge in die kostspieligen Bereiche Bergbau, Eisenverarbeitung, Stahlgewinnung (kurzum: Schwerindustrie) investiert werden. Diese Industriesektoren sollten dann im 19. Jhdt. eine zentrale Rolle bei der Industrialisierung spielen. Dampfmaschinen spielten auch in der Schwerindustrie eine bedeutende Rolle, da sie die Förderleistung an Kohle und Eisen erhöhten. Neue Verfahren und bessere Methoden[71] steigerten zudem die Eisengewinnung. Die Stahlherstellung wurde verbessert. Davon profitierten insbesondere die Rüstungsindustrie und der Eisenbahnbau: Am 27.09.1825 wurde die erste Eisenbahnstrecke der Welt (in und um Stockton-on-Tees mit einer Länge von rund 40 km) eröffnet. In der Folge wurde, wie bereits erwähnt, das Eisenbahnnetz stark erweitert.

Die Industrialisierung führte insgesamt zur Entstehung von neuen gesellschaftlichen Gruppen, nämlich den Unternehmern (z. B. Fabrikbesitzer) und den Arbeitern. Hierbei ging es den Arbeitern und ihren Familien lange Zeit nicht gut. Die Löhne waren gering – es herrschte ein Überangebot an Arbeitern. Die Arbeitszeiten waren lang. Frauen- und Kinderarbeit waren typisch. Das alles waren Probleme, mit denen sich nicht nur Großbritannien auseinanderzusetzen hatte, sondern auch andere Industrienationen der damaligen Zeit betraf.

1819 wurde ein Gesetz hinsichtlich der Kinderarbeit beschlossen. Demzufolge durften Kinder nicht mehr als 12,5 Stunden/Tag arbeiten und in manchen Branchen war Kinderarbeit für Kinder unter 9 Jahren verboten. Es dauerte aber bis 1833, ehe der Staat tatsächlich auch Betriebe kontrollierte und überprüfte, ob die Regularien eingehalten wurden. Im selben Jahr (also

---

[71] 1735 Eisengewinnung mit Koks (DARBY), 1784 Puddelverfahren

1833) wurde ein Nachtarbeitsverbot für Kinder und Jugendliche beschlossen und die maximale Arbeitszeit für Kinder wurde auf 8 Stunden/Tag gesenkt.

Derweil wurde 1824 die Erlaubnis zur Bildung von Gewerkschaften erteilt. Zwar gab es schon vorher hin und wieder erste Formierungen unter der Arbeiterschaft, aber die gesetzlichen Beschränkungen waren immens, sodass die Erlaubnis zur Gründung von Gewerkschaften einen Wandel darstellte. Allerdings führten Gewerkschaften nicht zu einer vereinten Arbeiterschaft: Zwar gab es vereinzelt Versuche, übergreifende Gewerkschaften zu bilden, doch sollten sie nicht von dauerhaftem Erfolg gekrönt sein. Letztlich gab es also viele einzelne und dafür nicht so große Gewerkschaften.

Erwähnt werden soll auch noch die Wahlrechtsreform (der sogenannte Reform Act oder Grand Reform Act) aus dem Jahre 1832. Hierbei wurden die Wahlkreise für das Unterhaus neu aufgeteilt und durch die Industrialisierung entstandene Industriestädte konnten erstmals eigene Wahlkreise oder mehr Wahlkreise erhalten. Für die Arbeiter brachte das aber auch nicht viel, da sie keine Chance hatten, gewählt zu werden.

Wie man also alles in allem sehen kann, verbesserte sich die Lage der Arbeiter nicht schlagartig, sondern nur langsam und hierbei kam es auch immer wieder zu Rückschlägen, die eingesteckt werden mussten.

3.2 Die Industrialisierung in Deutschland im 19. Jahrhundert

Anders als im Königreich Großbritannien, wo Mitte des 18. Jahrhunderts die Industrialisierung begann, dauerte es noch längere Zeit, bis auch in Deutschland (und zwar im Deutschen Bund) die Industrialisierung ihren Anfang nahm. Wann genau man den Beginn für die Industrialisierung Deutschlands ansetzt, hängt dabei vom Blickwinkel ab, sodass es (in der Wissenschaft) kein festes Datum/Jahr dafür gibt. So lassen sich Wissenschaftler finden, die mal die 1830er-Jahre, mal die 1840er-Jahre oder die 1850er-Jahre als Ausgangszeitraum der Industrialisierung nennen.

Dass es in Deutschland deutlich später als in Großbritannien zur Industrialisierung kam, hat mehrere Gründe. Hier sind insbesondere die folgenden zu nennen:

1) Das Heilige Römische Reich (HRR) deutscher Nation im 18. und der Deutsche Bund im 19. Jahrhundert waren in zahlreiche Teilstaaten zersplittert, deren Staatsoberhäupter das Recht besaßen, eigene Zölle zu erheben und eigene Währungen zu haben. Es gab sogar selbst innerhalb Preußens mal 67 Zolltarife. Demzufolge gab es weder im HRR noch zu Beginn des Deutschen Bundes einen Binnenmarkt, wie es ihn in Großbritannien am Anfang der Industrialisierung bereits gegeben hatte.

2) Es mangelte auf dem Gebiet des Deutschen Bundes an einer gut ausgebauten Infrastruktur. Auch hier ist der Unterschied zu Großbritannien immens: Während es auf der britischen Insel viele Wasserstraßen (Flüsse + künstlich angelegte Kanäle) im 18. Jahrhundert gab, fehlten sie weitestgehend im Deutschen Bund. Dadurch waren Warentransporte schwerer und teurer.

3) Zugleich konnten absolutistische Herrscher in vielen Teilstaaten ein Hemmnis darstellen, denn sie hinderten oft die freie Entfaltung der Wirtschaft, da sie ungehindert in die wirtschaftliche Entwicklung ihres Staates eingreifen konnten. Damit konnte die eigene wirtschaftliche Entwicklung Schäden erleiden.

4) Der Zunftzwang (d. h. der Zwang, einer bestimmten Zunft anzugehören, um einen entsprechenden Beruf auszuüben) sowie die Leibeigenschaft erwiesen sich ebenfalls als weitere Hemmnisse für eine frühere Industrialisierung des deutschen Gebietes.

Ein allmählicher Wandel kam erst zu Beginn des 19. Jahrhunderts auf. Die zahlreichen Niederlagen Preußens in den Kriegen gegen Napoléon führten zu bedeutenden Reformen, die für die wirtschaftliche Entwicklung von Bedeutung waren: 1807 wurden die Leibeigenschaft abgeschafft und kurz darauf die Freiheit der Berufswahl eingeführt. 1810 kam es zur Gewerbefreiheit und dadurch zum Ende des Zunftzwangs. Das Steuersystem wurde in den Jahren von 1810 bis 1812 vereinheitlicht und 1818 wurde das gesamte preußische Staatsgebiet zu einem einheitlichen Zollgebiet. Dieses einheitliche Zollgebiet wurde in der Folgezeit sukzessive vergrößert und 1834 entstand auf diese Weise der (in Unterkapitel 2.3 genannte) Deutsche Zollverein, der zum Ende der Binnenzölle in weiten Teilen des Deutschen Bundes führte und feste Wechselkurse für Währungen zwischen einzelnen Teilstaaten festlegte. Das waren wichtige Voraussetzungen für die Industrialisierung im Deutschen Bund.

Zugleich kam es vor den 1830er-Jahren zu einem Bevölkerungswachstum und zusammen mit der Umstellung auf die Fruchtfelderwirtschaft und dem Gebrauch von Düngern in der Landwirtschaft, was zu einer Bewegung vom Land zur Stadt führte, gab es genügend Menschen, die als Arbeitskräfte vorhanden waren.

Der Beginn der Industrialisierung selbst ist in Deutschland mit dem Eisenbahnbau verknüpft. Am 07.12.1835 wurde die erste Eisenbahnstrecke von Nürnberg nach Fürth (ca. 6,5 km Länge) eröffnet. Danach wurde das Schienennetz stark ausgebaut. Das erforderte natürlich eine große Menge an Eisen, womit alle mit Eisen verknüpfte Industriezweige (Bergbau, Eisen- und Stahlindustrie) eine massive Förderung erfuhren. Zudem erlebte der Maschinenbau einen immensen Aufschwung, da schließlich auch Züge gebaut werden mussten. Gebiete wie das

Ruhrgebiet wurden aufgrund ihres Kohle- und Eisenerzvorkommens immer bedeutender und blühten auf. Im Lauf des 19. Jhdt. wurde es zum größten Industriegebiet Europas.[72]

Der Sieg im Deutsch-Französischen Krieg 1871 half der Industrialisierung des Deutschen Kaiserreiches. Durch die Annexion von Elsass-Lothringen kam man an weiteres Eisenerz, und durch die Reparationszahlungen Frankreichs wurden viele zur Gründung von AGs und der Teilnahme an Börsenspekulationen motiviert. Man spricht bis 1873 von den Gründerjahren. Ausgehend von einem Börsencrash in Österreich-Ungarn im Mai 1873, kam es dann allerdings im Oktober 1873 auch an der Berliner Börse zu einem Crash, und der damit vorliegende sogenannte Gründerkrach rief eine schwere Wirtschaftskrise hervor. Diese traf das Kaiserreich hart, zumal importierte Waren aus dem Vereinigten Königreich[73] eine bessere Qualität hatten und billiges aus den USA importierte Getreide die eigene Landwirtschaft schwächten. All dies führte dazu, dass 1879 das Ende des Freihandels[74] von staatlicher Seite beschlossen wurde und zugleich Schutzzölle (also Zölle auf den Import von Waren) zum Schutz der eigenen Wirtschaft erhoben wurden. Bald darauf ging es der Wirtschaft des Kaiserreiches wieder besser.

Mit den 1870er-Jahren endete auch das große Interesse am Eisenbahnbau, da das Schienennetz sehr weit ausgebaut war. Ab den 1880ern übernahmen dafür zwei andere Bereiche die zentrale Rolle bei der Industrialisierung des Kaiserreiches – die Elektroindustrie und die Chemieindustrie.

Zur Elektroindustrie: Betriebe wie Siemens&Halske und die Allgemeine Elektricitäts-Gesellschaft (AEG)[75] spielten im Kaiserreich eine bedeutende Rolle. 1879 gelang es Siemens&Halske beispielsweise, die weltweit erste Elektrolokomotive zu bauen, die auch tatsächlich für den Personenverkehr genutzt werden konnte. Außerdem gelangen am 24.08. und 25.08.1891 die ersten Fernübertragungen von elektrischer Energie über Hochspannungsleitungen von Lauffen (südlich von Heilbronn im heutigen Baden-Württemberg) nach Frankfurt am Main. Da im Allgemeinen Elektromotoren die Dampfmaschinen mehr und mehr verdrängten, liegt es auf der Hand, dass die Elektroindustrie immer bedeutender geworden ist.

Zur Chemieindustrie: Noch viel schillernder war die deutsche Chemieindustrie. Generell sei gesagt, dass zunächst die Chemieindustrie vor allem mit der Synthese von künstlichen Farben beschäftigt war, denn die Textilindustrie expandierte und Naturfarben waren teuer. Dann spielten auch die Arzneimittelproduktion und das Herstellen von Düngemitteln und Pflanzenschutzmitteln eine wichtige Rolle.

---

[72] Passt nicht zum Text, deswegen sei in einer Fußnote erwähnt, dass der erste mechanische Webstuhl in Deutschland 1845 seinen Betrieb aufnahm.

[73] Vereinigtes Königreich Großbritannien und Irland.

[74] Freihandel bedeutet, dass sich der Staat aus der Wirtschaft heraushält.

[75] 1883 als Deutsche Edison-Gesellschaft für angewandte Electricität gegründet.

Die besondere Bedeutung der deutschen Chemieindustrie lässt sich an Zahlenwerten ganz klar demonstrieren: Betriebe (wie z. B. BASF, Bayer und die Farbwerke Hoechst (in Frankfurt am Main)) machten schon in den 1880ern 50 % der Weltproduktion aus, doch dieser Anteil konnte bis zum Jahr 1900 auf 90 % gesteigert werden.[76]

Die Industrialisierung Deutschlands brachte aber auch die typischen Probleme wie die Ausbeutung von Arbeitern mit sich. Dies sei an dieser Stelle nur erwähnt und wird im nächsten Unterkapitel gesondert nochmal ausgeführt werden. Es soll an dieser Stelle nur nicht die Illusion aufkommen, dass alles problemlos und für jeden zum Vorteil verlaufen sei.

Abschließend sei noch auf den Automobilbereich eingegangen, der auch im 21. Jahrhundert in Deutschland noch eine große Rolle spielt. Der erste Verbrennungsmotor und damit eine zentrale Grundlage für den Bau des ersten Automobils wurde 1877 von Nikolaus August Otto konstruiert (Ottomotor). Der Dieselmotor ist auch eine deutsche Erfindung und zwar von Rudolf Diesel im Jahre 1893. Bereits acht Jahre zuvor konstruierte Carl Benz das erste Automobil der Welt (es hatte drei Räder), für das er am 02.11.1886 das Patent erhielt. Ebenfalls 1886 waren es Gottlieb Daimler und Wilhelm Maybach, die erstmals ein vierrädriges Gefährt mit einem Verbrennungsmotor ausgestattet haben – die ersten Autos waren geboren. Nichtsdestotrotz sollten Autos zunächst keine große Rolle als Transportmittel spielen, weil sie zu teuer waren. Erst nach der von Henry Ford eingeführten Fließbandarbeit im Jahre 1913 wurde das Automobil für große Gesellschaftsschichten erschwinglich.

3.3 Folgen der Industrialisierung in Deutschland im 19. Jahrhundert

War die deutsche Gesellschaft am Beginn des 19. Jahrhunderts noch mehrheitlich eine von der Landwirtschaft geprägte Gesellschaft – im Jahre 1800 betrug der Anteil der im Agrarsektor arbeitenden Menschen mehr als 60 %, während im Gewerbe und der Industrie 20 % arbeiteten[77] – veränderte sich die Gesellschaft gerade im Deutschen Kaiserreich bis zum Ausbruch des 1. Weltkriegs immens: Bei der Gründung des Deutschen Kaiserreiches 1871 arbeiteten rund 50 % der Menschen im Landwirtschaftsbereich, 28 % in der Industrie und 21 % im Dienstleistungssektor, 1914 lag die Industrie mit 38 % vor der Landwirtschaft mit rund einem Drittel und dem Dienstleistungssektor mit 27 %.[78]

---

[76] Vgl. Geschichte und Geschehen Ausgabe Hessen, 1. Aufl. Stuttgart 2013, S. 139.

[77] Vgl. Kursbuch Geschichte Hessen – Qualifikationsphase – Prüfauflage 1. Aufl. Berlin 2017, S. 110.

[78] Vgl. Putzger – Historischer Weltatlas. Erweiterte Ausgabe, 104. Aufl. Berlin 2016, S. 159. Auf https://www.dhm.de/lemo/kapitel/kaiserreich/industrie-und-wirtschaft.html, abgerufen am 12.04.2020, finden sich folgende Werte: 1871: ca. 50 % Landwirtschaft, 29 % Gewerbe (dazu zählt die Industrie); 1907: 34 % Landwirtschaft, 40 % Gewerbe. Von diesen 40 % arbeiteten 60 % in der Industrie und 35 % als Handwerker.

Die Industrialisierung führte aber nicht nur zur Veränderung der Verteilung der arbeitenden Menschen auf die verschiedene Wirtschaftssektoren, sondern auch weitere Wandlungen ließen sich beobachten. Es kam zum Beispiel zur Urbanisierung. Mit der Abwanderung von Menschen vom Land in die Stadt wuchsen existierende Städte und es kam auch zur Bildung von Ballungsräumen, wie dem Ruhrgebiet, bei dem sich Stadt an Stadt reihte und so zur Verstädterung ganzer Gebiete führte. Zwar führte der Zuzug von Menschen zum Ausbau von kulturellen Angeboten und zu mehr Bildungsmöglichkeiten, aber dafür gingen traditionelle Bindungen (z. B. regionale) verloren und der massive Zuwachs an Einwohnern führte zur Wohnungsnot und oft auch schlechten Wohnungen an sich.

Unmittelbar vor und noch zu Beginn der Industrialisierung[79] spielte zudem der Pauperismus eine Rolle. Die Bevölkerungszunahme in der ersten Hälfte des 19. Jahrhunderts führte zu großen Versorgungsproblemen, da der Agrarbereich es zunächst nicht schaffte, ausreichend Nahrung zu produzieren. Schlechte Ernten führten darüber hinaus zu Engpässen und Unruhen und von Mitte der 1820er-Jahre bis zum Ende der 1840-er-Jahre kam es zu einer Massenverarmung. Erst mit verbesserten landwirtschaftlichen Methoden konnten wesentliche Erfolge erzielt werden: Die Verfügbarkeit von Nahrungsmitteln stieg an, die Nahrungsmittel selbst wurden besser. Der Pauperismus wurde gestoppt.

Mit der fortschreitenden Industrialisierung kam aber die sogenannte soziale Frage auf. Der massive Zuzug in die Städte bedeutete für die neuen Stadtbewohner nicht zwingend ein besseres Leben. Auf das Wohnungselend wurde schon hingewiesen. Durch das Überangebot an Industriearbeitern hatten Arbeiter auch keine wesentlichen Rechte. Arbeitsplätze waren unsicher, Arbeitslosigkeit war ein ständiger Faktor, Löhne waren niedrig, Arbeitszeiten zudem hoch und eine soziale Absicherung im Krankheits- oder Invaliditätsfall gab es nicht. Der Weg in die Armut war ein kurzer.

Apropos Arbeitszeiten: Diese betrugen zwischen 1830 und 1860 im Schnitt 14-16 Stunden/Tag und sanken zwischen 1861 und 1870 auf 12-14 Stunden/Tag.[80] Die durchschnittliche Wochenarbeitszeit betrug 1830-1860 80-85 Stunden, zwischen 1861 und 1870 waren es 78 Stunden[81], und 1910 ca. 57 Stunden.[82] Zugleich sollte nicht vergessen werden, dass auch Kinderarbeit typisch war.

Die schlechte Lage der Industriearbeiter wurde immer bedeutsamer in der gesamten Gesellschaft und eine Lösung der sozialen Frage erschien immer wichtiger. Nur selten gab es

---

[79] Hängt natürlich davon ab, wann man sie beginnen lässt (siehe Unterkapitel 3.2).
[80] Vgl. Katharina Grimm, Die 90-Stunden-Woche - als wir begannen, wie Maschinen zu schuften, unter: https://www.stern.de/wirt schaft/job/arbeitzeit--16-stunden-pro-tag--als-wir-wie-maschinen-schufteten-8624588.html, abgerufen am 19.04.2020.
[81] Vgl. ebd.
[82] Vgl. Griesshaber, Dieter, Die Industrielle Revolution in England und Deutschland (1780 - 1914), Stand: 07.08.2019, unter: http://ge schichtsverein-koengen.de/IndRevolution.htm, abgerufen am 08.05.2020.

Unternehmer (wie Krupp oder Siemens), die ihren Angestellten Hilfen anboten. Manchmal wurden auch Wohnungen gebaut.

Insofern musste eine Lösung fernab der Unternehmer gesucht werden. Den radikalsten Ansatz dürften dabei Karl Marx und Friedrich Engels verfolgt haben, die als Begründer des Kommunismus gelten. Sie übten scharfe Kritik am Kapitalismus und sahen in ihm die Schuld am Elend der Arbeiter. Sie forderten deshalb eine Abschaffung von privaten Produktionsmitteln durch eine Revolution.

Zur sozialistischen Revolution im Deutschen Bund kam es nicht, aber dennoch spielten kommunistische und sozialistische Ideen eine Rolle in der Gesellschaft. Seit 1868 kam es nämlich beispielsweise zur Bildung von Gewerkschaften, von denen die sozialistisch geprägten Freie Gewerkschaften die bedeutendste aller Gewerkschaften war, doch soll an dieser Stelle nicht unerwähnt bleiben, dass es auch liberale Gewerkschaften (z. B. die Hirsch-Dunckersche Gewerkvereine) und christliche Gewerkschaften (die v. a. katholisch geprägt waren) im Laufe der Zeit gab. Apropos Christentum: Sowohl die evangelische als auch die katholische Kirche versuchten, Antworten auf die soziale Frage zu liefern. Es gab Pflegehäuser, Siedlungen für Arbeitslose und Gesellenvereine.

Auch auf politischer Ebene formierten sich Parteien zur Lösung der sozialen Frage. 1863 gründete Ferdinand Lasalle den Allgemeinen Deutschen Arbeiterverein (ADAV). 1869 waren es Wilhelm Liebknecht und August Bebel, die die sozialistische Sozialdemokratische Arbeiterpartei (SDAP) gründeten. Beide Parteien fusionierten 1875 in Gotha zur Sozialistische Arbeiterpartei (SAP). Dies war allerdings nicht ganz so leicht, denn während die SDAP im Sinne Marx' eine proletarische Revolution vertrat, widersprach Lasalle Marx in diesem Punkt und wollte Reformen statt einer Revolution. Nichtsdestotrotz konnte ein gemeinsames Parteiprogramm, das sogenannte Gothaer Programm, erstellt werden, was im Übrigen die Kritik von Marx auf sich zog, da es eben doch nicht völlig seine Ansichten vertrat. Drei Jahre nach der Fusion kam es 1878 zum Sozialistengesetz. Nach deren Ende 1890 nannte sich die SAP im selben Jahr in SPD um und ein neues Parteiprogramm, das Erfurter Programm, wurde ausgearbeitet. Dieses Programm war nun deutlich marxistischer geprägt als das Gothaer Programm, doch auch in diesem Parteiprogramm wurde die proletarische Revolution nicht als Grundsatz festgehalten. Insgesamt muss gesagt werden, dass die SPD nicht homogen in sich war: Während der linke Flügel um Rosa Luxemburg und der zwischen 1892 und 1913 als Parteivorsitzender fungierende August Bebel für eine Revolution waren, gab es auch Vertreter der sogenannten Revisionismustheorie, die besagt, dass statt einer Revolution Reformen nach einem Wahlsieg (der SPD) durchgeführt werden sollen. Ein Hauptvertreter der Revisionismustheorie innerhalb der SPD war Eduard Bernstein und mit der Übernahme des Parteivorsitzes durch Friedrich Ebert

1913 war ein mögliches Festhalten an der Revolution innerhalb der SPD kein großes Thema mehr.

Bis dahin kam es aber schon tatsächlich zu einer Verbesserung der Lage für die Arbeiterschaft. Nach dem Ende der Sozialistengesetze (sie scheiterten) wurden noch unter Reichskanzler Otto von Bismarck erste Sozialversicherungen zur Absicherung der Arbeiter eingeführt, um damit der SPD die Wählerschaft zu entziehen, was allerdings auch nicht erreicht wurde. Wie dem auch sei: 1883 wurde die Krankenversicherung eingeführt, 1884 folgte die Unfallversicherung und 1889 wurde die Invaliditäts- und Altersversicherung (Rentenversicherung) beschlossen. Nach der Kanzlerschaft Bismarcks wurden z. B. noch das Verbot der Sonntagsarbeit verfügt und es kam in so manchem Beruf zu einer Festlegung der Höchstarbeitszeit. Wie man sehen kann, dauerte es einige Zeit, bis die obersten politischen Entscheidungsträger deutliche Verbesserungen für die Arbeiter bewirkten und sich die rechtliche Situation der Arbeiter deutlich verbesserte.

4 Das Deutsche Kaiserreich und das Zeitalter des Imperialismus 1871-1914

4.1 Der Deutsch-Französische Krieg 1870-1871 und die Gründung des Deutschen Kaiserreichs 1871

Zwar entstand durch die Gründung des Norddeutschen Bundes ein größeres vereinigtes deutsches Staatsgebiet, aber die süddeutschen Gebiete des ehemaligen Deutschen Bundes gehörten 1866 diesem Staatenbund nicht an. Auch in der Folgezeit machten diese süddeutschen Gebiete keine Anstalten, sich dem Norddeutschen Bund anzuschließen. Dass es 1871 dennoch zur Gründung des Deutschen Kaiserreiches kam, hängt mit dem Deutsch-Französischen Krieg zusammen, der am 19.07.1870 ausgebrochen ist.

Die Vorgeschichte zu diesem Krieg kann man schon auf das Jahr 1866 legen. Nach dem Deutschen Krieg bekam Frankreich nicht, wie erhofft, Luxemburg dafür, dass es in jenem Krieg neutral geblieben war. Dies führte zu einem Wandel der Haltung des angeschlagenen französischen Kaisers Napoléon III. gegenüber Preußen. Verschlimmert wurde das Verhältnis zwischen Preußen und Frankreich durch die Besetzung des spanischen Königsthrons. 1868 wurde die spanische Königin Isabella II. vom Militär abgesetzt und fortan wurde ein Nachfolger als Regent Spaniens im europäischen Adel gesucht. Ein Vorschlag als Kandidat war Prinz Leopold von Hohenzollern-Sigmaringen, der (somit) aus der Familie des preußischen Königs Wilhelm I. stammte. Zunächst lehnte Prinz Leopold eine Kandidatur ab, doch wurde er von Otto von Bismarck zu einer Kandidatur überredet und König Wilhelm I. als Familienoberhaupt der Hohenzollern gab widerwillig seine Zustimmung dazu. Dies war eine von Otto von Bismarck bewusst eingefädelte Provokation gegenüber Frankreich und diese Provokation zeigte auch Wirkung. Frankreich wollte eine Kandidatur des Hohenzollernprinzen nicht tolerieren, denn sollte jener wirklich König werden, dann wäre Frankreich im Süden und im Osten von Staaten in der Hand der Hohenzollern umgeben, was große Ängste schürte. Demzufolge drohte Frankreich mit einem Krieg. Daraufhin zog Prinz Leopold seine Kandidatur zurück.

Damit hätte die Sache geklärt sein können, doch nun wollte der französische Außenminister Antoine Alfred Agénor Herzog de Gramont noch mehr. König Wilhelm I. wurde dazu aufgefordert, zu garantieren, dass auch in Zukunft keine Hohenzollern das spanische Königtum anstreben werden. Diese Botschaft wurde Wilhelm I. in Bad Ems von einem französischen Gesandten überbracht. Auf diese Forderung ging Wilhelm I. nicht ein. Otto von Bismarck erhielt über die Ereignisse in Bad Ems einen Bericht und diesen kürzte er nun bewusst so, dass die Forderung Frankreichs noch drastischer erschien, als sie war. Die auf diese Weise von Bismarck geschaffene sogenannte Emser Depesche wurde am 13.07.1870 veröffentlicht und provozierte die Franzosen erneut.

Schon vor der Emser Depesche wurde auf französischer Seite ein Krieg gegen Preußen beschlossen, doch nach Veröffentlichung der Depesche war auch die französische Öffentlichkeit mehrheitlich[83] für einen Krieg gegen Preußen. Am 19.07.1870 folgte die Kriegserklärung Frankreichs an Preußen. Damit war Bismarcks Plan voll aufgegangen, denn durch die französische Kriegserklärung stand Frankreich als Aggressor da und nicht Preußen und so war die Chance groß, dass keine andere Großmacht Frankreich unterstützen werde.

In der Tat blieben die Franzosen wider ihr eigenes Erwarten auf sich alleine gestellt. Statt eines erhofften Kriegsbeitritts Österreich-Ungarns auf Seiten Frankreichs blieb dieses neutral. Auch das Vereinigte Königreich[84] blieb neutral, weil es innerlich uneins über seine Haltung zu diesem Konflikt war. Das Königreich Dänemark blieb aufgrund der britischen Neutralität auch neutral, womit keine zweite Front in Norddeutschland eröffnet worden ist, und die süddeutschen Staaten traten auf Seiten Preußens in den Krieg ein – sie hielten sich an die Schutz- und Trutzbündnisse, die nach dem Deutschen Krieg geschlossen worden sind, was Napoléon III. offensichtlich nicht erwartete.

Für Kaiser Napoléon III. lief der Krieg verheerend: Die Schlacht bei Sedan vom 01.-02.09.1870 endete mit der Kapitulation der dortigen französischen Truppen und der Gefangennahme von ihm selbst. Sein Kaisertum endete am 04.09.1870, als die 3. Französische Republik ausgerufen worden ist.

Die neue republikanische Regierung setzte den Krieg fort, aber ein Sieg ließ sich nicht erzielen. Paris wurde von September 1870 bis Januar 1871 belagert. Die Stadt kapitulierte am 28.01.1871 und am 26.02.1871 kam es zum Vorfrieden von Versailles.

Aufgrund der Kriegserfolge bis November 1870 war eine Vereinigung des Norddeutschen Bundes mit den Staaten Baden, Bayern, Hessen und Württemberg plötzlich möglich, wenngleich es gerade gegenüber Bayern einer großen Menge an Verhandlungen bedurft hatte, ehe der bayrische König einer Vereinigung zustimmte. Letztlich regelten die Novemberverträge (das waren mehrere Verträge mit teils nur einem der Staaten[85]) den Beitritt dieser vier Staaten zum Norddeutschen Bund, aus dem zum 01.01.1871 das Deutsche Kaiserreich wurde. Proklamiert (d. h. ausgerufen) wurde dieses Deutsche Kaiserreich allerdings erst am 18.01.1871 im Spiegelsaal von Versailles. Sowohl der Ort – Residenz französischer Könige – sowie das Datum – 170. Jahrestag der Krönung von Friedrich I. aus dem Hause Hohenzollern zum 1. preußischen König – waren nicht zufällig ausgewählt worden. Kaiser Wilhelm I. betonte in seiner

---

[83] Ich verwende die Formulierung „mehrheitlich", da ich nicht davon ausgehe, dass wirklich jeder einzelne Franzose diesen Krieg befürwortet hat.
[84] Vereinigte Königreich Großbritannien und Irland.
[85] 15.11.1870: Vertrag mit Baden und Hessen; 23.11.1870: Vertrag mit Bayern; 25.11.1870 Vertrag mit Württemberg.

Thronrede, dass das Deutsche Kaiserreich eine Politik des Friedens betreiben wolle, womit er Ängste bei den anderen europäischen Großmächten beseitigen wollte, die ein Deutsches Kaiserreich als große Gefahr für das europäische Gleichgewicht sahen und sich davor fürchteten, dass dieses Reich noch weiter expandieren könnte.

Was den Deutsch-Französischen Krieg betrifft, sei gesagt, dass der Friede von Frankfurt am Main diesen am 10.05.1871 offiziell beendete. Frankreich musste Elsass-Lothringen an das Deutsche Kaiserreich abtreten (s. M5[86]), stimmte einer Zahlung von 5 Mrd. Francs in Form von Gold als Kriegsentschädigung zu und musste eine vorläufige Besetzung von 4 Départements und den Befestigungsanlagen von Paris bis zur Sicherstellung der Reparationszahlungen akzeptieren.

M5 Karte des Deutschen Kaiserreichs 1871-1918

[86] https://upload.wikimedia.org/wikipedia/commons/thumb/d/d5/Deutsches_Reich_%281871-1918%29-de.svg/1108px-Deutsches_Reich_%281871-1918%29-de.svg.png, Urheber: ziegelbrenner, hochgeladen von: Ziegelbrenner, zuletzt bearbeitet von: Ziegelbrenner, Stand: 22.06.2016, CC BY-SA 3.0 nicht portiert, abgerufen am 25.04.2020.

4.2 Die Verfassung des Deutschen Kaiserreiches und die Reichstagswahlergebnisse

Der Gründung des Deutschen Kaiserreiches zum 01.01.1871 folgte am 16.04.1871 das Inkrafttreten der Verfassung, die im Wesentlichen der Verfassung des Norddeutschen Bundes entsprach und von Otto von Bismarck ausgearbeitet worden ist (s. M6[87]).

In ihr hatte der deutsche Kaiser einen festen Platz. Dieser konnte nur der König von Preußen sein, womit festgeschrieben stand, dass kein Adliger außerhalb von Preußen das Kaisertum erlangen konnte. Der Kaiser selbst war der Oberbefehlshaber über das Heer und er ernannte den Reichskanzler. Zugleich besaß der Kaiser das Recht, den Reichstag einzuberufen und aufzulösen.

Das Amt des Reichskanzlers war ebenfalls mit dem Königreich Preußen verknüpft, denn allein der preußische Ministerpräsident konnte Reichskanzler des Deutschen Kaiserreiches sein. Der Reichskanzler ernannte die Regierungsmitglieder und zugleich hatte er den Vorsitz im Bundesrat.

Der Bundesrat als Vertretung der 25 Länder bestand aus 58 Regierungsmitgliedern der Landesregierungen und 1911 mit der Hinzufügung von Elsass-Lothringen wuchs der Bundesrat auf 62 Mitgliedern an, wobei Preußen mit 17 Mitgliedern die meisten Vertreter entsandte. Hier zeigte sich neben dem preußischen Kaiser und dem preußischen Reichskanzler ein weiteres Element der Dominanz Preußens im Deutschen Kaiserreich, zumal mit 14 Stimmen im Bundesrat ein Veto erzielt werden konnte. Die hauptsächliche Aufgabe des Bundesrates war die Abstimmung über Gesetzesinitiativen. Zugleich konnte der Bundesrat mit Zustimmung des Kaisers und des Reichskanzlers den Reichstag auflösen und kontrollierte die Exekutive.

Der Reichstag wiederum bestand 1871 aus 382 Abgeordneten und danach durch Hinzufügung von 15 Abgeordneten aus Elsass-Lothringen aus 397 Mitgliedern. Der Reichstag wurde zunächst regulär für 3 Jahre gewählt, ab 1888 wurde er regulär nur noch alle 5 Jahre gewählt. Hierbei gab es 382 bzw. ab der Reichstagswahl 1874 397 Wahlkreise[88]. Derjenige Kandidat, der in einem Wahlkreis die meisten Stimmen erzielte, wurde ins Parlament gewählt. Wählen konnte jeder männliche Bürger, der mindestens 25 Jahre alt war. Die Wahl umfasste die Wahlgrundsätze allgemein (jede Stimme hatte den gleichen Wert[89]), direkt, gleich und geheim. Die

---

[87] https://upload.wikimedia.org/wikipedia/de/9/92/Verfassung1871.jpg, Urheber: Tobi B, hochgeladen von: Tobi B, Stand: 15.06.2006, gemeinfrei, abgerufen am 25.04.2020.

[88] Von den 397 entfielen 236 auf das Königreich Preußen, 48 auf das Königreich Bayern, 23 auf das Königreich Sachsen, 17 auf das Königreich Württemberg, 15 auf das Reichsland Elsass-Lothringen, 14 auf das Großherzogtum Baden, 9 auf das Großherzogtum Hessen, 6 auf das Großherzogtum Mecklenburg-Schwerin, je 3 Sitze auf die Freie und Hansestadt Hamburg, das Großherzogtum Oldenburg und Großherzogtum Sachsen-Weimar-Eisenach, je 2 auf das Herzogtum Anhalt, Herzogtum Sachsen-Coburg und Gotha, Herzogtum Sachsen-Meiningen, je 1 auf das Fürstentum Lippe, Fürstentum Reuß ältere Linie, Fürstentum Reuß jüngere Linie, Fürstentum Schaumburg-Lippe, Fürstentum Schwarzburg-Rudolstadt, Fürstentum Schwarzburg-Sondershausen, Fürstentum Waldeck und Pyrmont, das Großherzogtum Mecklenburg-Strelitz, die Hansestadt Bremen, die Hansestadt Lübeck und das Herzogtum Sachsen-Altenburg.

[89] Also es ist nicht so, dass beispielsweise reichere Bürger mehrere Stimmen hatten oder deren Stimmen höher gewichtet wurden.

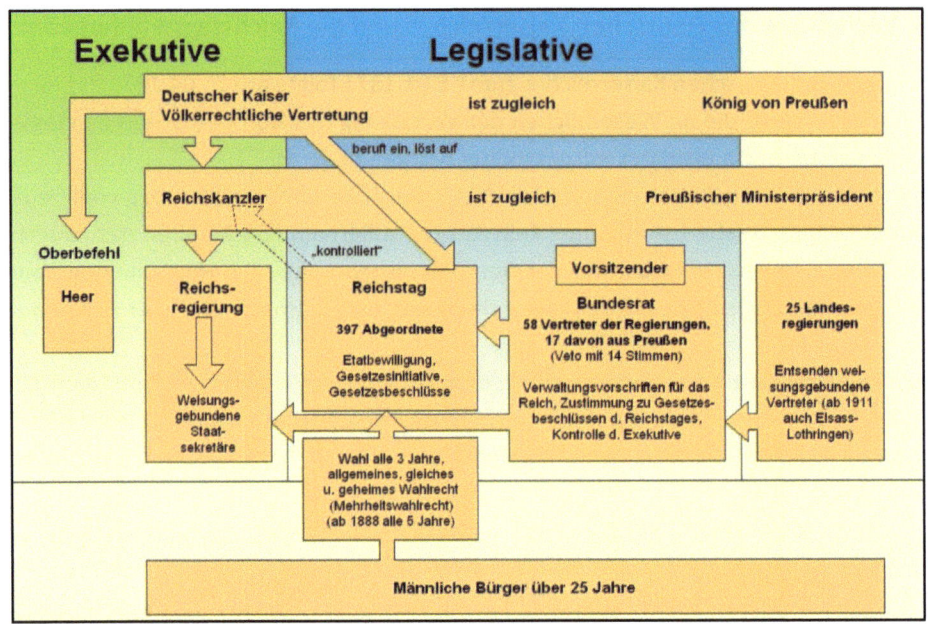

Exekutive

Legislative

Deutscher Kaiser
Völkerrechtliche Vertretung
— ist zugleich — König von Preußen

beruft ein, löst auf

Reichskanzler — ist zugleich — Preußischer Ministerpräsident

Oberbefehl

„kontrolliert"

Heer

Reichs-regierung

Weisungs-gebundene Staat-sekretäre

Vorsitzender

Reichstag
397 Abgeordnete
Etatbewilligung, Gesetzesinitiative, Gesetzesbeschlüsse

Bundesrat
58 Vertreter der Regierungen, 17 davon aus Preußen
(Veto mit 14 Stimmen)
Verwaltungsvorschriften für das Reich, Zustimmung zu Gesetzes-beschlüssen d. Reichstages, Kontrolle d. Exekutive

25 Landes-regierungen
Entsenden wei-sungsgebundene Vertreter (ab 1911 auch Elsass-Lothringen)

Wahl alle 3 Jahre, allgemeines, gleiches u. geheimes Wahlrecht (Mehrheitswahlrecht) (ab 1888 alle 5 Jahre)

Männliche Bürger über 25 Jahre

M6 Der Aufbau des Deutschen Kaiserreiches

Hauptaufgaben des Reichstages waren die Gesetzgebung zusammen mit dem Bundesrat und die Beschließung des Etats. Zudem kontrollierte der Bundestag den Reichskanzler, konnte diesen aber nicht absetzen.

Im Reichstag waren im Deutschen Kaiserreich diverse Parteien vertreten, wobei die meisten einer der vier Blöcke Sozialisten, Katholiken, Liberale oder Konservative angehörten. Die SDAP (Sozialdemokratische Arbeiterpartei) und der ADAV (Allgemeiner Deutscher Arbeiterverein), die 1875 zur Sozialistischen Arbeiterpartei Deutschlands (SAP) fusionierten und sich 1890 in SPD umbenannte, gehörten der Gruppe der Sozialisten an. Die Zentrumspartei war die Partei des politischen Katholizismus, zu den Liberalen gehörten u. a. die linksliberalen Parteien Deutsche Volkspartei (DtVP) sowie Deutsche Fortschrittspartei (DFP), rechtsliberale Parteien dagegen waren die Nationalliberale Partei (NLP) und die Liberale Reichspartei (LRP). Die Konservativen bestanden u. a. aus der Deutschen Reichspartei (DRP) sowie aus der preußischen Konservativen Partei (KP), die 1876 in der Deutschkonservativen Partei (DKP) aufging.

Das Wahlrecht für den Reichstag führte derweil dazu, dass die stimmenmäßig stärkste Partei nicht automatisch die meisten Sitze im Reichstag bekommen hat. Die nachfolgende Übersicht zeigt die Wahlergebnisse zwischen 1871 und 1914 – bei einigen Parteien ist in Klammern angegeben, in welchen Jahren sie bei Reichstagswahlen zur Wahl stand, d. h. die Gründungsjahre bzw. Umbenennungsjahre der Parteien können der Übersicht nicht entnommen werden.

Datum	SDAP+ADAV (1871-1874), SAP (1877-1890), SPD (ab 1893)		DFP (1871-1881), DFP[90] (1884-1890), FvP[91] (1893-1907), FVP[92] (1912)		Zentrum		NLP	
	Sitze		Sitze		Sitze		Sitze	
03.03.1871	2	3,2 %	45	8,8 %	60	18,6 %	119	30,1 %
10.01.1874	9	6,8 %[93]	49	8,6 %	91	27,9 %	154	29,7 %
10.01.1877	12	9,1 %	35	7,7 %	93	24,8 %	128	27,2 %
30.07.1878	9	7,6 %	26	6,7 %	94	23,1 %	99	23,1 %
27.10.1881	12	6,1 %	60	12,7 %	100	23,2 %	47	14,7 %
28.10.1884	24	9,7 %	67	17,6 %	99	22,6 %	51	17,6 %
21.02.1887	11	10,1 %	32	12,9 %	98	20,1 %	97	22,2 %
20.02.1890	35	19,7 %	66	16,0 %	106	18,6 %	41	16,3 %
15.06.1893	44	23,3 %	24	8,7 %	96	19,1 %	52	13,0 %
16.06.1898	56	27,2 %	29	7,2 %	102	18,8 %	48	12,5 %
16.06.1903	81	31,7 %	21	5,7 %	100	19,7 %	51	13,9 %
25.01.1907	43	28,9 %	28	6,5 %	105	19,4 %	55	14,5 %
12.01.1912	110	34,8 %	42	12,3 %	91	16,4 %	45	13,6 %

[90] DFP: Deutsche Freisinnige Partei. Am 05.03.1884 als Fusion der DFP mit der Liberalen Vereinigung entstanden.
[91] 1893 entstanden aus der Deutschen Freisinnigen Partei die FvP (Freisinnige Volkspartei), die linksliberal geprägt war, und die FVg (Freisinnige Vereinigung), die zu den gemäßigten Liberalen zu zählen ist.
[92] Am 06.03.1910 fusionierten die Deutsche Volkspartei, FvP und FVg zur Fortschrittlichen Volkspartei FVP, die linksliberal geprägt war.
[93] SDAP 3,3 %, 6 Sitze; ADAV 3,5 %, 3 Sitze.

	DRP		KP (1871-1874), DKP (ab 1877)		Sonstige	
		Sitze		Sitze		Sitze
03.03.1871	8,9 %	39	14,1 %	53	16,3 %	64
10.01.1874	7,2 %	32	6,9 %	21	12,9 %	41
10.01.1877	7,9 %	38	9,7 %	40	13,6 %	51
30.07.1878	13,6 %	57	13,0 %	59	12,9 %	53
27.10.1881	7,4 %	28	16,4 %	50	19,5 %	100
28.10.1884	6,9 %	28	15,2 %	78	10,4 %	50
21.02.1887	9,8 %	42	15,2 %	80	9,7 %	37
20.02.1890	6,7 %	20	12,4 %	73	10,3 %	56
15.06.1893	5,7 %	28	13,5 %	72	16,7 %	81
16.06.1898	4,4 %	22	11,1 %	56	18,8 %	84
16.06.1903	3,5 %	21	20,0 %	54	15,5 %	79
25.01.1907	4,2 %	24	9,4 %	60	17,1 %	82
12.01.1912	3,0 %	14	8,5 %	43	11,4 %	52

4.3 Die Innenpolitik des Deutschen Kaiserreiches unter Otto von Bismarck 1871-1890

Im neu gegründeten Deutschen Kaiserreich wurde Otto von Bismarck der erste Reichskanzler. Dieses Amt hatte er von 1871 bis 1890 innegehabt und damit so lange bekleidet, wie kein anderer Mann nach ihm im Kaiserreich. Demzufolge konnte eben jener Otto von Bismarck die Innenpolitik des Deutschen Kaiserreiches für eine lange Zeit ganz zentral mitbestimmen.

Schauen wir zunächst einmal auf die Wirtschaft: Das Deutsche Kaiserreich erlebte anfangs ein starkes Wirtschaftswachstum, das durch eine liberale Wirtschaftspolitik und die Reparationszahlungen aus Frankreich begünstigt und gefördert wurde. Das Kaiserreich erlebte eine starke Industrialisierung. Zahlreiche Unternehmen wurden gegründet, weshalb man von einem Gründungsfieber sprach. Die französischen Reparationszahlungen wurden vor allen Dingen in das Eisenbahnnetz investiert, was wiederum für die Eisen- und Stahlindustrie von Vorteil war.[94]

Das Ende dieses starken Aufschwungs folgte im Oktober 1873. Der Börsencrash am 09.05.1873 an der Wiener Börse (Schwarzer Freitag) leitete nicht nur eine Wirtschaftskrise in Österreich-Ungarn ein, sondern auch Wirtschaftskrisen in anderen Staaten auf der ganzen Welt (z. B. in den USA). Auch das Deutsche Kaiserreich hatte einen Wandel durchzumachen. Hier kam es im Oktober 1893 an der Berliner Börse zu einem Crash und auf die Gründerphase folgte der Gründerkrach. Eine schwere Wirtschaftskrise war die Folge. Im Kaiserreich gab es in dieser Zeit viele überproduzierte Waren, die nicht verkauft werden konnten. Durch das extrem starke Angebot sank der Geldwert – es kam zur Deflation. Dies senkte den Wert der Gewinne der Firmen, die ihre Produktion verringerten, was zu Lohnkürzungen und Entlassungen führte. Zudem kämpfte das Deutsche Kaiserreich gegen billige Importe, die bewirkten, dass einheimisch produzierte Waren nicht verkauft worden sind. Diese Krise, die als Gründerkrise bezeichnet wird, dauerte bis 1878 an, danach ging es der deutschen Wirtschaft wieder besser. Bismarck selbst schwenkte aufgrund dieser Krise um und schlug einen neuen Wirtschaftskurs zusammen mit der katholischen Zentrumspartei und den Konservativen ein. Die Phase des ungezügelten Liberalismus, des Freihandels, war zu Ende.

Apropos katholische Zentrumspartei: Die Jahre 1871 bis 1879 waren geprägt von der Auseinandersetzung zwischen Bismarck und der katholischen Kirche. Diese Auseinandersetzung trägt den Namen Kulturkampf. Bismarck stand der Zentrumspartei sehr kritisch gegenüber. Die Partei wurde am 13.12.1870 gegründet und war eine katholische Partei, die Mitglieder aus allen Schichten der Gesellschaft hatte. Sie war gegen die kleindeutsche Lösung und

---

[94] Vgl. Griesshaber, Dieter, Die Innen- und Außenpolitik Bismarcks (1871 - 1890), Stand: 21.01.2019, unter: http://geschichtsverein-koengen.de/Bismarck.htm, abgerufen am 08.05.2020.

orientierte sich an den Weisungen des Papstes (Ultramontanismus). In Bismarcks Augen war gerade das ein Problem, denn für die Katholiken war der Papst wichtiger als der Kaiser und dies wertete Bismarck als Gefahr. Bei der ersten Reichstagswahl am 03.03.1871 kam die Partei auf 18,6 % der Stimmen und konnte 60 der 382 Sitze erzielen. Die Partei war also bei Ausbruch des Kulturkampfes nicht unbedeutend. Bismarck wiederum agierte gegen die Zentrumspartei zusammen mit der Nationalliberalen Partei, die auch kein Freund der Zentrumspartei war.

Ein erstes Gesetz gegen die Katholiken war der sogenannte Kanzelparagraf, der am 10.12.1871 erlassen worden ist. Kein kirchlicher Würdenträger durfte fortan politische Situationen kommentieren, wenn er dadurch den Frieden im Staat gefährden würde, ansonsten drohten ihm bis zu 2 Jahre Haft. Eine kritische Haltung zum Deutschen Kaiserreich in einer Predigt beispielsweise konnte somit zur Festnahme und Verurteilung des Priesters führen.

Am 11.03.1872 wurden in Preußen alle Schulen unter staatliche Aufsicht gestellt. Somit verloren die Kirchen die Oberaufsicht über ihre eigenen Schulen. Ebenfalls im Jahr 1872 wurden die Jesuiten im gesamten Kaiserreich verboten (04.07.). 1873-1875 gab es jeweils im Mai eine Reihe von Gesetzen gegen Katholiken, die als Maigesetze bezeichnet werden. 1873 wurden z. B. die Anforderungen an die Ausbildung von Geistlichen festgelegt, wobei diese ein staatliches Kulturexamen abzulegen hatten. Bei dem Kulturexamen handelte es sich um Prüfungen in Geschichte, Literatur und Philosophie. Weiterhin war es dem Staat fortan möglich, Geistliche von kirchlichen Ämtern fernzuhalten, wenn man Beweise dafür hatte, dass ein Geistlicher sich nicht an die Gesetze des Kaiserreiches halten könnte. Des Weiteren wurde im Januar 1874 die Zivilehe in Preußen eingeführt, die nur noch vom Staat anerkannt worden war und die fortan Voraussetzung für eine kirchliche Hochzeit war. Am 06.02.1875 wurde die Zivilehe nach preußischem Muster im gesamten Kaiserreich eingeführt.

Auch wenn durch diese Gesetze bis 1876 alle katholischen Bischöfe Preußens verhaftet oder des preußischen Gebietes verwiesen waren, konnte Bismarck den politischen Katholizismus nicht besiegen. Dies zeigen die Wahlergebnisse der Zentrumspartei während und unmittelbar nach dem Kulturkampf sehr deutlich:

03.03.1871:	18,6 % (Rang 2)	60 von 382 Sitzen (Rang 2)
10.01.1874:	27,9 % (2)	91 v. 397 Sitzen (2)
10.01.1877:	24,8 % (2)	93 v. 397 Sitzen (2)
30.07.1878:	23,1 % (2)	94 v. 397 Sitzen (2)
27.10.1881:	23,3 % (1)	100 v. 397 Sitzen (1)

Der Kulturkampf war aus Sicht Bismarcks also nicht erfolgreich verlaufen. Um 1879 bahnten sich zudem Probleme mit der Nationalliberalen Partei (NLP) an, was Bismarck nachdenken ließ, mit wem er sonst im Parlament zusammenarbeiten könne, und darüber hinaus rückten die Sozialisten in seinen Fokus, die seine neuen Feinde waren. Der Kulturkampf kam letztlich mit dem Konkordat mit Papst Leo XIII. 1879 an ein Ende. Einzig die Bestimmungen der Maigesetze wurden dabei von Seiten Bismarcks außer Kraft gesetzt. Am 23.05.1887 erklärte schließlich auch der Papst den Kampf für beendet.

Bereits genannt wurde, dass die Sozialisten die neuen Feinde Bismarcks wurden. Auch sie hatten wie die Katholiken eine eigene größere Partei im Kaiserreich gehabt, nämlich die SAP (Sozialistische Arbeiterpartei Deutschlands), die 1875 als Fusion aus dem Allgemeinen Deutschen Arbeiterverein (ADAV)[95] und der Sozialdemokratischen Arbeiterpartei (SDAP)[96] entstanden ist. Bismarck sah in den Sozialdemokraten bzw. Sozialisten (die Begriffe wurden in dieser Zeit noch synonym benutzt) eine Gefahr für das Kaisertum. Nicht nur hatten die Sozialdemokraten den Deutsch-Französischen Krieg abgelehnt, vielmehr noch sympathisierten beispielsweise August Bebel und Wilhelm Liebknecht, die Gründer der SDAP, mit den Republikanern in Frankreich 1871.

Nach zwei Attentatsversuchen auf Kaiser Wilhelm I. 1878 – am 11.05. wurde einer von Max Hödel durchgeführt, der Kaiser blieb unverletzt; am 02.06. wurde der Kaiser beim Attentatsversuch von Karl Eduard Nobiling schwer verletzt –, die Bismarck zum Anlass nahm, um gegen die Sozialdemokraten vorzugehen, auch wenn kein Zusammenhang zur Sozialdemokratie nachgewiesen werden konnte, kam es am 21.10.1878 zum Sozialistengesetz. Nach diesem Gesetz war es den Sozialdemokraten verboten, sich zu versammeln. Gedruckte Schriften durften nicht verbreitet werden. Die SAP musste letztlich im Untergrund tätig werden. Das Sozialistengesetz blieb bis zum 30.09.1890 in Kraft.

Neben dem Sozialistengesetz wollte es Bismarck aber auch anders als beim Kulturkampf machen und versuchen, durch sozialdemokratische Gesetze die Wählerschaft von der SAP loszulösen. So kam es zur Schaffung von Sozialversicherungen: 1883 wurde die Krankenversicherung eingeführt, 1884 folgte die Unfallversicherung, am 24.05.1889 die Alters- und Invaliditätsversicherung. Bald nach dem Ende der Kanzlerschaft Bismarcks kam noch die gesetzliche Rentenversicherung hinzu (01.01.1891).

Wie schon beim Kulturkampf verfehlte Bismarck erneut sein Ziel. Die SAP bzw. ab Herbst 1890 SPD wurden bei den Reichstagswahlen keinesfalls schwächer[97]:

30.07.1878:	7,6 % (5)	9 v. 397 Sitzen
27.10.1881:	6,1 % (7)	12 v. 397 Sitzen
28.10.1884	9,7 % (5)	24 v. 397 Sitzen
21.02.1887	10,1 % (5)	11 v. 397 Sitzen
20.02.1890	19,7 % (1)	35 v. 397 Sitzen

---

[95] Von Ferdinand Lasalle am 23.05.1863 gegründet.
[96] Von August Bebel und Wilhelm Liebknecht am 07.08.1869 gegründet.
[97] Die SAP nannte sich im Herbst 1890 in SPD (Sozialdemokratische Partei Deutschlands) um.

Die Abschaffung des Sozialistengesetzes am 30.09.1890 erlebte Bismarck im Übrigen nicht mehr als Reichskanzler. Als am 15.06.1888 Wilhelm II. an die Macht kam, änderte sich die Lage für Bismarck nämlich deutlich. Während Bismarck unter Kaiser Wilhelm I. nahezu unbeschränkt regieren konnte, wollte sich der junge Kaiser Wilhelm II. nicht Bismarck fügen. Schnell kam es zu großen Differenzen und diese mündeten in der Forderung des Kaisers, dass Bismarck zurücktreten möge (15.03.1890). Dieser Forderung kam Bismarck nach – nicht ohne im zunächst geheim gehaltenen Rücktrittsgesuch Kritik am Kaiser zu üben. Am 20.03.1890 wurde Bismarck entlassen und Graf Leo von Caprivi übernahm seine Nachfolge.

Über Bismarcks Entlassung war man im Ausland besorgt, da Bismarck für Ruhe und Stabilität in Europa gesorgt hatte. In der deutschen Bevölkerung dagegen waren anfangs viele erleichtert über das Ende seiner Kanzlerschaft gewesen. Nach und nach allerdings änderte sich diese Haltung und Bismarck erhielt einen Heldenstatus. 1894 kam es zu einem medienwirksamen Aussöhnungstreffen zwischen Kaiser Wilhelm II. und Bismarck. Ihre Differenzen konnten sie trotzdem nicht völlig überwinden[98]. Bismarck blieb auch weiterhin ein Kritiker des Kaisers, am 30.07.1898 starb er.

4.4 Die Bündnispolitik und Kolonialpolitik des Deutschen Kaiserreiches unter Otto von Bismarck 1871-1890

Die Gründung des Deutschen Kaiserreiches 1871 ließ in Mitteleuropa einen mächtigen Staat entstehen. Es verwundert also kaum, dass es im europäischen Ausland Ängste gab, die durch die Reichsgründung entstanden sind. Ein solch großes und mächtiges Reich wurde von einigen als Bedrohung wahrgenommen.

Zugleich fürchtete sich das Deutsche Kaiserreich vor einem Krieg, denn aufgrund der geografischen Lage würde bei einem Bündnis der europäischen Großmächte gegen das Kaiserreich leicht ein Mehrfrontenkrieg entstehen, der schwer zu führen wäre.

Insofern war es das Ziel von Reichskanzler Otto von Bismarck, Bündnisse mit den europäischen Großmächten fernab von Frankreich zu erreichen, um den Frieden, soweit es ging, zu bewahren. Zugleich war es ein Anliegen Bismarcks, durch geschickte Bündnisse die internationale Isolation Frankreichs sicherzustellen.

---

[98] Vgl. https://sezession.de/57069/200-jahre-otto-von-bismarck, eigesehen am 21.07.2019. Dort ist ein Gastbeitrag von einem unbekannten Autor mit dem Titel „200 Jahre Otto von Bismarck" zu finden, in dem es u. a. heißt: „Die 1894 erfolgte Aussöhnung zwischen Bismarck und Wilhelm II. war nur äußerlich und konnte den Graben zwischen beiden nicht überbrücken."

Das Erreichen dieser Ziele begann bereits mit der Reichsgründung 1871. Bismarck betonte, dass das Deutsche Kaiserreich „saturiert" sei, d. h., dass es territorial keine Expansion anstrebe, womit das europäische Ausland beruhigt werden sollte. Weiterhin hielt sich das Deutsche Kaiserreich bis 1884 aus der Kolonialpolitik[99] zurück, um den Frieden nicht zu gefährden. Das erste bedeutende Bündnis wurde 1873 geschlossen. Das Dreikaiserabkommen wurde zwischen dem Deutschen Kaiserreich, Österreich-Ungarn und Russland geschlossen und diente Bismarck vor allen Dingen dazu, dass Russland sich nicht mit Frankreich verbünden würde. Um dieses Bündnis zu erreichen, war allerdings Verhandlungsgeschick gefragt, denn zwischen Österreich-Ungarn und Russland gab es deutliche Spannungen, die das Bündnis auch hätten verhindern können. Bismarck gelang es, beide Mächte in ein Bündnis zu bekommen, wobei Bismarck zwar interessiert war, Gegensätze zwischen den Großmächten zu mindern, aber zugleich die Gegensätze auch nicht ganz beseitigen wollte, um das Deutsche Kaiserreich als Bündnispartner für beide attraktiv und bedeutsam zu machen.

Das nächste Mal außenpolitisch auszeichnen konnte sich Bismarck beim Berliner Kongress vom 13.06. bis 13.07.1878. Dieser Kongress war eine Folge des Russisch-Osmanischen Krieges von 1877-1878. Russland wollte das angeschlagene Osmanische Reich aus dem Balkan vertreiben und dadurch selbst einen Zugang zum Mittelmeer erlangen. Der Krieg verlief für Russland erfolgreich, doch das Vereinigte Königreich[100] drohte aufgrund des von den Russen an die Osmanen diktierten Friedens mit einem Krieg und forderte einen Kongress zur Lösung der Probleme, der tatsächlich stattfand. Dieser Kongress war der Berliner Kongress, bei dem neben dem Deutschen Kaiserreich, dem Vereinigten Königreich und Russland auch Frankreich, Italien und das Osmanische Reich teilnahmen. Bismarck, der keine Ambitionen auf dem Balkan hatte, trat als Vermittler (in seinen eigenen Worten als „ehrlicher Makler") auf und schaffte es, dass eine Einigung erzielt werden konnte, ohne dass es zu einem Krieg kam. Einzig das Dreikaiserabkommen wurde aufgelöst, weil Russland sich enttäuscht zeigte, dass das Deutsche Kaiserreich sie im Krieg nicht unterstützt hatte.

Ohne Russland konnte Bismarck 1879 den Zweibund mit Österreich-Ungarn erreichen. Hier wurde die gegenseitige Unterstützung bei einem russischen Angriff festgehalten.

Zwei Jahre später konnte dann ein neues Bündnis mit Österreich-Ungarn und Russland geschlossen werden, das sogenannte Dreikaiserbündnis. Hierbei verpflichtete man sich zur gegenseitigen Neutralität, sollte es zu einem Krieg mit einem Staat außerhalb des Bündnisses kommen. Das Deutsche Kaiserreich dachte dabei an Frankreich, Russland an das Vereinigte

---

[99] Definition von Kolonialismus: Darunter versteht man mit Blick auf das 19. Jahrhundert die Eroberung eines Gebietes fernab des europäischen Mutterlandes, bei der die einheimische Bevölkerung zudem unterworfen wird und das Gebiet mehr oder weniger ausgebeutet wird. Nicht selten fühlen sich die Kolonialherren als dem unterjochten Volk überlegen.
[100] Vereinigtes Königreich Großbritannien und Irland.

Königreich. Weiterhin erkannte Österreich-Ungarn den russischen Einfluss in Bulgarien an; dafür wurde der westliche Balkan als Interessenssphäre von Österreich-Ungarn definiert.

1882 wurde der Dreibund zwischen dem Deutschen Kaiserreich, Italien und Österreich-Ungarn geschlossen. Es war ein Bündnis gegen Frankreich und beinhaltete italienische Hilfe bei einem französischen Angriff auf das Deutsche Kaiserreich und Hilfe gegenüber Italien von Seiten der anderen beiden Bündnispartner, wenn Frankreich Italien angreifen sollte.

Der letzte bedeutende Vertrag unter Bismarck war 1887 der Rückversicherungsvertrag mit Russland. Russland versicherte, das Kaiserreich bei einem französischen Angriff nicht auch noch anzugreifen. Das Kaiserreich wiederum sicherte zu, keinen Angriff auf Russland zu vollführen, sollte es von Österreich-Ungarn angegriffen werden.

Durch die geschickte Bündnispolitik Bismarcks konnte er den Status quo in Mitteleuropa sichern und tatsächlich die Isolation Frankreichs aufrechterhalten.

1884 kam es außenpolitisch noch zu einem Wandel. Lehnte Bismarck Kolonien bis dahin ab, wurden innerhalb von etwas mehr als einem Jahr mehrere Kolonien errichtet: Zunächst wurde Deutsch-Südwestafrika im April 1884 deutsche Kolonie, im Juli 1884 folgten Kamerun und Togo, im Februar 1885 kam Deutsch-Ostafrika dazu und im Juni 1885 Deutsch-Neuguinea. Neben diesen größeren Gebieten wurden noch kleinere Territorien erworben und später folgten 1897 und 1899 nur noch kleinere Gebietsgewinne. Damit hatte das Deutsche Kaiserreich das drittgrößte Kolonialreich nach dem Vereinigten Königreich und Frankreich.

Die genauen Gründe, wieso Bismarck diesen Wandel vollzogen hat, sind nicht völlig klar.[101] Eine Rolle spielte wohl das wirtschaftliche Interesse von einigen deutschen Unternehmern, die v. a. an manchen afrikanischen Häfen Handel betrieben und den Staat darum gebeten haben, sie militärisch zu (be)schützen.[102] Da das Vereinigte Königreich um 1884 eine Schwächephase hatte, war es zudem leichter, Kolonien zu erwerben.

Nach dem Erwerb der oben genannten Kolonien wandte sich Bismarck von weiteren Erwerbungen ab. Unter Kaiser Wilhelm II. änderte sich das deutsche Auftreten hinsichtlich Kolonien, doch war es zu spät gewesen, um große Gebiete als weitere Kolonien zu gewinnen, ohne einen Krieg mit mindestens einer europäischen Großmacht zu riskieren.

---

[101] Vgl. http://www.bpb.de/apuz/202989/bismarck-und-der-kolonialismus?p=all , abgerufen am 20.04.2020. Dort heißt es: „Über die Motive Bismarcks für diesen abrupten Kurswechsel ist viel gerätselt worden."
[102] Vgl. ebd.

4.5 Der Beginn des Imperialismus in Europa und die Aufteilung Afrikas

Im letzten Viertel des 19. Jahrhunderts begannen v. a. Dingen Frankreich und das Vereinigte Königreich[103], sich massiven Kolonialbesitz (in diesem Fall Besitz von Gebieten in Afrika und Asien) zuzulegen, wobei auch Staaten wie das Deutsche Kaiserreich, Belgien, Italien, Portugal, Russland, Japan und die USA als Kolonialmächte in Erscheinung traten.

Der Besitz von Kolonien war keine Neuheit dieser Zeit, aber der Versuch einiger Staaten, durch den Kolonialbesitz ein Weltreich aufzubauen, ist eine Besonderheit der Zeit von etwa 1880 bis zum Ausbruch des 1. Weltkriegs 1914. Diese Phase wird als Zeit des Hochimperialismus bezeichnet.

Was sind eigentlich Kolonialismus und Imperialismus? Unter Kolonialismus versteht man mit Blick auf das 19. Jahrhundert die Eroberung eines Gebietes fernab des europäischen Mutterlandes, bei der die einheimische Bevölkerung zudem unterworfen und das Gebiet mehr oder weniger ausgebeutet wird.[104] Nicht selten fühlten sich die Kolonialherren dem unterjochten Volk überlegen.

Imperialismus hat, wie oben schon skizziert, zum Ziel, ein Weltreich durch internationale Eroberungen zu errichten. Aus dieser Definition deutet sich bereits an, dass Kolonialismus und Imperialismus stark miteinander zusammenhängen, denn Weltmacht konnte man nach Ansicht der führenden Kräfte in den europäischen Großmächten nur werden, wenn man Kolonien besaß.

Dass es ab 1880 zum Hochimperialismus gekommen ist, hat verschiedene Gründe und oft sind sie für einzelne Staaten verschieden. Allgemein kann man sagen, dass die Industrialisierung im 19. Jahrhundert den Imperialismus begünstigt hat. Der technische Fortschritt hat zur Entwicklung und Herstellung von neuen Waffen und Kriegsgeräten geführt. Mit diesen verbesserten Waffen und der Massenproduktion an Waffen waren die europäischen Großmächte den afrikanischen und größtenteils auch den asiatischen Völkern militärisch überlegen. Es wurde also viel leichter, Gebiete zu erobern und als Kolonien zu beherrschen. Durch den technischen Fortschritt kam es aber auch zu einem Überlegenheitsgefühl, der von manchen sozialdarwinistisch und rassistisch vertreten wurde. Unter Sozialdarwinismus versteht man die Ansicht, von Natur aus einen Anspruch auf Herrschaft zu haben und das Recht zu besitzen, Land und Ressourcen eines unterlegenen Landes nutzen zu können.[105] Diese Lehre basierte auf der Vorstellung, dass es überlegene und unterlegene Rassen gebe, womit der

---

[103] Vereinigtes Königreich Großbritannien und Irland.
[104] Vgl. https://de.wikipedia.org/wiki/Kolonialismus, abgerufen am 21.04.2020. Dort wird auf folgenden Quelle verwiesen: Christian Koller: Der Wettlauf um Afrika. Wirtschaftliche und politische Motive bei der Aufteilung des Kontinents. In: Boris Barth et al.: Das Zeitalter des Kolonialismus. Stuttgart 2007, S. 76.
[105] Vgl. Griesshaber, Dieter, Europäischer Kolonialismus und Imperialismus (1520 - 1914), Stand: 14.11.2019, unter: http://geschichts verein-koengen.de/Kolonialismus.htm, abgerufen am 08.05.2020.

Sozialdarwinismus eine Form von Rassismus ist. Das Überlegenheitsgefühl als solches führte auch dazu, dass sich einige Europäer dazu berufen sahen, das eigene Wissen den aus ihrer Sicht unterlegenen Völkern zu bringen.

Kolonien dienten weiterhin als billige Rohstofflieferanten und Absatzmärkte, die gerade nach der Wirtschaftskrise von 1873 bis ca. 1879 an Bedeutung gewannen, denn u. a. das Deutsche Kaiserreich verabschiedete sich vom Freihandel und war darauf bedacht, Importe in einigen Bereichen durch Schutzzölle unattraktiv zu machen. Zugleich erwuchs ein starkes Konkurrenzgefühl zwischen den Großmächten. Das Vereinigte Königreich wollte Weltmacht bleiben, Frankreich wollte ein Weltreich aufbauen, es ging um Prestige und Ansehen. Hieraus entstanden starke Formen von Nationalismus – dies bezeichnet die Glorifizierung der eigenen Nation gepaart mit der Vorstellung, über andere Staaten zu stehen und Teile der Welt nach den eigenen Vorstellungen umzuformen.[106] Auch Chauvinismus, was eine extreme Form des Nationalismus ist, kam hier und dort vor.

Ein weiterer Grund zum Erwerb von Kolonien war der Sozialimperialismus. Hierunter versteht man, dass Kolonialpolitik betrieben wurde, um von inneren Problemen in einem Staat abzulenken.

Letztlich sei an dieser Stelle nochmals betont, dass nicht jeder Staat die gleichen Gründe hatte, um Kolonien zu erwerben. Das Vereinigte Königreich beispielsweise war schon vor der Phase des Hochimperialismus eine Kolonialmacht gewesen. Die Gründung des Deutschen Kaiserreiches 1871 wurde allerdings mit Sorge betrachtet. Dieses neue mächtige Reich in der Mitte Europas wurde als Bedrohung wahrgenommen und so fürchteten sich die Briten vor dem Verlust ihrer Vormachtstellung. Benjamin Disraeli, britischer Premierminister u. a. von 1874-1880, plädierte für eine Vergrößerung des Empires, um die Weltmachtstellung zu halten. 1884 wurde die Imperial Foundation League gegründet, die sich für neuen Kolonialerwerb stark machte. Dieser League gehörte Cecil Rhodes an, der den Plan hatte, dass die Briten Afrika vom Kap bis nach Kairo beherrschen sollten.

Die Franzosen wiederum sahen in der Kolonialpolitik die Chance, zur Weltmacht aufzusteigen. Viele vertraten die Ansicht, dass eine Nation nur dann wirklich groß sei, wenn sie auch Kolonien besitze. Die Union Coloniale Français trat für den Erwerb von Kolonien ein, die für Frankreich auch deshalb reizvoll waren, weil man in Europa isoliert war und sich durch den Erwerb von Kolonien Ansehen und Stärke aneignen wollte.

---

[106] Vgl. https://www.bpb.de/nachschlagen/lexika/pocket-politik/16503/nationalismus, abgerufen am 21.07.2019. Dort wird die folgende Definition von Nationalismus aus „Quelle: Thurich, Eckart: pocket politik. Demokratie in Deutschland. überarb. Neuaufl. Bonn: Bundeszentrale für politische Bildung 2011." zitiert: „Übersteigertes Bewusstsein vom Wert und der Bedeutung der eigenen Nation. Im Gegensatz zum Nationalbewusstsein und zum Patriotismus (Vaterlandsliebe) glorifiziert der Nationalismus die eigene Nation und setzt andere Nationen herab. Zugleich wird ein Sendungsbewusstsein entwickelt, möglichst die ganze Welt nach den eigenen Vorstellungen zu formen."

Die Italiener wiederum sahen ihre Motivation für das Auftreten als Kolonialmacht in der Inbesitznahme Tunesiens durch die Franzosen, was den Italienern sehr missfiel.

Das Deutsche Kaiserreich wurde 1884 Kolonialmacht. Bismarck war, wie beschrieben, zunächst gegen den Erwerb von Kolonien. Der Wunsch nach Kolonialbesitz wurde im Kaiserreich dagegen von Teilen des Bildungsbürgertums und des Adels sowie von wenigen Kaufleuten vertreten. 1882 gründete sich auf nationalliberaler und konservativer Initiative der Deutsche Kolonialverein, der 1887 mit der 1884 von Carl Peters gegründeten Gesellschaft für deutsche Kolonisation zur Deutschen Kolonialgesellschaft fusionierte. Warum es dann doch unter Bismarck zum Kolonialerwerb kam, ist viel erforscht worden.[107] Gründe, die man finden kann, sind z. B. das Drängen von Kaufleuten, die an afrikanischen Häfen Handel trieben und Besitzungen in Afrika hatten, dass der Staat sie schützen möge.[108] Auch gab es aufgrund eines Bevölkerungsanstiegs und des daraus resultierenden Überangebots an Arbeitern eine hohe Auswanderungswelle v. a. in die USA. Kolonien würden dagegen eine Migrationsoption innerhalb des eigenen Land darstellen. Zugleich gab es 1884 Spannungen zwischen Frankreich, dem Vereinigten Königreich und Russland, die den Kolonialerwerb für das Kaiserreich erleichterten. Was man sagen kann, ist, dass Bismarck nach dem Erwerb der deutschen Kolonien 1884 und 1885 kein Freund von weiterem Kolonialerwerb war.

Die Phase des Hochimperialismus begann derweil 1881 mit der Errichtung eines französischen Protektorates über Tunesien. Im folgenden Jahr waren es die Briten, die mit der Besetzung Ägyptens nachzogen. Die Kongokonferenz in Berlin, die vom 15.11.1884 bis zum 26.02.1885 ging, war ein wichtiges Treffen von fast ausschließlich Vertretern der europäischen Großmächte[109], denn neben dem Kongo – das als neutrales Gebiet unter belgischer Herrschaft geriet, wobei die Flüsse Kongo und Niger für den internationalen Handel freigegeben wurden – ging es darum, welche Regel zur Errichtung von Kolonien gelten sollte.

Infolge der Kongokonferenz kam es zu einem Wettlauf über die noch nicht kolonialisierten Gebiete Afrikas. Bis auf Liberia und Abessinien gelangten alle afrikanischen Gebiete bis 1914 unter der Herrschaft von europäischen Staaten (s. M7[110]):

Keinesfalls verlief die Errichtung von Kolonien reibungslos. 1898 befanden sich Frankreich und das Vereinigte Königreich am Rande eines Krieges. In Faschoda im Südsudan trafen Mitglieder einer französischen Expeditionsgruppe auf britische Truppenteile. Beide beanspruchten das Land für sich. Der Krieg wurde durch einen Rückzug der Franzosen verhindert. In der Folge

---

[107] Siehe die entsprechende Fußnote im Unterkapitel 4.4.
[108] Siehe ebenfalls entsprechende Fußnote in Unterkapitel 4.4.
[109] Die Teilnehmer waren: Belgien, Dänemark, Frankreich, Italien, Niederlande, Osmanisches Reich, Österreich-Ungarn, Portugal, Russland, Schweden-Norwegen, Spanien, USA Vereinigtes Königreich.
[110] https://upload.wikimedia.org/wikipedia/commons/thumb/6/63/Kolonien-Afrikas.svg/1525px-Kolonien-Afrikas.svg.png, Urheber: Frank Murmann, Originalbildunterschrift: "selbst vektorisiert, Vorlage: Bitmap von Benutzer:Tristan-baeu", hochgeladen von: File Upload Bot (Magnus Manske), zuletzt bearbeitet von: Kraschnaut, Stand: 11.03.2013, gemeinfrei, abgerufen am 25.04.2020.

verbesserte sich das Verhältnis der beiden Großmächte jedoch und so kam es 1904 zur Bildung eines Bündnisses, der Entente Cordiale.

Die Faschodakrise war nur eine Episode von Auseinandersetzungen zwischen den europäischen Großmächten. Das Deutsche Kaiserreich war beispielsweise in die Marokkokrisen 1905-1906 und 1911 involviert, was die angespannte Lage zwischen den europäischen Großmächten im Vorfeld des 1. Weltkriegs deutlich demonstriert. Konflikte in Afrika konnten schnell zur Kriegsgefahr in Europa werden.

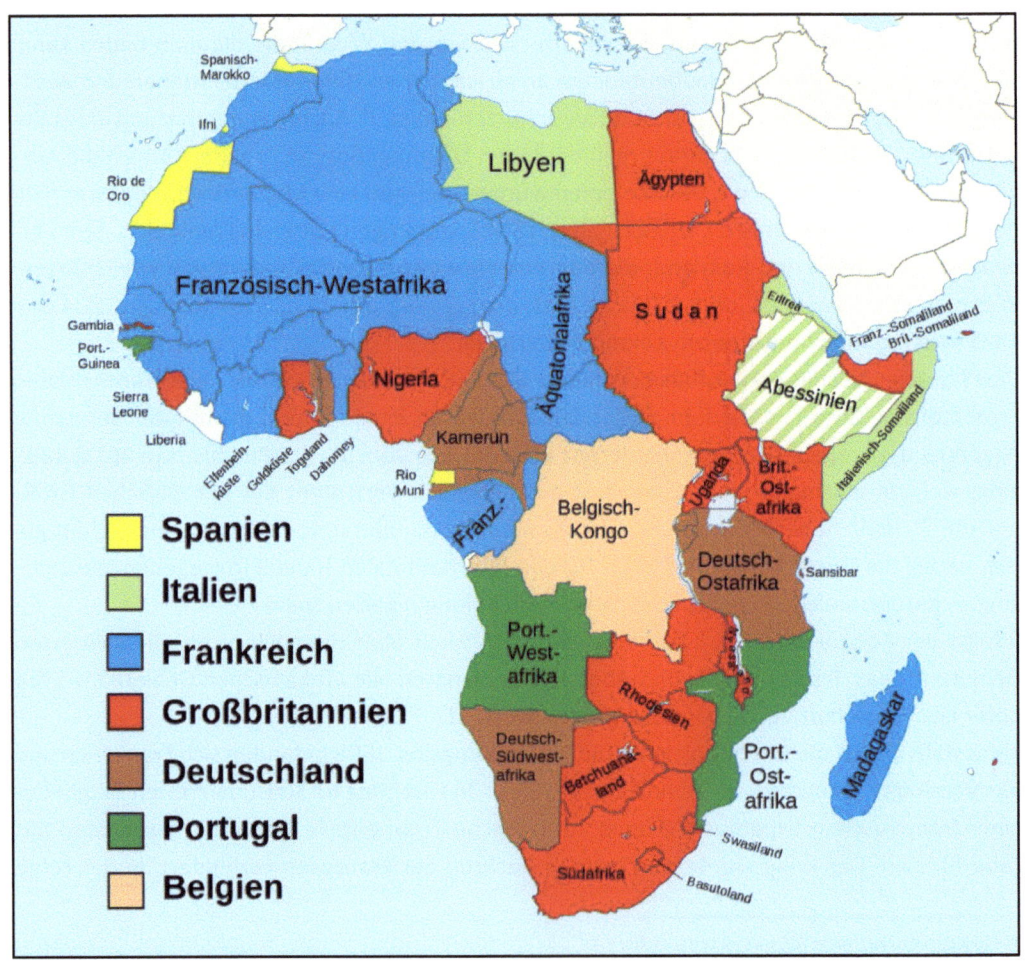

M7 Die Aufteilung Afrikas bis 1914

4.6 Die Politik des Deutschen Kaiserreiches unter Kaiser Wilhelm II. von 1888-1913

Das Jahr 1888 markiert einen wichtigen Einschnitt in der Geschichte des Deutschen Kaiserreiches: Zunächst starb am 09.03.1888 Kaiser Wilhelm I. Nachfolger wurde sein Sohn, der als Kaiser Friedrich III. bis zu seinem bald darauffolgenden Tod – er hatte Kehlkopfkrebs – am 15.06.1888 der Regent des Kaiserreiches war. Daraufhin wurde am 15.06.1888 der älteste Sohn von Kaiser Friedrich III. Kaiser über das Kaiserreich: Er trug des Namen Kaiser Wilhelm II. Unter ihm wandelte sich die Politik des Kaiserreiches: Konnte Reichskanzler Bismarck im Grunde ungestört unter Kaiser Wilhelm I. regieren, war Wilhelm II. nicht besonders willig, mit Bismarck zusammenzuarbeiten. Es verwundert kaum, dass es bald zum Konflikt zwischen beiden kommen sollte. Anlass dazu war Bismarcks Plan, das Sozialistengesetz unbefristet verlängern zu lassen. Dazu hatte er keine Mehrheit im Parlament. Kaiser Wilhelm II. stellte sich nicht hinter seinen Kanzler, sondern war bestrebt, nicht gleich einen Konflikt mit dem Parlament zu haben. Am 15.03.1890 entzog der Kaiser Bismarck die Unterstützung und forderte ihn zum Rücktritt auf. Bismarck reichte sein Entlassungsgesuch, das geschickt formuliert den Kaiser kritisierte, drei Tage später ein.[111] Am 20.03.1890 endete die Kanzlerschaft Bismarcks und Graf Leo von Caprivi trat seine Nachfolge an.

Unter Kaiser Wilhelm II. änderte sich das Selbstverständnis des Deutschen Kaiserreiches. Während Bismarck um strategische Bündnisse bemüht war, ging es Wilhelm II. v. a. ab 1897 darum, Deutschland zu einer Weltmacht zu machen. Nicht umsonst wird das Zitat vom „Platz an der Sonne", das von Bernhard von Bülow am 06.12.1897 in einer Reichstagsrede genannt worden ist, gerne für Wilhelms Politik nach 1897 gebraucht.

Nach der Entlassung Bismarcks kam es am 01.07.1890 zum sogenannten Helgoland-Sansibar-Vertrag[112] zwischen dem Deutschen Kaiserreich und dem Vereinigten Königreich[113]. Das Deutsche Kaiserreich verzichtete damit auf Gebietsansprüche nördlich von Deutsch-Ostafrika und erhielt im Tausch mit dem afrikanischen Wituland v. a. Dingen Helgoland.

Im gleichen Jahr verlängerte das Deutsche Kaiserreich den Rückversicherungsvertrag mit Russland nicht, obwohl Russland darum gebeten hatte. Stattdessen begann ein deutscher Zollkrieg gegen Russland. Dies trieb Russland zu Frankreich und 1892 schlossen beide Staaten eine Militärkonvention. Mit dieser Abmachung endete die französische Isolation seit dem Deutsch-Französischen Krieg und ein Zweifrontenkrieg gegen das Deutsche Kaiserreich drohte fortan, wenngleich Kaiser Wilhelm II. davon nicht erschrocken wurde. Im Folgejahr wurde das deutsche Heer um 83000 Mann erhöht.

---

[111] Der Wortlaut des Entlassungsgesuches wurde zunächst geheim gehalten.
[112] Der offizielle Name des Vertrages lautet: Vertrag zwischen dem Deutschen Reich und dem Vereinigten Königreich über die Kolonien und Helgoland.
[113] Vereinigtes Königreich Großbritannien und Irland.

1894 übernahm Chlodwig Fürst zu Hohenlohe-Schillingsfürst das Amt des Reichskanzlers, das er bis 1900 bekleidet hat. 1897 wurde Alfred von Tirpitz Leiter des Reichsmarineamtes und durch ihn wurde ein Flottenbauprogramm initiiert, das zu einem Wettrüsten mit dem Vereinigten Königreich führte. Das deutsche Flottenbauprogramm wurde vom Deutschen Flottenverein und dem Alldeutschen Verband unterstützt und von antibritischer Propaganda begleitet. Ziel des Programms war es, so stark zur See zu werden, dass das Vereinigte Königreich, das die unangefochtene Nummer 1 zur See war, einen Krieg mit dem Kaiserreich zur See fürchten würde. Tatsächlich wurde das Kaiserreich zur zweitgrößten Seemacht in Europa, aber das Wettrüsten gegen das Vereinigte Königreich wurde nicht gewonnen. Auf 2 gebaute deutsche Kriegsschiffe konnte das Vereinigte Königreich letztlich mit 3 antworten, da das Vereinigte Königreich die größeren finanziellen Ressourcen hatte.[114] Zudem hatte das Vereinigte Königreich die besseren Kriegsschiffe, die den Deutschen überlegen waren.[115] Ab 1911 wendete sich das Kaiserreich deshalb vom Flottenbau mehr und mehr ab und konzentrierte sich auf die Aufrüstung der Landstreitkräfte gegen Frankreich und Russland. Mit dem Vereinigten Königreich wollte man sich verständigen.

Apropos sich mit dem Vereinigten Königreich verständigen: Das Deutsche Kaiserreich versuchte zwischen 1898 und 1901, mit dem Vereinigten Königreich ein Bündnis zu erreichen. Die Verhandlungen scheiterten aber. Das deutsche Flottenbauprogramm war einer der Gründe, ein weiterer das undiplomatische Auftreten von Kaiser Wilhelm II.

In der Folgezeit näherten sich Frankreich und das Vereinigte Königreich an. Am 08.04.1904 verbündeten sie sich zur Entente Cordiale. Frankreich erkannte das britische Ägypten an, das Vereinigte Königreich akzeptierte den französischen Wunsch nach Herrschaft über Marokko. Daraufhin begann Frankreich noch 1904 damit, Marokko „friedlich" zu „durchdringen"[116]. Dies rief im März 1905 Kaiser Wilhelm II. auf den Plan, der das nicht hinnehmen wollte. Die 1. Marokkokrise brach aus. Der Kaiser landete persönlich in der Hafenstadt Tanger (in Marokko) und lehnte jegliche Verständigung mit den Franzosen ab. Stattdessen forderte er eine internationale Konferenz zur Klärung der Marokkofrage. Es drohte Krieg, aber letztlich wurde eine solche Konferenz akzeptiert. Sie fand vom 16.01. bis zum 07.04.1906 im spanischen Algeciras (deswegen Algeciras-Konferenz) statt. Das Ziel des Deutschen Kaiserreiches war es, die Entente Cordiale zu sprengen, doch das passierte nicht. Stattdessen musste das Kaiserreich eine diplomatische Niederlage hinnehmen: Zwar wurde die Souveränität Marokkos anerkannt,

---

[114] Vgl. Griesshaber, Dieter, Das Deutsche Kaiserreich von 1890 bis zum Ausbruch der Ersten Weltkriegs 1914, Stand: 21.04.2020, unter: http://geschichtsverein-koengen.de/WilhelmZwei.htm, abgerufen am 08.05.2020.
[115] Vgl. ebd.
[116] Vgl. Christian Preuße, Die erste Marokko-Krise 1905/06, © Deutsches Historisches Museum, Berlin, Stand: 10.06.2003, Lizenz: CC BY NC SA 4.0, abgerufen am 20.04.2020. Dort heißt es: „Dabei musste es zwangsläufig zu Konflikten mit anderen Großmächten wie Frankreich kommen, das ab 1904 mit der "friedlichen Durchdringung" Marokkos begonnen hatte, um seinen politischen, militärischen und wirtschaftlichen Einfluss kontinuierlich zu steigern."

aber Frankreich durfte die Polizeikräfte an den marokkanischen Häfen und zusammen mit Spanien sämtliche Banken verwalten. Das Deutsche Kaiserreich musste dagegen feststellen, isoliert zu sein. Noch schlimmer für das Deutsche Kaiserreich wurde es 1907, als Russland dem britisch-französischen Bündnis beitrat und so die Tripleentente entstand.

1908 stand Europa am Rande eines kriegerischen Konfliktes, nachdem Österreich-Ungarn die Gebiete Bosnien und Herzegowina annektiert hatte. Nur weil Russland sich noch nicht bereit sah, nach der Niederlage im Krieg gegen Japan 1905 wieder einen Krieg zu führen, kam es nicht zum Krieg. Kurz darauf sorgte der Daily-Telegraph Skandal für Empörung. In einem zugespielten Interview, das nie als Interview stattgefunden hatte, behauptete Kaiser Wilhelm II. u. a., dass die Briten den Burenkrieg[117] durch eine von ihm ausgedachte Schlachttaktik gewonnen hätten. Das war ein Affront für die Briten, der erneut Wilhelms II. undiplomatisches Verhalten offenbarte. Letztlich stürzte Reichskanzler von Bülow an diesem Zeitungsartikel – Nachfolger wurde Theobald von Bethmann Hollweg, der bis 1917 Reichkanzler bleiben sollte – und auch Wilhelm II. büßte im eigenen Land wegen noch weiterer Aussagen an Prestige ein.

Im Juli 1911 drohte erneut ein Krieg zwischen europäischen Großmächten. Frankreich besetzte nämlich angeblich aufgrund eines Hilferufs des marokkanischen Sultans die marokkanischen Städte Fès und Rabat. Der Sultan verneinte zwar, dass es einen Hilferuf von ihm gegeben habe, bedankte sich aber für die französische Hilfe bei der Niederschlagung von Unruhen gegen ihn. Das Deutsche Kaiserreich war offensichtlich über das französische Vorgehen nicht erfreut. Am 01.07.1911 wurde das deutsche Kanonenboot „Panther" vor Agadir an die marokkanischen Küste geschickt (der sogenannte Panthersprung nach Agadir). Das Kaiserreich forderte die Kolonie Französisch-Kongo von Frankreich, aber weil das Kaiserreich das Vereinigte Königreich nicht über seine wahren Absichten aufgeklärt hatte, dachten die Briten, dass Deutschland eine Flottenbasis in Marokko errichten wolle und stützte seinen Bündnispartner Frankreich. Das Deutsche Kaiserreich war nun in einer schlechten Verhandlungsposition. Im Marokko-Kongo-Vertrag vom 04.11.1911 verzichtete das Kaiserreich auf jegliche Ansprüche in Marokko und erhielt nur einen Teil von Französisch-Äquatorialafrika nach Abtretung eines kleinen Teils von Kamerun. Dieses Ergebnis wurde von der deutschen Presse und der Öffentlichkeit als diplomatische Niederlage angesehen. 1912 errichteten die Franzosen das Protektorat Französisch-Marokko, wodurch Marokko seine Souveränität nun doch verlor.

Die 2. Marokkokrise zeigte dem Kaiserreich erneut, dass es isoliert war. Für viele im Kaiserreich schien ein europäischer Krieg der einzige Weg aus der Isolation zu sein. Dieser sollte

---

[117] Der 2. Burenkrieg fand zwischen 1899 und 1902 statt. Das Vereinigte Königreich kämpfte gegen die Burenstaaten Oranje-Freistaat und Südafrikanische Republik und endete mit dem britischen Sieg und der Annexion Südafrikas ins britische Kolonialreich. Buren war die Bezeichnung für Kolonisten aus den Niederlanden gewesen. Sie gründeten den Oranje-Freistaat und die Südafrikanische Republik.

dann 1914 tatsächlich ausbrechen und sogar zu einem globalen Krieg, dem 1. Weltkrieg, werden.

4.7 Die Balkankriege 1912 und 1913

Bevor es im nächsten Kapitel um den Ersten Weltkrieg gehen wird, soll abschließend in diesem Kapitel noch auf die Balkankriege der Jahre 1912 und 1913 geblickt werden.

Hierzu ist es sinnvoll, zunächst einen Blick auf die Vorgeschichte zu werfen: 1908 wurde Bosnien von Österreich-Ungarn annektiert. Dies war eine schwere Niederlage für Russland gewesen, denn die Russen dienten als Schutzmacht auf dem Balkan. Dadurch war es den Russen im Gegenzug möglich gewesen, (über Bosnien) den Seeweg über das Mittelmeer zu benutzen, denn Russland verfügte über keine direkte Verbindung zum Mittelmeer. Durch den Verlust Bosniens wurde die Stellung Russlands auf dem Balkan geschwächt und Österreich-Ungarn machte sich daran, seinen Einfluss auf dem Balkan weiter auszuweiten.

Um dem österreich-ungarischen Vorstoß Einhalt zu gebieten, wurde auf Betreiben Russlands der Balkanbund gegründet, dem zunächst Serbien und Bulgarien beitraten und dann auch Griechenland und Montenegro. Der Bund richtete sich gegen das Osmanische Reich, das noch große Gebiete des Balkans unter seine eigene Herrschaft hatte (s. M8[118]). In diesen osmanischen Gebieten lebten aber auch

M8 Die Situation auf dem Balkan vor dem 1. Balkankrieg

[118] https://upload.wikimedia.org/wikipedia/commons/thumb/a/ad/Balkan_1912.svg/1071px-Balkan_1912.svg.png, Urheber: PosicionesPrimeraGuerraBalcánica.svg: *Balkankrieg_Besetzte_Gebiete_1913.png: User:Decius, derivative work: Rowanwindwhistler, derivative work: Furfur, hochgeladen von: Furfur, zuletzt bearbeitet von: Furfur, Stand: 08.01.2012, CC BY-SA 3.0 nicht portiert, abgerufen am 25.04.2020.

zahlreiche Serben, Bulgaren, Griechen und Montenegriner, die sich gerne von der osmanischen Herrschaft befreien wollten und so kam es am 08.10.1912 zum Ausbruch des Ersten Balkankrieges, als Montenegro dem Osmanischen Reich den Krieg erklärte.

Es hatte nicht lange gedauert, ehe das Osmanische Reich reagierte und am 16.10.1912 Bulgarien den Krieg erklärte. Postwendend folgten tags darauf Kriegserklärungen von Bulgarien und Griechenland an das Osmanische Reich.

In zahlreichen Gefechten und Schlachten konnten die Balkanstaaten fast das gesamte europäische Gebiet des Osmanischen Reiches erobern – lediglich Konstantinopel konnte sich erfolgreich gegen einen bulgarischen Vorstoß wehren.

Nachdem die osmanischen Truppen in Europa besiegt waren, kam es am 01.05.1913 zum Waffenstillstand und am 30.05.1913 zum Londoner Vertrag. In diesem Vertrag wurde lediglich festgelegt, dass die ehemals von den Osmanen beherrschten Gebiete des Balkans (mit Ausnahme eines Gebietes um Konstantinopel) den Siegermächten zufielen. Es wurde aber keine Aufteilung der Gebiete unter die Mächte beschlossen und genau dies wurde zum Problem.

Im Zuge des Ersten Balkankrieges erklärte nämlich das Fürstentum Albanien seine Unabhängigkeit und wurde von den europäischen Großmächten am 16.12.1912 anerkannt. Damit hatte Serbien nicht wie erhofft einen Zugang zur Adria, was die Serben unzufrieden machte. Damit Serbien Albanien nicht angreifen werde, erklärte sich Österreich-Ungarn zur Schutzmacht von Albanien, wohingegen die Serben von den Russen geschützt wurden. Um die Serben weiter unter Druck zu setzen, unterstützte Österreich-Ungarn Bulgarien, das Teile Makedoniens haben wollte, welche nach dem Ersten Balkankrieg den Serben gehörten.

M9 Der Balkan nach dem Vertrag von Bukarest 1913

Es verwundert also kaum, dass in dieser instabilen Lage bald schon ein neuer Krieg ausgebrochen ist – und zwar der 2. Balkankrieg. Am 29.06.1913 griff Bulgarien Griechenland und Serbien an und überschätzte seine militärische Stärke maßlos. Niederlage folgte auf Niederlage und letztlich kämpften Griechenland, Serbien, Rumänien und das Osmanische Reich (das hoffte, seinen Einfluss auf dem Balkan durch eine bulgarische Niederlage wieder zu erhöhen) gegen Bulgarien, das letztlich den Krieg verlor. Es kam am 10.08.1913 zum Frieden von Bukarest, durch den endlich auch die von den Osmanen eroberten Gebiete aufgeteilt worden sind (s. M9[119]). (Durch den Zweiten Balkankrieg konnten die Osmanen die Stadt Adrianopel von den Bulgaren zurückerobern.)

Auch wenn damit die Balkankriege an ein Ende kamen, war der Friede nur von kurzer Dauer, denn im Ersten Weltkrieg waren alle Balkanstaaten involviert.[120]

---

[119] https://upload.wikimedia.org/wikipedia/commons/thumb/c/cf/GuerrasBalc%C3%A1nicasLondresYBucarest2_de.svg/679px-GuerrasBalc%C3%A1nicasLondresYBucarest2_de.svg.png, Urheber: GuerrasBalcánicasLondresYBucarest.svg: *Balkan_Wars_Boundaries.jpg: User:Thuresson, derivative work: Rowanwindwhistler, derivative work: Furfur, hochgeladen von: Furfur, zuletzt bearbeitet von: Furfur, Stand: 17.10.2012, gemeinfrei, abgerufen am 25.04.2020.

[120] Kriegseintritte: 28.07.1914 Serbien, 09.08.1914 Montenegro, 29.10.1914 Osmanisches Reich, 25.05.1915 Italien (wegen Besitz der Dodekanes im Balkan vor dem 1. Weltkrieg involviert), 11.10.1915 Bulgarien, 31.10.1916 Rumänien, 24.11.1916 + 29.06.1917 Griechenland (zwei Daten, da der Staat zwischendrin zerteilt war). Albanien erklärte zwar nicht den Krieg, wurde aber trotzdem von verschiedenen Staaten besetzt.

5 Der Erste Weltkrieg 1914-1918

5.1 Die Julikrise 1914 und der Ausbruch des Ersten Weltkriegs

Am 28.06.1914 ereignete sich in Sarajevo ein folgenschweres Attentat auf den österreichischen Thronfolger Franz Ferdinand und seine Frau Sophie. Beide wurden durch Schüsse, die aus der Waffe von Gavrilo Princip abgegeben worden sind, getötet. Schnell kamen Hinweise auf, dass der serbische Geheimdienst hinter dieser Tat stecken könnte, und Österreich-Ungarn wollte diese Tat militärisch beantworten.

Am 05.07.1914 reiste Alexander Graf Hoyos, ein Mitarbeiter im österreichisch-ungarischen Außenministerium, nach Berlin mit dem Ziel, militärische Hilfe von Seiten des Deutschen Kaiserreiches zu erhalten, sollte es zum Kriegsfall mit Serbien kommen. Diese militärische Hilfe und Bündniszusage von Seiten Kaiser Wilhelms II. erfolgte bereits einen Tag später in Form des heute sogenannten „Blankoschecks". Das Deutsche Kaiserreich war bemüht darum gewesen, einen seiner letzten Bündnispartner zu bewahren (s. M10[121]), nachdem das Deutsche

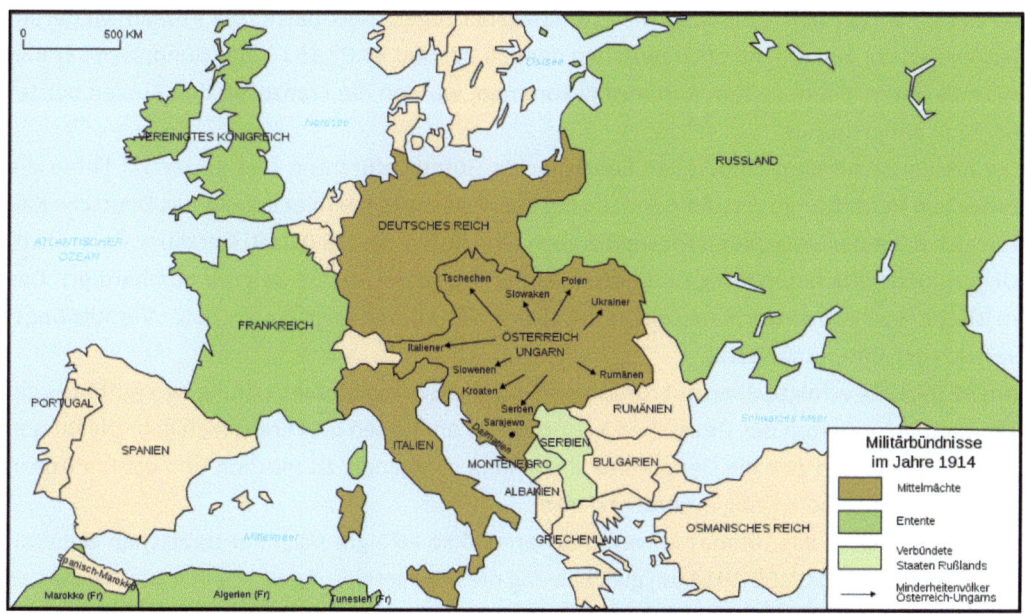

M10 Militärbündnisse am Vorabend des 1. Weltkriegs

[121] https://upload.wikimedia.org/wikipedia/commons/thumb/1/1c/Map_Europe_alliances_1914-de.svg/1280px-Map_Europe_alliances_1914-de.svg.png, Urheber: derivative work: Danbornekde, Map_Europe_alliances_1914-fr.svg: historicair, hochgeladen von: Danbornekde~commonswiki, zuletzt bearbeitet am: Radek Linner, Stand: 01.02.2020, CC BY-SA 2.5 generisch, abgerufen am 26.04.2020.

Kaiserreich nach der Kanzlerschaft von Otto von Bismarck seine gute Position im Hinblick auf Bündnisse in Europa verloren hatte.

Es waren rund zweieinhalb Wochen vergangen, ehe am 23.07.1914 Österreich-Ungarn ein Ultimatum an Serbien stellte. Dieses Ultimatum, das mit dem Deutschen Kaiserreich abgesprochen war, beinhaltete Forderungen, auf die Serbien kaum eingehen konnte: Es sollten nicht nur alle am Attentat beteiligten Personen ausgeliefert werden, sondern auch sollten österreichisch-ungarische Ermittler freie Hand bei ihrer Arbeit in Serbien haben. Dieser letztgenannte Punkt jedoch würde einen Einschnitt in die staatliche Souveränität Serbiens bedeuten und demzufolge ist es kaum verwunderlich, dass die Serben auf diesen Punkt nicht eingegangen sind. In der serbischen Antwort auf das Ultimatum am 25.07. hieß es, dass Serbien bereit sei, Österreich-Ungarn in allen Punkten entgegen zu kommen, sofern die staatliche Souveränität Serbiens davon nicht tangiert werde. Für Österreich-Ungarn war dies zu wenig und so wurden die diplomatischen Beziehungen zu Serbien abgebrochen und die Teilmobilmachung des Heeres wurde angeordnet. Serbien wiederum reagierte auf ähnliche Weise, denn das serbische Heer wurde ebenfalls teilmobil gemacht. Serbien ging diesen Schritt durchaus selbstbewusst, da es sich vorher der russischen Hilfe im Kriegsfall zugesichert hatte. Die Russen wiederum hatten erst vor kurzem, nämlich zwischen dem 20.07. und 23.07.1914, das Bündnis mit Frankreich bestätigt: Sollte es zum Bündnisfall kommen, würden die Franzosen den Russen beistehen und andersherum.

Die Ereignisse ab dem 23.07.1914 ließen nichts Gutes befürchten und in der Tat liefen die britischen Vermittlungsversuche zur Lösung der Krise ins Leere (hier spielte das Deutsche Kaiserreich mit einer Verschleppungstaktik auch eine Rolle). Am 28.07.1914 erklärte Österreich-Ungarn den Serben den Krieg und bereits einen Tag später wurde Belgrad bombardiert. Das russische Heer wurde noch am selben Tag teilmobilisiert und auch ein erneuter Vermittlungsversuch der Briten scheiterte.

Am 31.07.1914 erfolgte dann auf russischer Seite die Generalmobilmachung, woraufhin es ein Ultimatum von Seiten des Deutschen Kaiserreiches an Russen und Franzosen gab: Die Russen hätten 12 Stunden Zeit die Generalmobilmachung rückgängig zu machen und die Franzosen sollten sich bei einem Krieg neutral erklären.

Die Russen ließen das Ultimatum verstreichen und so erfolgte nach der deutschen Generalmobilmachung am 01.08.1914 am gleichen Tag die Kriegserklärung des Deutschen Reiches an Russland. Um die Franzosen unter Druck zu setzen und sie zu bedrohen, besetzten deutsche Truppen tags darauf das neutrale Luxemburg und ein Ultimatum wurde an Belgien gerichtet. Bereits einen Tag später erfolgte die deutsche Kriegserklärung an Frankreich. Die Oberste Heeresleitung des Deutschen Kaiserreiches erhoffte sich einen schnellen Sieg im Krieg gegen Frankreich – doch schon bald zeigte sich, dass es nicht so kommen sollte.

Am 04.08.1914 marschierten deutsche Truppen ins neutrale Belgien ein und diese Verletzung der staatlichen Neutralität von Seiten des Deutschen Kaiserreiches führte dazu, dass das Vereinigte Königreich[122] den Deutschen den Krieg erklärte. Kurz darauf folgten dann noch die Kriegserklärung von Österreich-Ungarn an Russland (06.08.) und die Kriegserklärung des Vereinigten Königreiches an Österreich-Ungarn (08.08.).

Aus der Julikrise ist binnen kurzer Zeit ein Krieg geworden, der global geführt werden sollte: Der Erste Weltkrieg ist entbrannt.

5.2 Der Erste Weltkrieg – eine neue Art von Krieg

Der Erste Weltkrieg war in vielerlei Hinsicht anders als frühere größere kriegerische Auseinandersetzungen. Im Folgenden sollten diesbezüglich einige Aspekte näher beleuchtet werden, die zeigen sollen, was den Ersten Weltkrieg zu einer neuen Art von Krieg machten.

Als erstes kann man dazu auf die Zahl der beteiligten Soldaten und die Verluste blicken. In keinem Krieg zuvor gab es mehr kämpfende Soldaten und auch kein anderer Krieg vorher brachte mehr Verluste. Schätzungen gehen von rund 64 Mio. beteiligten Soldaten aus, von denen mehr als 9,5 Millionen ihr Leben verloren. Die folgenden beiden Übersichten sollen einige Zahlenwerte illustrieren:

Übersicht 1[123]: beteiligte und gefallene Soldaten kriegsführender Mächte

	Soldaten			Soldaten	
	beteiligt (in Mio.)	gefallen (in Mio.)		beteiligt (in Mio.)	gefallen (in Mio.)
Deutsches Kaiserreich	13,25	1,81	USA	4,74	0,21
Russland	12,00	1,85	Osmanisches Reich	3,00	0,60
Frankreich[124]	8,10	1,32	Bulgarien	1,20	0,10
Österreich-Ungarn	7,80	1,50	Rumänien	1,23	0,34
UK	5,70	0,72	Serbien	0,71	0,13
Italien	5,09	0,68			

Summe: 68,19 Mio. beteiligte Soldaten, 9,67 Mio. gefallene Soldaten

---

[122] Vereinigtes Königreich von Großbritannien und Irland.

[123] Vgl. Janda, Lance, s. v. Casualties, Combatant and Noncombatant, in: Tucker, Spencer C. (Hrsg.), The Encyclopedia of World War I. A political, social, and military history. Volume I: A-D, Santa Barbara 2005, S. 273, URL: https://books.google.de/books?id=2YqjfHLyyj8C&printsec=frontcover&hl=de&source=gbs_ge_summary_r&cad=0#v=onepage&q&f=false, abgerufen am 27.05.2020. Werte immer auf 2 Nachkommastellen angegeben und deshalb teils gerundet.

[124] Ohne Kolonialbesitz.

Übersicht 2[125]: Gesamtverluste auf Seiten der Entente und Mittelmächte

	Entente	Mittelmächte
gefallene Soldaten	ca. 5,7 Mio.	ca. 4,0 Mio.
verwundete Soldaten	ca. 12,8 Mio.	ca. 8,4 Mio.
getötete Zivilisten	ca. 3,7 Mio.	ca. 3,1 Mio.

Im Ersten Weltkrieg wurden einige Waffen zum ersten Mal überhaupt oder in größerem Umfang eingesetzt. Eine der schlagkräftigsten Waffen des Krieges war das Maschinengewehr. Durch ihre Präzision wurde die Kavallerie mit einem Mal unbedeutend und innerhalb kurzer Zeit konnten massive Opferzahlen erreicht werden.

Schnelle Erfolge erzielte das Deutsche Kaiserreich am Anfang auch mit U-Booten. Sie konnten relativ unbemerkt britische Schiffe angreifen und versenken. Im Laufe des Krieges gelang es der Entente, viel besser mit der Gefahr aus dem Wasser umzugehen, sodass die deutschen U-Boote kaum noch Erfolge erzielten.

Eine Neuheit war der Gebrauch von Giftgas im Zuge des Ersten Weltkriegs. Das Deutsche Kaiserreich nutzte es zuerst, aber Österreich-Ungarn und auf gegnerischer Seite das British Empire und Frankreich sollten folgen. Keine von den Giftgas einsetzenden Staaten konnte jedoch durch den Einsatz von Giftgas entscheidende Erfolge erzielen. Das liegt daran, dass Giftgas keine schlagkräftige Wirkung hatte und bei „ungünstigen" Windverhältnisse auch nicht die erhoffte Wirkung beim Gegner erzielte.

Zum ersten Mal in der Weltgeschichte kam es zu Luftschlachten. Ab 1912 wurden nämlich Flugzeuge für militärische Zwecke benutzt. Das Deutsche Kaiserreich benutzte sogar Zeppeline im Ersten Weltkrieg, die allerdings große Nachteile hatten. Alles in allem spielten Flugzeuge jedoch noch keine große Rolle im Krieg. Relativ unbedeutend waren ebenfalls Panzer, die auch das erste Mal im Kriegseinsatz waren. Weiterhin wurden im Ersten Weltkrieg erstmals Flammenwerfer und Splittergranaten eingesetzt.

Kurzum gesagt haben die Industrialisierung und Technisierung zu vielen neuen Kriegsgeräten geführt und dadurch nahm insgesamt die Zerstörungskraft massiv zu. Durch die neuen Waffen bedingt, wurden außerdem Stellungskrieg und Grabenkämpfe typisch. Einige Schlachten des Ersten Weltkriegs waren teils lange und verlustreiche Schlachten. Die folgende Darstellung bietet eine Übersicht über die Bilanz einiger Schlachten an.

---

[125] Gerundet, nach Zahlenwerten von: http://www.centre-robert-schuman.org/userfiles/files/REPERES%20%E2%80%93%20mo dule%201-1%20-%20explanatory%20notes%20%20%E2%80%93%20World%20War%20I%20casualties%20%E2%80%93%20EN.pdf, S. 5-6, abgerufen am 20.04.2020. Angabe auf jener Seite zum Werk: REPERES – module 1-0 - explanatory notes – World War I casualties – EN, Author & © : Nadège Mougel, CVCE, 2011, 2011, English translation: Julie Gratz, Centre européen Robert Schuman. In der Zusammenstellung wird auf Wikipediaseiten verwiesen. Womöglich stammen die Zahlenwerte von dort und den dortigen Quellen.

Zu den Abkürzungen: (waagerecht) D: Deutsches Kaiserreich, Ö-U: Österreich-Ungarn, Osm.: Osmanisches Reich, BE: British Empire, F: Frankreich, I: Königreich Italien; (senkrecht) T: Tote, V: Verwundete, Vl: Verluste, Vm: Vermisste. Zahlenwerte[126] können natürlich nur geschätzt werden.

		D	Ö-U	Osm.	BE	F	I	USA
1. Schlacht an der Marne 05.-12.09.1914	T	250000				230000		
	V							
Schlacht von Gallipoli 19.02.1915-09.01.1916	T			56000	44000			
Isonzoschlachten (12 Schlachten mit Kampfpausen) 23.06.1915-27.10.1917	T		200000				300000	
Schlacht um Verdun 21.02.-19.12.1916	T+Vm	152500				152500		
	V	200000				200000		
Schlacht an der Somme 01.07.-18.11.1916	Vl	500000			200000	500000		
2. Schlacht an der Marne 15.07.-06.08.1918	Vl	139000			17000	95000	10000	12000

Abschließend sei auch darauf verwiesen, dass es sich beim Ersten Weltkrieg um einen globalen Krieg gehandelt hat. Staaten und Gebiete auf allen Kontinenten außer der Antarktis waren beteiligt und kriegerische Handlungen fanden zudem nicht nur in den europäischen Mutterländern bzw. auf europäischem Boden, sondern z. B. auch in den Kolonien statt.

---

[126] 1. Schlacht an der Marne: Wetzel, Hubert, Morden an der Marne, Artikel vom 09.09.2014, URL: https://www.sueddeutsche.de/politik/erster-weltkrieg-morden-an-der-marne-1.2115792-0, abgerufen am 27.05.2020.
Schlacht von Gallipoli: Kazim, Hasnain, "Ich befehle euch zu sterben", Artikel vom 15.03.2015, URL: https://www.spiegel.de/geschichte/schlacht-von-gallipoli-massaker-im-ersten-weltkrieg-a-1022933.html, abgerufen am 27.05.2020.
Isonzoschlachten: Gourlay, Graeme, Isonzo: a brutal First World War front, Stand: 17.04.2015, URL: https://geographical.co.uk/places/mountains/item/955-isonzo-a-brutal-first-world-war-front, abgerufen am 27.05.2020.
Schlacht um Verdun: http://memorial-verdun.fr/de/bildungsbereich/die-schlacht-um-verdun-historischer-kurzueberblick, abrufen am 27.05.2020.
Schlacht an der Somme: Lüken, Sven, Die Schlacht an der Somme 1916, URL: https://www.dhm.de/lemo/kapitel/erster-weltkrieg/kriegsverlauf/somme-1916.html, Stand: 01.09.2014, abgerufen am 27.05.2020.
2. Schlacht an der Marne: Sondhaus, Lawrence, World War One. The Global Revolution, New York 2011, S. 413, URL: https://books.google.de/books?id=LHoA4psTCp4C&printsec=frontcover&hl=de&source=gbs_ge_summary_r&cad=0#v=onepage&q&f=false, abgerufen am 27.05.2020.

5.3 Der Kriegseintritt Italiens auf Seiten der Entente 1915

Am 20.05.1882 wurde aus dem Zweibund der Dreibund: Italien trat nämlich dem Bündnis, das aus dem Deutschen Kaiserreich und Österreich-Ungarn bestand, bei. Von seinem Wesen her war der Dreibund ein Defensivbündnis, d. h. nur wenn mindestens einer der Mitgliedsstaaten von einem anderen Staat außerhalb des Dreibundes angegriffen werden würde, mussten die anderen Mitgliedsstaaten militärische Hilfe[127] leisten.

Der Ausbruch des Ersten Weltkrieges wurde zur Zerreißprobe für den Dreibund, der zu dieser Zeit stark an Bedeutung eingebüßt hatte. Italien erklärte sich am Beginn des Krieges neutral, was Österreich-Ungarn erzürnte, da ihrer Meinung nach der Verteidigungsfall vorliegen würde und Italien deshalb zu militärischer Hilfe verpflichtet sei. Die italienische Regierung wiederum erklärte, dass der Verteidigungsfall nicht vorliegen würde. Bemerkenswert ist dabei die Tatsache, dass Österreich-Ungarn während der Julikrise nicht mit Italien über die geplanten Schritte (z. B. das Ultimatum an Serbien) gesprochen hatte, was das ohnehin belastete Verhältnis der beiden Staaten noch weiter auf die Probe stellte.

Wie dem auch sei: Italien blieb neutral, doch gab es nicht wenige Politiker in Italien, die den Ersten Weltkrieg als Chancen sahen, italienischsprachige Gebiete im Gebiet von Österreich-Ungarn ins (eigene) italienische Staatsgebiet einzuverleiben. Hierbei ging es vor allen Dingen um die Gebiete Südtirol und Friaul.[128] Um an diese Gebiete zu kommen, verhandelte Italien sowohl mit den Mittelmächten, als auch mit der Entente.

Italien wolle weiterhin neutral bleiben, wenn Österreich-Ungarn diese Gebiete abtreten würde, lautete die Forderung Italiens an die Mittelmächte. Während das Deutsche Kaiserreich Sympathien für diese Forderungen zeigte, wurden sie von Österreich-Ungarn völlig abgewiesen. Kaiser Franz Joseph dachte nicht daran, dem alten Rivalen Italien ein Stück des eigenen Herrschaftsgebietes abzutreten. Diese verfahrene Situation nutzten die Ententemächte aus, denn sie boten Italien noch viel mehr als die gewünschten Gebiete an, sollte Italien auf Seiten der Entente in den Ersten Weltkrieg einziehen.

Letztlich ging die italienische Regierung auf das Angebot der Alliierten ein. Der Vertrag von London vom 26.04.1915, der zunächst geheim blieb, besiegelte den Kriegseintritt Italiens, der dann offiziell am 23.05.1915 erfolgte: Italien erklärte Österreich-Ungarn den Krieg.

---

[127] Es gibt zwar Ausnahmen von dieser Regelung, aber die seien an dieser Stelle übergangen.

[128] Politisch spricht man hierbei vom Irredentismus (*Unerlöstheit*). Nach Vorstellung vieler Italiener war die Einigung Italiens im Zuge des Risorgimento nicht völlig zum Abschluss gekommen, da Südtirol und Friaul unter österreichischer Herrschaft blieben. Deshalb gab es seit der Entstehung des Königreiches Italien Stimmen, die diese Gebiete an Italien angliedern wollten. Diese Stimmen verstärkten sich im Zuge des Ausbruchs des Ersten Weltkriegs.

Der Vertrag von London sah unter anderem vor, dass Italien nach dem erfolgreichen Ende des Ersten Weltkrieges neben Tirol bis zum Brennerpass und Triest auch Istrien außer Rijeka und Teile Dalmatiens bekommen sollte. Zudem wurde der Dreibund von Seiten Italiens aufgekündigt.

Der Kriegseintritt Italiens führte in Österreich-Ungarn zu heftigen Reaktionen. Kaiser Franz Joseph sagte dazu am Tag der Kriegserklärung: „Der König von Italien hat Mir den Krieg erklärt. Ein Treubruch, dessengleichen die Geschichte nicht kennt, ist von dem Königreiche Italien an seinen beiden Verbündeten begangen worden."[129] Manche Spaghetti wurden unter dem Namen „Treubruchnudeln" verkauft.[130]

Wie dem auch sei: Mit dem 23.05.1915 bekamen die Mittelmächte noch eine Front an der italienischen Grenze. Allerdings gelang es den Italienern nicht, die Mittelmächte in die Defensive zu drängen. Es entwickelte sich vielmehr ein Stellungskrieg in den Alpen. Um ein Haar hätten die Italiener sogar eine Niederlage im Krieg gegen die Mittelmächte einstecken müssen, hätten nicht andere Ereignisse 1918 zum Zusammenbruch der Mittelmächte geführt.

5.4 Die Russische Revolution 1917 und der Friede von Brest-Litovsk

Das Jahr 1917 wird gerne als Epochenjahr bezeichnet und in der Tat hatten einige Geschehnisse des Jahres eine große Bedeutung für die Geschichte des 20. Jahrhunderts. In jenem Jahr trat nicht nur die USA in den Ersten Weltkrieg ein, sondern auch in Russland ereigneten sich zwei Revolutionen, deren erste den Zarismus beseitigte und deren zweite im Endeffekt zur Etablierung des Sozialismus führte.

Blicken wir zunächst auf die Vorgeschichte: Russland war bis 1917 eine „veraltete" Monarchie. Die Zaren des ausgehenden 19. und beginnenden 20. Jahrhunderts waren keine großen Reformer (erst 1861 wurde z. B. die Leibeigenschaft abgeschafft[131]), es kam zur Landflucht der Bauern und der russisch-japanische Krieg 1904-1905 ging verloren, woraufhin erste ernste Aufstände zur Einrichtung eines Parlamentes (der Duma) führten, auf das der Zar aber einen großen Einfluss ausübte.

Am 01.10.1914 kam es zur Kriegserklärung des Deutschen Kaiserreiches an Russland. Der Erste Weltkrieg war für die Russen kaum von Erfolg geprägt. Auch die Übernahme des

---

[129] Suppanz, Werner, Die italienische Front im österreichischen kollektiven Gedächtnis, in: Labanca, Nicola (Hrsg.)/Überegger, Oswald (Hrsg.), Krieg in den Alpen: Österreich-Ungarn und Italien im Ersten Weltkrieg (1914-1918), Wien/Köln/Weimar 2015, S. 316. URL: https://books.google.de/books?id=2f63DAAAQBAJ&printsec=frontcover&hl=de&source=gbs_ge_summary_r&cad=0#v=one-page&q&f=false, abgerufen am 27.05.2020.
[130] Vgl. https://www.deutschlandfunk.de/vor-100-jahren-als-rom-dem-kaiser-den-krieg-erklaerte.871.de.html?dram:article_id=320592, abgerufen am 20.04.2020.
[131] Allerdings wurde die Bauernbefreiung nur schleppend in die Tat umgesetzt.

Oberbefehls durch den Zaren selbst (am 06.09.1915) änderte nichts daran und erschwerend kam es durch einen harten Winter Ende 1916 zu einer verschärften Versorgungskrise, die in Russland zu Demonstrationen und Streiks führte.

Diese Unruhen waren ein Vorgeschmack auf das, was 1917 folgen sollte. Am 08.03.1917 *(jul.: 23.02.1917[132])* führte eine Frauendemo in Petrograd zum Ausbruch der Februarrevolution. Teile des russischen Heeres verweigerten den Gehorsam, die Unruhen niederzuschlagen und nach einer Umbildung der Regierung forderte die Duma am 14.03.1917 *(jul.: 01.03.1917)* die Abdankung von Zar Nikolaus II.[133] Tatsächlich dankte der Zar tags darauf ab – nicht weil die Duma, sondern führende Militärs dies wollten – und mit der Abdankung seines Bruders Michail am 16.03.1917 *(jul.: 03.03.1917)* war das Zarentum abgeschafft.

Die Regierungsgeschäfte lagen nun in der Hand einer provisorischen Regierung, die wiederum vom Wohlwollen der Sowjets – das waren Arbeiter- und Soldatenräte, die sich u. a. in Petrograd gebildet hatten und direkt vom Volk gewählt worden waren – abhängig waren. Die Sowjets kontrollierten zugleich auch die Truppen, die in Petrograd stationiert waren, was ihre Macht unterstrich.

Mit diesen Veränderungen schienen sich die Unruhen zu beruhigen und das Augenmerk der Regierung richtete sich auf den Krieg gegen das Deutsche Kaiserreich und Österreich-Ungarn. Hier mussten die Russen herbe Rückschläge einstecken und die sogenannte Kerenski-Offensive (01.-19.07.1917) schlug fehl, was die Situation im Inneren Russlands wieder verschärfte. Und hier kommt Lenin ins Spiel.

Lenin, dessen eigentlicher Name Wladimir Iljitsch Uljanow war, befand sich zwischen 1914 und April 1917 im Exil in der Schweiz. Als Vertreter des Kommunismus und Anführer der Bolschewiki, die den Sozialismus in Russland einführen wollten, war es für ihn im zaristischen Russland sehr gefährlich gewesen. Mit dem Ende des Zarismus allerdings keimte die Hoffnung in Lenin auf, Russland in einen sozialistischen Staat umwandeln zu können. Weil er zugleich für ein Ende des Krieges von Seiten der Russen gegen die Mittelmächte eintrat, war er für das Deutsche Kaiserreich von Interesse, das nämlich Krieg an drei Fronten (Frankreich; Italien; Russland) führte und nach Entlastung sehnte. Unter Führung der Deutschen wurde Lenin per Zug aus der Schweiz nach Russland zurückgebracht. Die Deutschen erhofften sich – sollte Lenin an die Macht kommen – dass er den Krieg bald beenden würde. Bereits einen Tag nach seiner Rückkehr in Russland veröffentlichte er am 17.04.1917 *(jul.: 04.04.1917)* seine berühmt gewordenen Aprilthesen, die die Leitlinien seiner Politik beschrieben. In ihnen forderte er u.

---

[132] In Russland galt damals noch der julianische Kalender. Deswegen spricht man von der Februarrevolution, obwohl sie nach dem gregorianischen Kalender im März ausgebrochen ist, und von der Oktoberrevolution, obwohl sie nach dem gregorianischen Kalender im November ausgebrochen ist.

[133] Zar Nikolaus II. wurde mitsamt seiner Familie inhaftiert und von Anhängern der Bolschewiki in der Nacht auf den 17.07.1918 in Jekaterinburg getötet.

a. den Sturz der provisorischen Regierung, alle Macht den Sowjets, die Enteignung des Besitz-
bürgertums und die Beendigung des Krieges.

Nun war Lenin also Mitte April 1917 in Russland angekommen, aber bis zur Übernahme der
Macht war es noch ein weiter Weg. Die gescheiterte Kerenski-Offensive im Juli 1917 führte zu
einem erneuten Aufstand in Petrograd, der allerdings von regierungstreuen Truppen niedergeschlagen wurde. Die Bolschewiki wurden sogar verboten und Lenin ging schon vor den Unruhen nach Finnland, von wo aus er die nächsten Schritte plante. Dabei kam ihm die weiterhin
schlechte militärische Lage entgegen, die die Unzufriedenheit in der Bevölkerung nicht linderte. Im Gegenteil: Diese Unzufriedenheit mit der provisorischen Regierung führte zu einem
Linksrutsch in der Bevölkerung und dazu, dass Lenin und die Bolschewiki nun alles auf eine
Karte setzten. Bei zwei Abstimmungen im Oktober 1917 stimmten enge Vertraute um Lenin
für die gewaltsame Machtübernahme. Dieser Umsturz, die sogenannte Oktoberrevolution,
erfolgte dann tatsächlich am 07.11.1917 *(jul.: 25.10.1917)*. Die provisorische Regierung wurde
beseitigt, ihre Mitglieder festgenommen und die Sowjets übernahmen die gesamte Macht in
Russland. Der Sowjetkongress legitimierte im Nachhinein das Vorgehen von Lenin und den
Bolschewiki. Noch am selben Tag wurden das Dekret über Grund und Boden, das Dekret über
die Rechte der Völker Russlands und das Dekret über den Frieden erlassen, das ein schnelles
Ende des Krieges erreichen sollte.

Damit kam Russland aber noch lange nicht zur Ruhe. Um die Macht der Bolschewiki demokratisch abzusichern, wurden am 08.12.1917 *(jul.: 25.11.1917)* Wahlen zur Verfassungsgebenden
Versammlung abgehalten. Hier erhielten die Bolschewiki aber nur rund 23,5 % der Stimmen,
was für Lenin eine herbe Enttäuschung war. Da also auf diese Weise keine absolute Mehrheit
zu erreichen war, wurde die Verfassungsgebende Versammlung am 19.01.1918 *(jul.:
06.01.1918)* wieder aufgelöst und es folgte eine Phase des Terrors von Seiten der Bolschewiki
(die sogenannte Phase des Roten Terrors 1918-1921/29), die nach einigen Jahren zur weitest-
gehenden Ausschaltung der Opposition und Absicherung der Macht auf Seiten der Bolschewiki führte.

Auch wenn also Lenins Macht nach der Oktoberrevolution noch nicht gesichert war, kam es
bereits Ende 1917 zu Friedensverhandlungen mit dem Deutschen Kaiserreich, die letztlich
zum Frieden von Brest-Litowsk am 03.03.1918 führten. Hierbei wurde festgehalten, dass Russland auf zahlreiche Gebiete (z. B. Estland, Lettland, Polen) verzichten musste. Zudem musste
Russland die Unabhängigkeit von Finnland und der Ukraine anerkennen und Reparationszahlungen leisten. Mit dem Frieden von Brest-Litowsk endete der Erste Weltkrieg für Russland.

5.5 Der Kriegseintritt der USA 1917

Das zweite sehr bedeutsame Ereignis im Jahre 1917 war der Kriegseintritt der USA in den 1. Weltkrieg am 06.04.1917. Bis zum Kriegseintritt waren die USA aufmerksamer Beobachter des Krieges in Europa (und den Kolonien) gewesen. Bei Kriegsausbruch Ende Juli 1914 verkündete der US-Präsident Woodrow Wilson, dass sich die USA neutral verhalten würden. Damit deckte sich die Haltung des Präsidenten mit jener in der Bevölkerung, denn bei Kriegsbeginn lehnte eine deutliche Mehrheit eine Kriegsbeteiligung der USA ab.

Auch wenn die USA den Status der bewaffneten Neutralität verkündet hatten, lagen die Sympathien der US-Regierung auf Seiten der Ententemächte und so verwundert es nicht, dass die USA Waffenlieferungen nach Frankreich und ins Vereinigte Königreich[134] schickten und wirtschaftliche Hilfe leisteten.

Im Laufe der folgenden Jahre sollte sich dann das Verhältnis zwischen den USA und dem Deutschen Kaiserreich zuspitzen. Der wesentliche Grund war der U-Boot-Krieg, den das Deutsche Kaiserreich v. a. Dingen als Antwort auf die britische Seeblockade in der Nordsee führte. Seit dem 22.02.1915 war dieser U-Boot-Krieg ein uneingeschränkter, d. h., dass deutsche U-Boote auch Schiffe von neutralen Staaten angreifen konnten bzw. angegriffen haben. Dies war nicht zuletzt den USA ein Dorn im Auge. Als dann am 07.05.1915 die Lusitania abgeschossen worden war, lag ein Kriegsbeitritt der USA in der Luft: Die Lusitania war ein britisches Passagierschiff gewesen, das von deutschen U-Booten versenkt worden ist. Unter den 1201 Opfern befanden sich 128 US-amerikanische Opfer.[135] Letztlich kam es trotz der vielen US-amerikanischen Opfer (noch) nicht zum Kriegseintritt der USA, aber die Deutschen schränkten im September 1915 ihren U-Boot-Krieg auch ein.

Dies war aber auch nur eine Momentaufnahme, denn Ende Februar 1916 weitete das Deutsche Kaiserreich den U-Boot-Krieg wieder aus: Durch den sogenannten *verschärften U-Boot-Krieg* konnten <u>bewaffnete</u> Handelsschiffe neutraler Staaten ohne Vorwarnung angegriffen werden. Kritik aus den USA folgte prompt, aber das Deutsche Kaiserreich wollte nur dann den U-Boot-Krieg zurückfahren, wenn die Briten die Seeblockade aufheben würden. Da dies nicht geschah, setzten die Deutschen den Seekrieg fort und verschärften ihn zum 01.02.1917 nochmal: Jetzt wurde aus dem verschärften U-Boot-Krieg der *uneingeschränkte U-Boot-Krieg*, der, wie beschrieben, dazu führte, dass auch <u>unbewaffnete</u> Handelsschiffe neutraler Staaten ohne Vorwarnung angegriffen werden konnten.

---

[134] Vereinigtes Königreich Großbritannien und Irland.

[135] Vgl. Kellerhoff, Sven Felix; Keil, Lars-Broder, Gerüchte machen Geschichte: Folgenreiche Falschmeldungen im 20. Jahrhundert, Berlin 2013 (entspricht der 1. Druck-Auflage von 2006), URL: https://books.google.de/books?id=PbsHAQAAQBAJ&printsec=frontcover&hl=de&source=gbs_ge_summary_r&cad=0#v=onepage&q&f=false, abgerufen am 15.05.2020. Insgesamt waren 159 US-Amerikaner an Bord. 761 Passagiere überlebten den Abschuss der Lusitania.

Das war zu viel für die USA, die zudem von der Zimmermann-Depesche provoziert worden waren. In diesem verschlüsselten Schreiben, das die Entente entziffern konnte, wurde Mexiko von Seiten des Deutschen Kaiserreiches umgarnt: Mexiko solle nämlich auf Seiten der Mittelmächte in den Krieg ziehen, sollten die USA auf Seiten der Entente in den Krieg ziehen. Mexiko wurde als Lockmittel diejenigen Gebiete angeboten, die es 1848 an die USA verloren hatte. Auf diese Weise und durch den uneingeschränkten U-Boot-Krieg von den Deutschen herausgefordert, brachen die USA am 03.02.1917 die diplomatischen Beziehungen ab. Nachdem der US-Kongress seine Zustimmungen gegeben hatte, erklärten die USA am 06.04.1917 dem Deutschen Kaiserreich den Krieg. Damit sollten die Ententemächte den entscheidenden Vorteil erhalten, um den Krieg 1918 siegreich zu beenden. Zugleich markiert 1917 das Jahr, in dem die USA endgültig zur Großmacht aufgestiegen ist.

5.6 Die 14 Punkte von Woodrow Wilson und das Ende des Ersten Weltkriegs im Westen 1918

Auch wenn im Januar 1918 der Erste Weltkrieg noch nicht zu Ende war, machte sich der amtierende US-Präsident Woodrow Wilson Gedanken, wie eine Friedensordnung für Europa nach dem Ende des Weltkriegs aussehen könnte bzw. sollte. Am 08.01.1918 hielt er diesbezüglich eine Rede vor dem US-Kongress. In ihr stellte Wilson seine berühmt gewordenen 14 Punkte vor. In ihnen forderte er unter anderem, dass in jedem Staat nur das Minimum an militärischer Rüstung vorliegen solle (Punkt 4). Zudem seien alle russischen Gebiete (von den Mittelmächten) zu räumen (Punkt 6). Weiterhin sollen die Deutschen die Besetzung Belgiens beenden, damit der belgische Staat wiederhergestellt werden könne (Punkt 7). Zudem solle auch Frankreich befreit und restauriert werden; darüber hinaus solle es noch Elsass-Lothringen erhalten (Punkt 8). Weiterhin solle ein unabhängiges Polen entstehen (Punkt 13). Bezüglich Österreich-Ungarn erwähnte Wilson, dass den verschiedenen Völkern im Vielvölkerstaat die größtmögliche Autonomie gegeben werden solle (Punkt 10). Italiens Grenzen sollen zudem angepasst werden (Punkt 9). Bezüglich des Balkans forderte der US-Präsident eine Räumung von Rumänien, Serbien und Montenegro und einen serbischen Zugang zum Mittelmeer (Punkt 11). Was das Osmanische Reich betrifft, sprach sich Wilson für eine unabhängige Türkei aus (Punkt 12). Am Ende der 14 Punkte sprach Wilson davon, dass es eine Staatengemeinschaft zum Schutz von staatlichen Souveränitäten und Territorien geben solle (Punkt 14).
Es dürfte wohl kaum verwundern, dass den Mittelmächten einige dieser 14 Punkte überhaupt nicht gefallen haben dürften – das Kaiserreich sollte das prestigeträchtige Elsass-Lothringen an Frankreich zurückgeben und Österreich-Ungarn drohte letztlich die Auflösung. Zugleich

sahen sich die Mittelmächte auch nicht in der Situation, auf die 14-Punkte eingehen zu müssen, denn an der Ostfront konnte der Krieg zu ihren Gunsten beendet werden – wie in Unterkapitel 5.3 erwähnt, wurde mit Russland der Friede von Brest-Litovsk (03.03.1918) geschlossen. Kurze Zeit (am 07.05.1918) später konnte dann auch durch den Frieden von Bukarest der Krieg mit Rumänien offiziell beendet werden.

Gerade durch den Friedensschluss mit Russland glaubte die Oberste Heeresleitung des Deutschen Kaiserreiches, dass nun auch der Sieg an der Westfront errungen werden könnte. Am 21.03.1918 begann deshalb eine groß angelegte Offensive, die sogenannte Frühjahrsoffensive, die bis in den Sommer andauern sollte. Hierbei gelangen den deutschen Truppen allerdings nur wenige Gebietsgewinne und im Juli kam dann der Angriff gänzlich zum Erliegen und die Alliierten (der Westmächte) holten zum Gegenschlag aus. Die alliierte Hunderttageoffensive, die am 08.08.1918 begann, sollte schließlich die Entscheidung zugunsten der Alliierten in diesem Krieg führen. Nach dem Sieg bei Amiens (08.-11.08.) kam die Oberste Heeresleitung um Erich Ludendorff und Paul von Hindenburg am 14.08.1918 in einer Unterredung mit dem Kaiser zu dem Schluss, dass ein Sieg in diesem Krieg nicht mehr möglich sei.

Verschärft wurde die Situation auch dadurch, dass die Verbündeten des Deutschen Kaiserreiches allesamt in einer schwierigen Situation waren. Bulgarien brach als erstes im September 1918 zusammen und dies war der Moment, als Hindenburg und Ludendorff den Kaiser zu einem Waffenstillstandsgesuch aufforderten. Ein solches Angebot wurde Anfang Oktober an Wilson gerichtet, doch wurde es nicht sofort angenommen. Einzelne Vorbedingungen mussten erfüllt werden, z. B. eine weitreichende Demokratisierung. In der deutschen Bevölkerung wurde dies so verstanden, dass eine Abdankung des Kaisers eine Bedingung zum Frieden sei. Zur Abdankung und sogar Abschaffung der Monarchie kam es dann im Zuge Novemberrevolution sehr bald (dazu mehr in Unterkapitel 6.1). Am 09.11.1918 verkündete Reichskanzler Max von Baden die Abdankung des Kaisers. Wilhelm II. selbst gab seine Abdankung erst am 28.11.1918 offiziell bekannt.

Wie dem auch sei: Nach der Abdankung ging es schnell: Bereits am 11.11.1918 wurde im Wald von Compiègne ein Waffenstillstandsabkommen unterzeichnet. Bis zur Unterzeichnung des Friedensvertrages dauerte es aber noch einige Zeit: Am 28.06.1919 unterzeichnete Deutschland den Versailler Vertrag, auf den im nächsten Unterkapitel eingegangen werden wird und der viel Zündstoff für die Zukunft lieferte: Er wurde nämlich von Rechten in der Weimarer Republik, die 1918 entstanden ist, als Mittel zur Aufwiegelung des Volkes gegen die Demokraten/Demokratie benutzt.

5.7 Der Versailler Vertrag 1919

Mit dem Waffenstillstand von Compiègne am 11.11.1918 endeten die Kampfhandlungen im Ersten Weltkrieg zwischen dem Deutschen Kaiserreich und seinen Gegnern. Das Kaiserreich hatte die Niederlage eingesehen. Der Waffenstillstand beendete trotz allem nicht den Kriegszustand, denn dieser konnte nur durch einen Friedensvertrag beendet werden.

Deshalb begannen am 18.01.1919 in Paris Friedensverhandlungen. Diese Pariser Friedenskonferenz sollte bis zum 21.01.1920 andauern und unter anderem zu einem Friedensvertrag mit Deutschland führen – dies ist der sogenannte Versailler Vertrag.

Der Versailler Vertrag wurde ohne Beteiligung Deutschlands ausgearbeitet. Am 07.05.1919 wurde der Friedensvertrag an die deutsche Regierung übergeben, die über einige Punkte nicht glücklich war. So stand zum Beispiel in Artikel 231, dass Deutschland und seine Verbündeten alleinig am Ausbruch des 1. Weltkrieges Schuld seien. Unter anderem deswegen sträubte sich die deutsche Regierung den Friedensvertrag zu unterzeichnen, aber letztlich blieb der jungen Weimarer Republik nicht viel anderes übrig, denn am 16.06.1919 legten die Alliierten der deutschen Regierung die Endfassung des Vertrages vor und stellten ein Ultimatum: Sollte der Vertrag nicht bis zum 23.06.1919 unterzeichnet sein, würden Kriegshandlungen gegen Deutschland erneut aufgenommen werden. Die Drohung zeigte Wirkung: Nach dem Rücktritt der Regierung von Philipp Scheidemann (MSPD[136]) stimmte am 23.06.1919 das deutsche Parlament mehrheitlich für die Annahme des Vertrages, der dann am 28.06.1919 von deutscher Seite durch Hermann Müller (MSPD) und Johannes Bell (Zentrum) im Spiegelsaal von Versailles unterzeichnet worden ist. Der Ort der Unterzeichnung war bewusst gewählt worden, denn 1871 wurde in jenem Saal das Deutsche Kaiserreich proklamiert.

An dieser Stelle sollen die wichtigsten Bestimmungen des Versailler Vertrages aufgeführt werden:

- Bereits genannt worden ist, dass Deutschland und seine Verbündeten alleinig am Kriegsausbruch schuld seien (Art. 231[137]).
- Deutschland musste territoriale Verluste akzeptieren (s. M11[138]): Elsass-Lothringen fiel an Frankreich, Eupen-Malmedy an Belgien, das Saarland geriet für 15 Jahre unter die Kontrolle

---

[136] Anfang April 1918 spaltete sich die SPD in die MSPD und die USPD. Aus der MSPD wurde 1922 wieder die SPD.

[137] „Die alliierten und assoziierten Regierungen erklären, und Deutschland erkennt an, daß Deutschland und seine Verbündeten als Urheber für alle Verluste und Schäden verantwortlich sind, die die alliierten und assoziierten Regierungen und ihre Staatsangehörigen infolge des ihnen durch den Angriff Deutschlands und seiner Verbündeten aufgezwungenen Krieges erlitten haben." http://www.documentarchiv.de/wr/vv08.html, abgerufen am 08.09.2018.

[138] https://upload.wikimedia.org/wikipedia/commons/a/a2/Versailler_Vertrag.png, Urheber: Matthias Küch, hochgeladen von: Matthiaskuech, zuletzt bearbeitet von: NordNordWest, Stand: 24.03.2014, CC BY-SA 3.0 nicht portiert, abgerufen am 23.04.2020. Anmerkung vom Urheber: „Eigenes Werk, Based upon dtv-Atlas zur Weltgeschichte, Illustrierte Deutsche Geschichte, Leisering Historischer Weltatlas, Blank_map_of_Europe_1914.svg, Blank_map_of_Europe_1929-1938.svg".

des Völkerbundes[139], im Norden ging Nordschleswig nach einer Volksabstimmung an Dänemark über, im Osten mussten Ostoberschlesien, die Provinz Posen und der größte Teil von Westpreußen an das neu geschaffene Polen abgetreten werden. Außerdem ging das Memelgebiet an das heutige Litauen über.

Insgesamt verlor Deutschland somit rund 13 % der Gesamtfläche und 10 % der Einwohner. Gerade die Verluste im Westen führten zudem dazu, dass der Steinkohleabbau um 26 % und der Eisenerzabbau sogar um 75 % sank.

Neben den territorialen Verlusten in Europa verlor Deutschland jeglichen Kolonialbesitz. Hinzu kommt, dass es Deutschland verboten worden ist, sich mit Österreich zu vereinigen.

- Militärisch wurde Deutschland stark limitiert: Das Heer durfte nur noch aus maximal 100000 Soldaten bestehen, die Marine aus (weiteren) maximal 15000 Mann. Es galt ein Wehrpflichtverbot und sämtlicher Besitz von Panzern und U-Booten wurde Deutschland untersagt.

M11 Die territorialen Folgen für Deutschland aufgrund des Versailler Vertrages

---

[139] Überstaatliche Organisation, die am 10.01.1920 gegründet worden ist, und im Wesentlichen das Ziel verfolgte den Frieden im Konfliktfall von Staaten zu sichern.

- Entlang der Grenze durfte Deutschland keine Festungsanlagen bauen. Zudem wurde das Rheinland in einem Streifen von ca. 50 km entmilitarisiert. Weiterhin wurden die Seewege entmilitarisiert und für den internationalen Handelsverkehr geöffnet.
- Deutschland musste Kriegsentschädigungen (sogenannte Reparationen) bezahlen. Die exakte Höhe wurde erst später festgelegt.

5.8 Friedensverträge 1919-1923

Zwar ist der Versailler Vertrag der wohl bekannteste Friedensvertrag des Ersten Weltkriegs in Deutschland, aber regelte dieser nur den Frieden zwischen den Alliierten (ohne die USA) und der Weimarer Republik. Natürlich wurden auch Friedensverträge mit den anderen Mittelmächten geschlossen. Dies geschah 1919 und 1920. Die folgende Tabelle liefert eine Übersicht über die wichtigsten Friedensverträge bis 1923.

i) Vertrag von Saint-Germain-en-Laye mit Österreich am 10.09.1919

territoriale Bestimmungen	• Festlegung der Grenzen Österreichs, von dem Teil des österreichischen Kaiserreiches gehen Gebiete verloren an: Italien, Jugoslawien, Polen, Rumänien, Tschecho-slowakei • Verbot des Anschlusses von Österreich an Deutschland
militärische Bestimmungen	• Verbot der allgemeinen Wehrpflicht • maximal 30000 Soldaten
Sonstiges	• Verbot des Staatsnamens „Deutschösterreich" • Reparationen von Österreich und der Tschechoslowakei

ii) Vertrag von Neuilly sur Seine mit Bulgarien am 27.11.1919

territoriale Bestimmungen	• im Westen leichte Verluste an Jugoslawien • Verlust des Zugangs zur Ägäis durch Verlust von West-thrakien an Griechenland • Wiederherstellung der Grenze zwischen Bulgarien und Rumänien nach dem Frieden von Bukarest 1913 (=Verluste für Bulgarien)
militärische Bestimmungen	• maximal 20000 Mann starke Armee

| Sonstiges | • Reparationsleistungen |

iii) Vertrag von Trianon mit Ungarn am 04.06.1920

territoriale Bestimmungen	• großer territorialer Verlust für Ungarn verglichen zum Königreich Ungarn als Teil von Österreich-Ungarn und zwar an folgende Staaten: Jugoslawien, Österreich, Polen, Rumänien, Tschechoslowakei • zudem Entstehung des Freistaates Fiume (hat. Rijeka)
militärische Bestimmungen	• maximal 35000 Soldaten • begrenztes Waffenarsenal
Sonstiges	• Reparationsleistungen • Kriegsschuldparagraf

iv) Vertrag von Vertrag von Sèvres mit dem Osmanischen Reich am 10.08.1920

Achtung: Es sei vorab erwähnt, dass der Vertrag von Sèvres nie in Kraft getreten ist, weil das Osmanische Reich zerfallen ist. Der Vertrag von Lausanne vom 24.07.1923 (siehe v) wurde dann als Ersatz mit der neu entstanden Türkei geschlossen.

territoriale Bestimmungen	• Verlust von Territorien: Ostthrakien, Izmir (gr. Smyrna) mit Umland und einige Inseln an Griechenland; Syrien und Kilikien an Frankreich; Anerkennung der britischen Herrschaft über Ägypten, Irak, Palästina, Zypern; Dodekanes und Rhodos an Italien; Akzeptanz des Königreichs Hedschas Armenien wird ein eigener Staat; Kurdistan wird Unabhängigkeit in Aussicht gestellt • internationale Kontrolle der Gebiete um die Meerengen (Bosporus, Marmarameer)
militärische Bestimmungen	• maximal 50000 Mann starke Armee
Sonstiges	

v) Vertrag von Lausanne mit der Türkei am 24.07.1923

territoriale Bestimmungen	<ul><li>folgende Territorien, die nach dem Vertrag von Sèvres abzugeben waren, werden der Türkei zugeschlagen: Teile Ostthrakiens; die Stadt und Gegend um Izmir (Smyrna); Westarmenien; die Inseln Imbros und Tenedos</li><li>dafür Anerkennung der britischen Herrschaft über Ägypten und Zypern sowie der italienischen über den Dodekanes</li><li>Entmilitarisierung der Meerengen (Bosporus, Marmarameer)</li></ul>
militärische Bestimmungen	
Sonstiges	<ul><li>keine Reparationsleistungen</li><li>Umsiedlungsprogramm zwischen Griechenland und der Türkei (Griechen in der Türkei müssen nach Griechenland; Türken in Griechenland in die Türkei)</li></ul>

6 Die Weimarer Republik 1918-1933

6.1 Von der Novemberrevolution zur Reichstagswahl 1920

Das von der deutschen Regierung Anfang Oktober 1918 an die Alliierten gerichtete Waffen-stillstandsgesuch verfehlte seinen Zweck und führte noch nicht zum Kriegsende, denn US-Prä-sident Woodrow Wilson war erst zu einem Waffenstillstand bereit, wenn Kaiser Wilhelm II. abdanken würde. Daran jedoch dachten weder der Kaiser noch die OHL.

Deshalb sollte der Krieg neu aufgenommen werden, doch ließen sich die kriegsmüden Solda-ten kaum noch mobilisieren und Desertionen häuften sich. Der Plan von Admiral Franz von Hipper, die Flotte zu einer letzten Schlacht auslaufen zu lassen, brachte dann das Fass zum Überlaufen. Rund 200 Matrosen, die in Kiel den Befehl zum Auslaufen erhielten, verweigerten den Gehorsam und meuterten, da sie nicht sinnlos geopfert werden wollten. Die Festnahme der Matrosen linderte die Situation nicht – im Gegenteil: Immer mehr Matrosen schlossen sich dem Aufstand an und so wurde am 04.11.1918 der erste Soldatenrat in Kiel gegründet, der die Kontrolle über die Stadt übernahm.

Doch dabei blieb es nicht: Der Aufstand weitete sich innerhalb weniger Tage über das Gebiet des gesamten Deutschen Kaiserreiches aus und überall, wo die Aufständischen die Kontrolle übernahmen, wurden Arbeiter- und Soldatenräte gegründet.[140] Diese Räte waren von der MSPD und der USPD dominiert (die USPD war eine Abspaltung der SPD gewesen, wobei die SPD sich dann MSPD nannte, dazu in 6.3 mehr). Die Zielsetzung der beiden Parteien war un-terschiedlich. Während die MSPD für eine parlamentarische Demokratie eintrat, zielte die USPD auf eine Umwälzung des Staates nach russischem Vorbild ab.

Um genau das zu verhindern, nahm die MSPD das Heft in die Hand. Zunächst erklärte am 09.09.1918 Reichskanzler Max von Baden ohne Wissen des Kaisers die Abdankung des Kai-sers[141] und um 14 Uhr rief Philipp Scheidemann (MSPD) die Republik aus. Nur zwei Stunden später rief Karl Liebknecht (USPD) die sozialistische Räterepublik aus.

Was nun? MSPD und USPD kamen zu Gesprächen zusammen und wählten am 10.11.1918 den Rat der Volksbeauftragten, der aus je 3 Mitgliedern von USPD und MSPD bestand. Friedrich Ebert (MSPD) gelang derweil etwas Bedeutsames: Er konnte einen Pakt mit General Wilhelm Groener, einer der Befehlshaber der Reichswehr, schließen. Damit sollte die Armee beim Übergang von der Monarchie zur Demokratie helfen und es sollte v. a. gegen linksradikale Gruppen und Aufstände vorgegangen werden. Damit versuchte die MSPD, zu verhindern, dass Deutschland zu einem sozialistischen Staat werden würde.

---

[140] Am 06.11.1918 in Wilhelmshaven; am 07.11.1918 in Braunschweig, Frankfurt am Main, Hannover, München, Stuttgart.
[141] Wilhelm II. selbst gab seine Abdankung erst am 28.11.1918 offiziell bekannt.

Die Frage nach der Staatsform war dann auch die prägende Frage in den folgenden Wochen. Um eine Antwort darauf zu finden, wurde ein allgemeiner Reichsrätekongress gewählt, der vom 16.12.-21.12.1918 im preußischen Abgeordnetenhaus in Berlin tagte. Von den 490 Teilnehmern stammten 292 von der MSPD und 94 von der USPD.[142] Diese Mehrheitsverhältnisse spiegelten sich dann auch in den Abstimmungsergebnissen nieder: Mit 344 zu 98 Stimmen entschied sich der Reichskongress gegen das Rätesystem und beschloss, dass eine verfassungsgebende Nationalversammlung am 19.01.1919 vom Volk gewählt werden sollte.

Trotz dieses klaren Votums gelangte Deutschland nicht zur Ruhe – im Gegenteil: Erst kam es über Weihnachten zu Aufständen in Berlin, dann brach Anfang Januar der sogenannte Spartakusaufstand aus, der am 12.01.1919 niedergeschlagen worden ist. Drei Tage später wurden dann zwei der Anführer der KPD (Kommunistische Partei Deutschlands), die sich erst am 01.01.1919 gegründet hatte, getötet – hierbei handelte es sich um Karl Liebknecht und Rosa Luxemburg. Dies wiederum führte überall in Deutschland zu bürgerkriegsähnlichen Auseinandersetzungen. Diese wurden auf Betreiben des MSPD-Politikers Gustav Noske mithilfe der Reichswehr bis zum Mai 1919 niedergeschlagen. Erst dann kehrte dauerhaft Ruhe ein.

Noch mitten in den Unruhen wurde am 19.01.1919 tatsächlich die verfassungsgebende Nationalversammlung gewählt. Hierbei waren Frauen erstmals in der deutschen Geschichte wahlberechtigt gewesen. Das Wahlergebnis sah wie folgt aus:

	Stimmenanteil	Sitze (Gesamt: 423)
USPD	7,6 %	22
MSPD	37,9 %	163
Zentrum+BVP[143]	19,7 %	91
DDP	18,5 %	75
DVP	4,4 %	19
DNVP	10,3 %	44
Sonstige	1,6 %	9

Damit hatten die demokratischen Parteien (zu den Parteien siehe Unterkapitel 6.3), die hinter der Weimarer Republik standen, eine ganz klare absolute Mehrheit erhalten. Schnell bildete sich dann die erste Regierungskoalition: MSPD, Zentrum, BVP und die DDP gingen ein Bündnis ein – die sogenannte Weimarer Koalition. Am 06.02.1919 kam die verfassungsgebende Nationalversammlung in Weimar zusammen (in Berlin war es zu unruhig) und am 11.02.1919

---

[142] Vgl. Detlef Lehnert, Die Weimarer Republik, 2. Aufl. Stuttgart 2009, S. 26.
[143] Die BVP war die Bayerische Volkspartei, die sich am 12.11.1918 vom Zentrum abgespaltet hatte und nur in Bayern gewählt werden konnte, während das Zentrum dort nicht zur Wahl antrat. Beide Parteien arbeiteten in der Nationalversammlung zusammen.

wurde Friedrich Ebert (MSPD) zum ersten Reichspräsidenten gewählt. Zwei Tage später wurde Philipp Scheidemann (MSPD) der erste Reichskanzler.

Diese erste Regierung hielt nicht allzu lange: Am 07.05.1919 wurde der deutschen Regierung der erste Entwurf des Versailler Friedensvertrages zugesandt, mit dem die Regierung alles andere als zufrieden war. Allerdings blieb Deutschland nicht viel anderes übrig, als den Vertrag anzunehmen: Die Alliierten stellten der deutschen Regierung nach Zusendung der Endfassung des Vertrages am 16.06.1919 nämlich ein Ultimatum: Sollte der Vertrag nicht bis zum 23.06.1919 unterzeichnet sein, würden die Kriegshandlungen erneut aufgenommen werden. Die Drohung zeigte Wirkung: Nach dem Rücktritt der Regierung Scheidemann (es folgte Gustav Bauer von der MSPD) stimmte am 23.06.1919 das Parlament mehrheitlich für die Annahme des Vertrages, der dann am 28.06.1919 von Hermann Müller (MSPD) und Johannes Bell (Zentrum) unterzeichnet worden ist. Die Unterzeichnung dieses in der Bevölkerung unbeliebten Vertrages gerade durch Vertreter demokratischer Parteien sollte in der Folge zu einem Verlust an Zustimmung für die Demokraten führen. Zugleich wurden die Vertreter der Dolchstoßlegende durch die Unterzeichnung gestärkt. Hierbei handelt es sich um eine Verschwörungstheorie, die ursprünglich von der OHL in die Welt gesetzt worden ist. Sie besagt, dass das Deutsche Kaiserreich den Ersten Weltkrieg deshalb verloren habe, weil Demokraten und Teile des Judentums durch ihre oppositionelle Haltung zur Monarchie die Soldaten metaphorisch quasi von hinten erdolcht hätten. Diese Theorie fand in sehr konservativen, völkischen und rassistischen Kreisen Zuspruch und wurden später auch von der NSDAP aufgegriffen.

Zurück zur verfassungsgebenden Nationalversammlung: Sie setzte auch nach der Unterzeichnung des Versailler Vertrages ihre Arbeit fort und im Juli 1919 wurde die Weimarer Verfassung fertiggestellt. Sie trat am 11.08.1919 in Kraft. Damit war die Arbeit der Nationalversammlung erfüllt und ein richtiges Parlament konnte gewählt werden. Diese Wahl fand am 06.06.1920 statt – dazwischen gab es einen Putschversuch (dazu in 6.4 mehr) – und zeigte bereits, dass die Demokraten innerhalb von 18 Monaten einiges an Zustimmung verloren hatten:

	Stimmenanteil	Sitze (Gesamt: 459)
KPD	2,1 %	4
USPD	17,6 %	84
MSPD	21,9 %	102
Zentrum	13,6 %	64
BVP	4,4 %	21
DDP	8,3 %	39
DVP	13,9 %	65
DNVP	15,0 %	71
Sonstige	3,2 %	9

MSPD, Zentrum, BVP und DDP erzielten zusammen weniger als 50,0 % der Stimmen und verfehlten mit zusammen 226 Sitzen auch die absolute Mehrheit an Parlamentssitzen. In der Folge kam es deshalb zur Bildung einer Minderheitsregierung zwischen dem Zentrum, der DDP und DVP unter Constantin Fehrenbach (Zentrum), die bereits am 04.05.1921 zerbrach.

Dieser massive Stimmenverlust der demokratischen Parteien und der noch darzustellende Putschversuch zeigten sehr deutlich, auf welch fragilem demokratischem Grund die Weimarer Republik entstanden ist und in der Tat sollten die ersten Jahre der Weimarer Republik äußerst gefährliche für den Bestand der Republik sein.

6.2 Die Weimarer Verfassung

Die Weimarer Republik war der erste demokratische Staat auf deutschem Gebiet. Ihre Grundlage war die Weimarer Verfassung, die – wie beschrieben worden ist – am 11.08.1919 in Kraft trat. Durch die Verfassung wurde der Staatsaufbau klar geregelt (s. M12[144]). An der Spitze stand der Reichspräsident. Alle sieben Jahre wurde er vom Volk in direkter Wahl gewählt. Hierbei waren all jene Bürger wahlberechtigt, die mindestens 20 Jahre als waren. Dabei gilt hervorzuheben, dass das Wahlrecht sowohl für Männer als auch für Frauen galt. Zugleich galten die Wahlprinzipien allgemein, gleich, geheim, unmittelbar. Neben dem Reichspräsidenten bestimmte das Volk die 18 Landesparlamente und wählte regulär alle 4 Jahre den Reichstag neu.

Der Reichstag war ein wichtiges Organ in der Gesetzgebung, denn er konnte nicht nur Entwürfe zur Abstimmung einbringen, sondern beschloss diese auch (oder ließ Vorschläge durchfallen). Zugleich hatte der Reichsrat, der sich aus 66 Mitgliedern der 18 Länder zusammensetzte, ein Einspruchsrecht gegenüber Gesetzesvorschlägen.

Auch das Volk hatte mithilfe des Volksbegehrens die Möglichkeit gehabt, einen Volksentscheid zu erzwingen. Dadurch konnten theoretisch Gesetze verhindert oder Gesetze beschlossen werden, aber gab es in der gesamten Geschichte der Weimarer Republik keinen einzigen erfolgreichen Volksentscheid, sodass diese Option nur theoretischer Natur war.

---

[144] https://upload.wikimedia.org/wikipedia/commons/thumb/c/cb/Politisches_System_der_Weimarer_Republik.svg/1100px-Politisches_System_der_Weimarer_Republik.svg.png, Urheber: Politisches_System_des_Bundes_und_der_Länder_in_Deutschland.svg: dennis-Xp, Niabot, Atom3,141lz, derivative work: Atom3,141lz, hochgeladen von: Atom3,141lz, zuletzt bearbeitet von: Atom3,141lz, Stand: 11.05.2010, CC BY-SA 3.0 nicht portiert, abgerufen am 26.04.2020.

Erwähnt werden sollte, dass die Reichsregierung, das heißt der Reichskanzler und die Minister, nicht vom Reichstag bestimmt worden sind. Einzig und allein der Reichspräsident konnte Kanzler und Minister ernennen und entlassen, was dem Reichspräsidenten eine besondere Stellung im Staat verlieh. Der Reichspräsident konnte aber noch viel mehr und war so mächtig gewesen, dass er gerne als „Ersatzkaiser" bezeichnet wird. Neben der Ernennung der

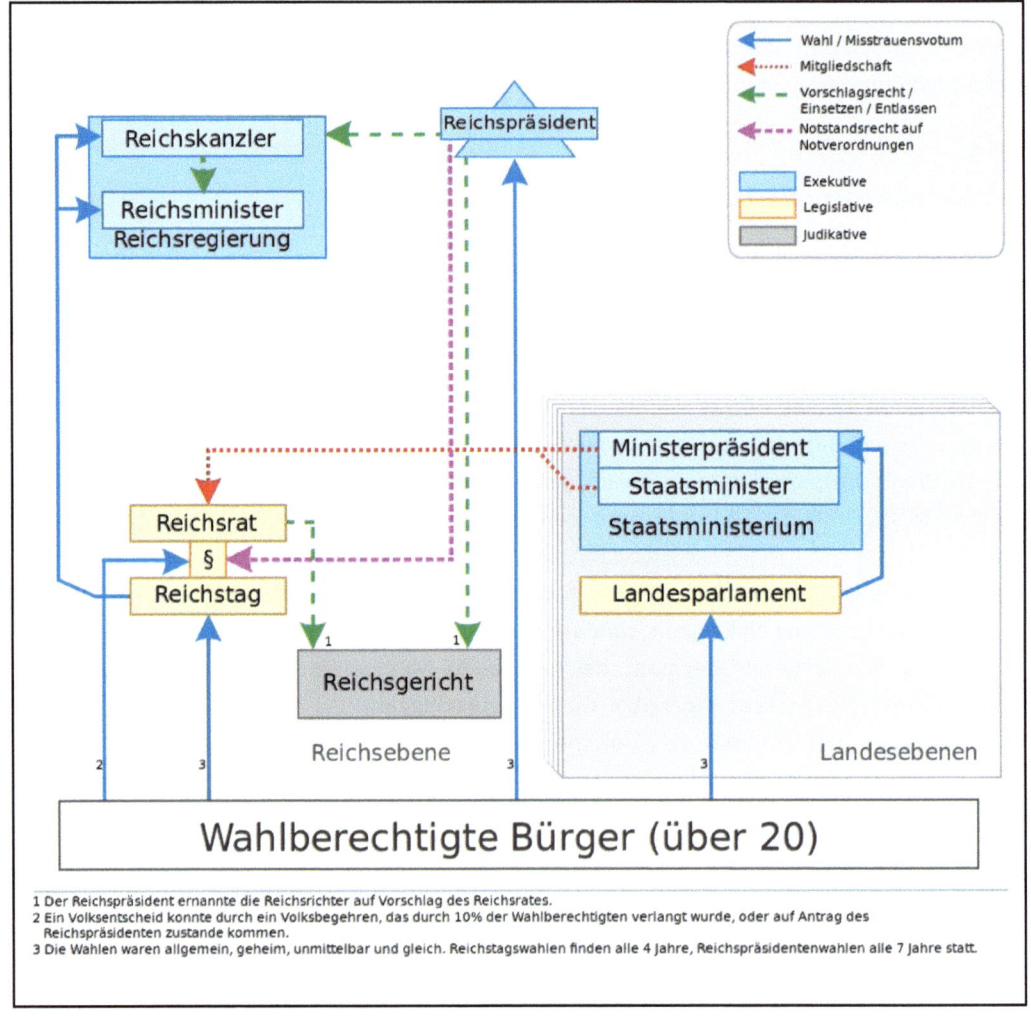

1 Der Reichspräsident ernannte die Reichsrichter auf Vorschlag des Reichsrates.
2 Ein Volksentscheid konnte durch ein Volksbegehren, das durch 10% der Wahlberechtigten verlangt wurde, oder auf Antrag des Reichspräsidenten zustande kommen.
3 Die Wahlen waren allgemein, geheim, unmittelbar und gleich. Reichstagswahlen finden alle 4 Jahre, Reichspräsidentenwahlen alle 7 Jahre statt.

M12 Der Staatsaufbau nach der Weimarer Verfassung

Regierungsmitglieder war er Oberbefehlshaber der Reichswehr und konnte mittels der Artikel 25[145] und 48[146] der Verfassung das Parlament ausschalten.

Das funktionierte so: Durch Artikel 48 konnte der Reichspräsident einen Notstand ausrufen. Zwar konnte der Reichstag den Notstand außer Kraft setzen, sollte es mehrheitlich für eine Aufhebung des Notstandes stimmen, doch mithilfe von Artikel 25 konnte der Reichspräsident den Reichstag auflösen (er brauchte offiziell hierzu immer einen anderen Grund). Nach der Auflösung des Reichstags durften maximal 60 Tage bis zur Neuwahl des Reichstages vergehen. In dieser Zeit konnte der Reichspräsident zusammen mit der Reichsregierung beliebig regieren. Das Parlament hatte keine Kompetenzen, die eigene Aushebelung zu verhindern.

Insofern bedurfte es für eine Regierung auch keiner absoluten Mehrheit im Parlament, wenn der Reichspräsident dazu bereit war, über diese zwei Artikel das Parlament weitestgehend zu entmachten. In der Tat sollte das Regieren über diese sogenannten Präsidialkabinette von 1930-1933 umgesetzt werden.

6.3 Die wichtigsten Parteien und Reichstagswahlergebnisse in der Weimarer Republik

Im ersten deutschen demokratischen Staat gab es eine Vielzahl von Parteien. Während einige nur regional vertreten waren, gab es natürlich auch zahlreiche überregionale Parteien. Die wichtigsten sollten im Folgenden genannt werden.

Beginnen wir mit der SPD: In Unterkapitel 6.1 wurde bereits erwähnt, dass sie zu Beginn der Weimarer Republik MSPD hieß. Der Grund dafür liegt an der Spaltung der SPD im April 1917. Die SPD hatte nämlich bei Kriegsbeginn ihre Zustimmung zu den Kriegskrediten gegeben. Nur Karl Liebknecht stimmte damals dagegen. Mit zunehmender Dauer des Krieges wurde die Opposition gegen die Bewilligung neuer Kriegskredite immer größer. Der Parteivorsitzende Friedrich Ebert jedoch wollte diesen Kurs fortsetzen und so kam es im März 1916 zum

---

[145] „Artikel 25 Der Reichspräsident kann den Reichstag auflösen, jedoch nur einmal aus dem gleichen Anlaß. Die Neuwahl findet spätestens am sechzigsten Tage nach der Auflösung statt." - https://de.wikisource.org/wiki/Verfassung_des_Deutschen_Reichs_(1919), abgerufen am 22.04.2020. Angabe laut Website: Deutsches Reichsgesetzblatt Band 1919, Nr. 152, S. 88.

[146] „Artikel 48 Wenn ein Land die ihm nach der Reichsverfassung oder den Reichsgesetzen obliegenden Pflichten nicht erfüllt, kann der Reichspräsident es dazu mit Hilfe der bewaffneten Macht anhalten. Der Reichspräsident kann, wenn im Deutschen Reiche die öffentliche Sicherheit und Ordnung erheblich gestört oder gefährdet wird, die zur Wiederherstellung der öffentlichen Sicherheit und Ordnung nötigen Maßnahmen treffen, erforderlichenfalls mit Hilfe der bewaffneten Macht einschreiten. Zu diesem Zwecke darf er vorübergehend die in den Artikeln 114, 115, 117, 118, 123, 124 und 153 festgesetzten Grundrechte ganz oder zum Teil außer Kraft setzen. Von allen gemäß Abs. 1 oder Abs. 2 dieses Artikels getroffenen Maßnahmen hat der Reichspräsident unverzüglich dem Reichstag Kenntnis zu geben. Die Maßnahmen sind auf Verlangen des Reichstags außer Kraft zu setzen. Bei Gefahr im Verzuge kann die Landesregierung für ihr Gebiet einstweilige Maßnahmen der in Abs. 2 bezeichneten Art treffen. Die Maßnahmen sind auf Verlangen des Reichspräsidenten oder des Reichstags außer Kraft zu setzen. Das Nähere bestimmt ein Reichsgesetz." - https://de.wikisource.org/wiki/Verfassung_des_Deutschen_Reichs_(1919), abgerufen am 22.04.2020. Angabe laut Website: Deutsches Reichsgesetzblatt Band 1919, Nr. 152, S. 92-93.

Ausschluss all jener Parteimitglieder, die gegen die Bewilligung von weiteren Kriegskrediten gestimmt hatten. Die aus der SPD Ausgestoßenen gründeten bald darauf in Gotha am 08.04.1917 eine neue Partei, die USPD (Unabhängige Sozialdemokratische Partei Deutschlands), die sich gegen Kriegskredite aussprach und weiter links im politischen Spektrum lag als die SPD, aus der schließlich die MSPD (Mehrheitssozialdemokratische Partei Deutschlands) wurde.

In der USPD selbst befand sich der Spartakusflügel um Karl Liebknecht und Rosa Luxemburg. Dieser spaltete sich Ende 1918 ab und gründete am 01.01.1919 eine neue Partei, die KPD (Kommunistische Partei Deutschlands). Ziel der KPD war es, eine sozialistische Räterepublik nach russischem Vorbild zu errichten. Dazu hielt sich im Grunde aus der Wahl zur verfassungsgebenden Nationalversammlung raus, weil sie aus Sicht der Kommunisten nicht zielführend für ihre Zwecke sei.

Gestärkt wurde die KPD am 04.12.1920. Ein Teil der USPD beschloss nämlich, sich der Komintern anzuschließen und sich deshalb mit der KPD zu vereinigen. Von der verbliebenen USPD schloss sich ein Großteil am 24.09.1922 wieder mit der MSPD zusammen. Durch diese Vereinigung wurde aus der MSPD bis 1924 die VSPD (Vereinigte Sozialdemokratische Partei Deutschlands), danach hieß sie wie früher SPD. Die SPD war während der gesamten Weimarer Republik die größte sozialdemokratische Partei gewesen und stellte mit Friedrich Ebert auch den ersten Reichspräsidenten.

Wie schon im Deutschen Kaiserreich hatte auch der politische Katholizismus mit dem Zentrum eine bedeutende Partei in der Weimarer Republik. Allerdings musste es das Zentrum verkraften, dass sich am 12.11.1918 in Bayern die BVP (Bayerische Volkspartei) vom Zentrum abgespalten hat, die insgesamt konservativer war als das Zentrum. Die BVP trat fortan bei sämtlichen Wahlen in Bayern statt des Zentrums an, jedoch war es keinesfalls so, dass Zentrum und BVP immer eine Gemeinschaft im Parlament gebildet hatten. Gerade über weite Strecken der 20er-Jahre war das Verhältnis zwischen BVP und Zentrum schwierig.

Die DDP (Deutsche Demokratische Partei) wiederum war eine (links-)liberale Partei, die sich in erster Linie an den Mittelstand und das Bildungsbürgertum richtete. Sie unterstützte die parlamentarische Demokratie und wurde am 16./20.11.1918 u. a. durch Theodor Wolff, dem Chefredakteur des Berliner Tageblatts gegründet. Im Juli 1930 kam es zur Vereinigung mit der Volksnationalen Reichsvereinigung (VNR), die ihr große Kritik in den eigenen Reihen einbrachte, weil die VNR antisemitisch war. Dies führte letztlich zur Spaltung der DDP. Einige gründeten die Linke Radikaldemokratische Partei, die keine Rolle spielte. Die Vereinigung von DDP und VNR löste sich dann bald nach der Reichstagswahl vom 14.09.1930 auf. Nichtsdestotrotz benannte sich die DDP im November 1930 in Deutsche Staatspartei (DStP) um.

Die Deutsche Volkspartei (DVP) wurde derweil offiziell am 15.12.1918 gegründet, nachdem es kurz zuvor am 20.11.1918 einen Aufruf zur Gründung gegeben hatte. Die DVP war eine liberal geprägte Partei, die sich an Unternehmer richtete. Die DVP bevorzugte die konstitutionelle Monarchie, jedoch akzeptierte sie parlamentarische Demokratie, weil sie erkannte, dass eine Rückkehr zur Monarchie nicht auf friedlichem Wege möglich war.

Die DNVP (Deutschnationale Volkspartei), die sich am 24.11.1918 gründete, war eine nationalistische und antisemitische Partei, die ganz klar für eine konstitutionelle Monarchie eintrat. Sie sprach vor allen Dingen Adlige und Monarchisten an und – anders als die DVP – schreckte sie auch nicht davor zurück, die Monarchie durch Waffengewalt wieder einzuführen. Trotz ihrer demokratiefeindlichen Haltung wurde sie in den 20er-Jahren Teil von Regierungskoalitionen. Am 11.02.1933 verbanden sich die DNVP und der sogenannte Stahlhelm, eine paramilitärische Vereinigung unter der Leitung von Franz Seldte und Theodor Duesterberg, zur Kampffront Schwarz-Weiß-Rot (KSWR). Als KSWR trat sie bei der Reichstagswahl am 05.03.1933 an.

Die NSDAP wiederum wurde am 05.01.1919 unter dem Namen Deutsche Arbeiterpartei (DAP) gegründet, am 24.02.1920 erfolgte die Umbenennung in NSDAP (Nationalsozialistische Deutsche Arbeiterpartei). Als nationalistische, antidemokratische, völkische und antisemitische Partei befand sie sich am rechten Rand des politischen Spektrums. Adolf Hitler übernahm den Parteivorsitz am 29.07.1921. Schon früh versuchte er, die Weimarer Republik durch eine Diktatur zu ersetzen, was ihm nach 1933 gelang. Sein erster Versuch, der Hitlerputsch 1923, schlug fehl, und so wurde die NSDAP am 23.11.1923 verboten. Dieses Verbot war bis Februar 1925 in Kraft.

Um trotzdem bei Reichstagswahlen mitmischen zu können, arbeiteten Nationalsozialisten mit der Deutschvölkischen Freiheitspartei (DVFP) für die Reichstagswahl am 04.05.1924 zusammen. So entstand die Fraktion Nationalsozialistische Freiheitspartei (NSFP) im Parlament. Vor der Reichstagswahl am 07.12.1924 bildete sich sogar die Partei Nationalsozialistische Freiheitsbewegung (NSFB) aus. Diese löste sich im Februar 1925 auf. Für die Nationalsozialisten sollte das kein Problem sein, denn am 27.02.1925 endete das Verbot der NSDAP und sie wurde neugegründet.

Damit sind alle wichtigen Parteien der Weimarer Republik vorgestellt worden. Die folgende Übersicht zeigt das Wahlergebnis zur verfassungsgebenden Nationalversammlung am 19.01.1919 sowie die Reichstagswahlergebnisse bis 1933 – in Klammern ist bei einigen Parteien angegeben, bei welchen Reichstagswahlen sie wählbar waren, d. h. man kann das Gründungsjahr bzw. Umbenennungsjahr der Parteien in der Regel nicht aus dieser Übersicht entnehmen.

Datum	Ge-samt-sitze	KPD	Sitze	MSPD (bis 1922) SPD (ab 1924)	Sitze	DDP (bis 1930), DDP+VNR (1930), DStP (ab 1930)	Sitze	Zentrum + BVP (1919), Zentrum (ab 1920)	Sitze
19.01.1919	423	-	-	37,9 %	165	18,5 %	75	19,7 %	91
06.06.1920[147]	459	2,1 %	4	21,9 %	102	8,3 %	39	13,6 %	64
04.05.1924	472	12,6 %	62	20,5 %	100	5,7 %	28	13,4 %	65
07.12.1924	493	8,9 %	45	26,0 %	131	6,3 %	32	13,6 %	69
20.05.1928	491	10,6 %	54	29,8 %	153	4,8 %	25	12,1 %	61
14.09.1930	577	13,1 %	77	24,5 %	143	3,8 %	20	11,8 %	68
31.07.1932	608	14,3 %	89	21,6 %	133	1,0 %	4	12,4 %	75
06.11.1932	585	16,9 %	100	20,4 %	121	1,0 %	2	11,9 %	70
05.03.1933	647	12,3 %	81	18,3 %	120	0,9 %	5	11,3 %	73

[147] Zu den Werten der Sonstigen: Die USPD erzielte 17,6 % aller Stimmen (3. Rang) und holte 84 Sitze (2. Rang).

	Ge-samtsitze	DVP		DNVP (bis 1933), KSWR (1933)		NSFP (05/1924), NSFB (12/1924), NSDAP (ab 1925)		Sonstige	
		%	Sitze	%	Sitze	%	Sitze	%	Sitze
19.01.1919	423	4,4 %	22	10,3 %	43	-	-	9,2 %	27
06.06.1920[148]	459	13,9 %	65	15,0 %	71	-	-	25,2 %	114
04.05.1924	472	9,2 %	45	19,5 %	95	6,6 %	32	12,5 %	45
07.12.1924	493	10,1 %	51	20,5 %	103	3,0 %	14	11,6 %	48
20.05.1928	491	8,7 %	45	14,3 %	73	2,6 %	12	17,1 %	68
14.09.1930	577	4,5 %	30	7,0 %	41	18,3 %	107	17,0 %	91
31.07.1932	608	1,2 %	7	5,9 %	37	37,3 %	230	6,3 %	33
06.11.1932	585	1,9 %	11	8,3 %	52	33,1 %	196	6,5 %	33
05.03.1933	647	1,1 %	2	8,0 %	52	43,9 %	288	4,2 %	26

[148] Zu den Werten der Sonstigen: Die USPD erzielte 17,6 % aller Stimmen (3. Rang) und holte 84 Sitze (2. Rang).

6.4 Die Jahre der Umsturzversuche 1920-1923

Die ersten Jahre der Weimarer Republik waren eine schwere Belastungsprobe für die junge parlamentarische Demokratie, denn zwischen 1920 und 1923 versuchten Rechte wie Linke, die Demokratie in ihrem Sinne zu stürzen: Die Rechten wollten die Monarchie wiedereinführen oder Deutschland in eine Diktatur umwandeln, die Linken wollten die Revolution weiterführen, um Deutschland in eine Räterepublik nach russischem Vorbild zu verändern.

Der erste ernsthafte Angriff auf die Demokratie erfolgte am 13.03.1920 durch den Kapp-Lüttwitz-Putsch. Der Hintergrund dieses Putschversuches liegt in den Bestimmungen des Versailler Vertrages. In diesem wurde festgelegt, dass Deutschland nur noch 100000 Berufssoldaten haben dürfe. Demzufolge wurden seit 1919 viele Soldaten entlassen und die rund 200000 Freikorpstruppen sollten gänzlich aufgelöst werden. Es verwundert also kaum, dass es innerhalb der Soldaten eine relativ große Unzufriedenheit gab, und die wollte der Generallandschaftsdirektor Wolfgang Kapp für einen Umsturz ausnutzen. Er konnte Kontakte zu General Walther von Lüttwitz knüpfen und dieser marschierte mit Truppen am 13.03. in Berlin ein. Die Regierung wurde für abgesetzt erklärt, Kapp zum Reichskanzler ernannt und Reichspräsident Ebert floh aus der Stadt. Die Reichswehr verweigerte zudem, gegen den Putsch vorzugehen, denn sie argumentierte, dass die Reichswehr nicht auf die Reichswehr schieße, da es sich bei den Putschisten ja um Soldaten handele. Die Demokratie schien abgeschafft worden zu sein, aber letztlich scheiterte der Putsch doch. Das hängt mit zwei Dingen zusammen:

(1) Die SPD rief zum Generalstreik auf, sodass das öffentliche Leben zum Erliegen kam.

(2) Die Ministerialbürokratie (= Verwaltung) folgte den Anweisungen von Kapp nicht.

So kam es am 17.03. dazu, dass Wolfgang Kapp nach Schweden floh, während Walther von Lüttwitz nach Verhandlungen mit dem Justizminister den Putsch beendete und nach Ungarn floh. 1925 erhielt von Lüttwitz die Amnestie für den Putschversuch und konnte nach Deutschland zurückkehren; Kapp verstarb am 12.06.1922 vor dem Beginn seines Prozesses.

Der Kapp-Lüttwitz-Putsch führte zugleich ab dem 13.03.1920 zu Erhebungen im Ruhrgebiet[149]. Dort versuchten die Kommunisten, die Macht zu übernehmen, aber hier half die Reichswehr bei der Niederschlagung der Aufstände.

Dieser erste Putschversuch und die darauffolgenden kommunistischen Erhebungen zeigten bereits, dass die Weimarer Republik eine Demokratie mit einem relativ hohen Anteil an Antidemokraten war, und bei der bald folgenden 1. Reichstagswahl am 06.06.1920 hatte die Weimarer Koalition auch ihre absolute Mehrheit klar verloren (sie kam nur noch auf 43,5 % der Stimmen und 226 Sitzen), während am linken und rechten Rand die Parteien deutlich zulegten. So war es zunächst zu 4 verschiedenen Minderheitskabinetten gekommen, ehe die

---

[149] Auch in Thüringen und Sachsen kam es zu Erhebungen infolge des Putschversuches.

Regierung Stresemann I (13.08.1923-04.10.1923) wieder über eine parlamentarische Mehrheit verfügte.

Derweil wurde im Januar 1921 die Frage nach der Höhe der Reparationszahlungen beantwortet. Diejenigen Siegermächte, die Reparationen verlangten (u. a. Frankreich und das Vereinigte Königreich, nicht jedoch die USA) setzten die Höhe auf 226 Mrd. Goldmark fest, die in 42 Jahresraten zu zahlen seien. Dies erschien der deutschen Regierung unannehmbar. Constantin Fehrenbach trat als Reichskanzler zurück, Joseph Wirth (Zentrum) übernahm und die Alliierten senkten tatsächlich ihre Forderungen auf 132 Mrd. Goldmark. In der Folge versuchte Wirth mit der Erfüllungspolitik den Forderungen weitestgehend nachzukommen, was aber nicht wirklich glückte und 1923 zu einer schweren Krise führte.

Bis dahin war es auch im Inneren der Weimarer Republikaner alles andere als ruhig. Es kam zwischen 1920 und 1922 zu einigen Attentaten auf hochrangige Politiker. So wurde am 28.06.1921 Matthias Erzberger (Zentrum, einer der Unterzeichner des Versailler Vertrages) von Rechten ermordet. Bereits am 20.01.1920 gab es ein erstes Attentat auf ihn.

Philipp Scheidemann (SPD) überlebte ein Blausäureattentat am 04.06.1922, das ebenfalls von Rechten ausgeübt worden war. Und auch die Ermordung von Walther Rathenau (DDP) am 24.06.1922 ging auf das Konto von Rechtsextremen.

Insgesamt kam es in dieser Zeit zu zahlreichen politischen Morden, die auf das Konto von Rechten ging. Emil Gumbel hatte dazu 1922 in seiner Schrift „Vier Jahre politischer Mord" Zahlen veröffentlicht[150]: Demzufolge gingen in den Jahren zwischen 1919 und 1922 354 politische Morde auf das Konto von Rechten, von denen 326 ungesühnt blieben. Dabei kam es lediglich zu 24 Verurteilungen. Im selben Zeitraum wurden 22 politische Morde von Linken verübt. Hier blieben 4 Morde ungesühnt; 38 Personen wurden verurteilt. Zudem blieben Rechte pro Mord im Schnitt nur 4 Monate im Gefängnis, Linke dagegen 15 Jahre lang. Außerdem gab es 10 Todesurteile gegen linke Mörder, aber kein einziges gegen einen rechten Mörder. Diese Zahlenwerte zeigen sehr deutlich, dass die Justiz nur sehr rudimentär gegen rechte politische Straftaten vorging, was allerdings nicht verwundert, da die kaisertreuen Beamten aus dem Kaiserreich ihren Posten auch in der Weimarer Republik inne hatten und nicht durch Demokraten ersetzt worden sind.

Wirtschaftlich lief es in der Weimarer Republik auch nicht allzu gut. Dies führte dazu, dass Deutschland den Reparationsleistungen nicht nachkommen konnte. Da die Alliierten glaubten, dass Deutschland bewusst Lieferungen an die Alliierten zurückhalte, marschierten französische Truppen im Januar 1923 ins Ruhrgebiet ein und besetzten es. Zunächst rief die Reichsregierung zum Generalstreik und damit zum passiven Widerstand auf. Die Folgen waren

---

[150] Die nachfolgenden Zahlenwerte sind entnommen aus: entnommen aus: Geschichte und Geschehen 4. Ausgabe Hessen, 1. Aufl. Stuttgart 2013, S. 81. Dort heißt es: Zit. nach: Emil Julius Gumbel, Vier Jahre Mord, Berlin 1922, S. 81.

aber gravierend. Viele Arbeiter verloren ihre Jobs, womit die Arbeitslosigkeit massiv anstieg, und das Geld verlor an Wert - es kam zur Hyperinflation. Zudem kostete der Widerstand an sich viel Geld, was die Weimarer Republik nicht hatte. So endete am 26.09.1923 der passive Widerstand. Auf Betreiben der USA und des Vereinigten Königreichs zog sich Frankreich im Juli/August 1925 aus dem Ruhrgebiet zurück.

Das Ende des passiven Widerstandes wurde von den Rechten zum Anlass genommen, die Demokratie zu kritisieren und sie beseitigen zu wollen. Der Ausgangspunkt hierfür lag in Bayern. Dort waren besonders viele Industrielle, Soldaten und Politiker unzufrieden mit der Demokratie und so gab es nicht wenige, die eine Diktatur anstrebten. Einer von ihnen war Adolf Hitler, der mit seinem Putschversuch am 09.11.1923 die Macht über die Republik an sich reißen wollte. Ihm gelang es zuvor, die Unterstützung vom bayrischen Generalstaatskommisar Gustav von Kahr und Erich Ludendorff zu erhalten. Mit dieser Unterstützung im Rücken wollte Hitler den Marsch auf Berlin durchführen, um im Stile seines Vorbildes Benito Mussolini[151] die Demokratie zu stürzen und die Macht an sich zu reißen. Am 08.11.1923 wurde zu diesem Zweck die Nationale Revolution ausgerufen. Der bayrische Ministerpräsident floh nach Regensburg, rief aber über den Rundfunk zum Widerstand auf. Das führte dazu, dass der Putsch fehlschlug. Gustav von Kahr entzog Hitler nämlich seine Unterstützung und am 09.11.1923 fand dann auch kein Marsch auf Berlin, sondern nur ein Marsch in München statt, bei dem zwar ein paar tausend Anhänger Hitlers auftraten, der aber letztlich von Reichswehr und Polizei aufgelöst werden konnte. Hitler wurde festgenommen und im Februar 1924 zu 5 Jahren Festungshaft verurteilt, von denen er wegen guter Führung nur 10 Monate absitzen musste[152]; die NSDAP wurde (bis Februar 1925) verboten; Erich Ludendorff wurde aufgrund seiner Verdienste im 1. Weltkrieg freigesprochen.

Mit dem missglückten Hitlerputsch und nach der Beseitigung der sogenannten „proletarischen Arbeiterregierungen" (Koalitionen aus KPD+SPD) in Thüringen und Sachsen, die sich im Oktober 1923 gebildet hatten, endete die Zeit der Umsturzversuche und eine deutlich ruhigere und bessere Zeit brach für die Weimarer Republik an.

6.5 Die Jahre der stabilen Republik 1924-1929

Diese ruhigere Zeit, die 1924 begann und mit dem Ausbruch der Weltwirtschaftskrise im Oktober 1929 ihr Ende fand, kann man als Jahre der stabilen Republik bezeichnen. In diesen

---

[151] Mussolini ließ faschistische Anhänger Richtung Rom marschieren, um die Regierungsgewalt an sich zu reißen. Auch wenn dabei weniger Menschen bei dem Zug teilnahmen, als von Mussolini angekündigt, wirkte der Marsch. Letztlich erhob der italienische König Vittorio Emanuele III Mussolini zum Ministerpräsidenten, ohne dass die Faschisten dabei Rom tatsächlich angegriffen hätten.
[152] In dieser Zeit schrieb Hitler das Werk „Mein Kampf", das seine Ideologie enthielt.

Jahren gelangen der Weimarer Republik einige beachtenswerte und zugleich bedeutsame außenpolitische Erfolge. Nach dem Ersten Weltkrieg war Deutschland außenpolitisch isoliert und nicht mit den alliierten Staaten (fernab der Sowjetunion) gleichgestellt. Im Gegenteil: Während fast alle europäischen Staaten Teile des Völkerbundes wurden, wurde den Staaten der ehemaligen Mittelmächte ein Beitritt versagt. Zugleich boykottierten Frankreich und das Vereinigte Königreich Güter aus Deutschland, sodass die deutsche Wirtschaft nur langsam ins Rollen kam.

Ein erster Schritt heraus aus der Isolation geschah am 16.04.1922. An jenem Tag wurde im italienischen Rapallo der Vertrag von Rapallo zwischen der Weimarer Republik und der Sowjetunion geschlossen. Auch wenn Russland im Ersten Weltkrieg ein Mitglied der *Triple Entente* war, war die Sowjetunion von den Westmächten aufgrund der sozialistischen Staatsform und des brutalen Vorgehens der Kommunisten gegen politische Gegner ebenfalls isoliert gewesen. Mit dem Vertrag von Rapallo schlossen sich also zwei Isolierte zusammen, um gemeinsam den Weg aus der Isolation zu gehen. Im Vertrag von Rapallo wurde im Übrigen festgehalten, dass Deutschland und die Sowjetunion die diplomatischen und wirtschaftlichen Beziehungen wieder aufnehmen werden. Zugleich erklärten beide Staaten ihren Verzicht auf Reparationen, was Schäden aus dem Ersten Weltkrieg betraf.

Dieser Schritt raus aus der Isolation war die Grundlage für Gustav Stresemanns (DVP) Arbeit gewesen. Gustav Stresemann wurde am 13.08.1923 Außenminister und blieb dies bis zu seinem Tod am 03.10.1929. Seine Ziele waren es, Deutschland auch mit dem Westen wieder zu verbinden und den Versailler Vertrag auf friedlichem Wege zu revisionieren. Einen sehr großen Erfolg erzielte er dabei auf der Locarno-Konferenz, die vom 05.-16.10.1925 im schweizerischen Locarno stattfand. Auf dieser Konferenz trafen sich neben Stresemann (und dem Reichskanzler Luther) hauptsächlich Vertreter von Belgien, Frankreich, Italien und dem Vereinigten Königreich[153]. Alle beteiligten Teilnehmer erkannten die Westgrenze der Weimarer Republik an und die Weimarer Republik sagte eine dauerhafte Entmilitarisierung des Rheinlandes zu. Gleichzeitig wurde Deutschlands Ostgrenze bis auf die Grenze zu Polen nicht endgültig festgelegt. Weiterhin wurde Deutschland zum 10.09.1926 in den Völkerbund aufgenommen und die Franzosen räumten im selben Jahr (1926) das Rheinland.

Durch die Locarno-Konferenz stieg Deutschland wieder zur international gleichgestellten Nation auf, aber zugleich kam es zu einer schweren Regierungskrise im Inneren, da die DNVP, die damals Teil der Regierung war, die Akzeptierung der Westgrenze nicht hinnehmen wollte. Zwar wurden die Beschlüsse von Locarno mithilfe der Opposition bestätigt, aber die Regierung zerbrach daran.

---

[153] Vereinigtes Königreich Großbritannien und Irland.

Wie dem auch sei: Diese Verbesserung der deutsch-französischen Beziehungen führte dazu, dass Gustav Stresemann und sein französischer Amtskollege Aristide Briance im Jahre 1926 den Friedensnobelpreis verliehen bekommen haben.

Die Ergebnisse von Locarno wurden derweil von der Sowjetunion argwöhnisch aufgenommen, denn die Sowjetunion befürchtete, dass Deutschland den Vertrag von Rapallo nun widerrufen könnte und man selbst zurück in der totalen Isolation wäre – dies geschah allerdings nicht und im Gegenteil wurde am 24.04.1926 sogar ein neues Bündnis (Berliner Vertrag) mit der Sowjetunion geschlossen, das die Beschlüsse von Rapallo bestätigte.

Ein weiteres Thema, bei dem Gustav Stresemann involviert war, war die Frage nach den Reparationszahlungen. 1923 zeigte sich, dass Deutschland mit den Forderungen überfordert war und ihnen nicht nachkommen konnte. Zwar wurde das Ruhrgebiet von den Franzosen besetzt, aber auch der Westen erkannte, dass eine Neuregelung der Reparationsleistungen nötig sei. Am 16.08.1924 wurde mit dem Dawes-Plan eine solche Neuregelung vorgenommen. Zwar änderte sich nichts an der Gesamtsumme von 132 Mrd. Goldmark, die in 37 Jahresraten zu zahlen seien, jedoch musste Deutschland bis 1928 pro Jahr nur 1 Mrd. bezahlen und durfte sich nun auch Kredite aus dem Ausland holen, um die eigene Wirtschaft anzukurbeln, was in der Tat zu einem Aufschwung in Deutschland führte. Ein großes Problem gab es trotzdem: Ab 1928 betrug die Jahresrate 2,5 Mrd. Goldmark und trotz der besseren wirtschaftlichen Lage konnte Deutschland diese Summe nicht aufbringen.

Demzufolge konnte auch der Dawes-Plan nicht eingehalten werden und ein neuer Plan, der Young-Plan, der 1929 ausgearbeitet worden ist, trat in Kraft. Bei diesem Plan wurde die Gesamtsumme an Reparationen auf 112 Mrd. Reichsmark (sic!) festgesetzt. Die jährliche Rate betrug 2 Mrd. Reichsmark und Deutschland sollte im Jahre 1988 die letzte Rate bezahlen. Auch wenn der Young-Plan vom Parlament angenommen worden ist, gab es Widerstand von ganz rechts. DNVP und NSDAP arbeiteten zusammen gegen den Young-Plan und erreichten, dass ein Volksentscheid über den Young-Plan durchgeführt worden ist. Dieser Volksentscheid, der am 22.12.1929 stattfand, scheiterte aber letztlich, denn nur rund 15 % aller Stimmberechtigten nahmen an der Abstimmung teil.

Einen letzten Akt in Sachen Reparationszahlungen gab es schließlich noch: 1932 wurden Deutschland alle weiteren Reparationszahlungen erlassen, womit diese Thematik endgültig vom Tisch war.

Auch wenn zwischen 1924 und 1929 die Republik insgesamt verhältnismäßig stabil war, war die Lage innenpolitisch anders. Ein schwerer Schlag für die Demokratie war der Tod des Reichspräsidenten Friedrich Ebert (SPD) am 28.02.1925. Ihm folgte auf dem Amt des Reichspräsidenten der parteilose Paul von Hindenburg, der Monarchist war. Zwar blieb die parlamentarische Demokratie zunächst intakt, aber jener Paul von Hindenburg sollte sie ab Ende März 1930 mittels Präsidialkabinette aushebeln.

Ein weiteres innenpolitisches Problem waren sehr instabile Regierungen. Die folgende Übersicht zeigt die Liste der Regierungen zwischen 1922 und 1930:

22.11.1922-12.08.1923	Regierung (Wilhelm) Cuno (parteilos)
13.08.1923-04.10.1923	Regierung (Gustav) Stresemann I (DVP)
06.10.1923-23.11.1923	Regierung (Gustav) Stresemann II (DVP)
30.11.1923-26.05.1924	Regierung (Wilhelm) Marx I (Zentrum)
03.06.1924-15.12.1924	Regierung (Wilhelm) Marx II (Zentrum)
15.01.1925-05.12.1925	Regierung (Hans) Luther I (parteilos)
19.01.1926-16.05.1926	Regierung (Hans) Luther II (parteilos)
16.05.1926-17.12.1926	Regierung (Wilhelm) Marx III (Zentrum)
28.01.1927-28.06.1928	Regierung (Wilhelm) Marx IV (Zentrum)
28.06.1928-30.03.1930	Regierung (Hermann) Müller II (SPD)

Nur zwei dieser 10 Regierungen hielten länger als ein Jahr, keine einzige Regierung hielt die gesamte Legislaturperiode über. Die Regierung Müller II war dann auch die letzte Regierung in der Phase der parlamentarischen Demokratie der Weimarer Republik. Infolge der Reichstagswahl 1928 bildete sich unter Hermann Müller eine Große Koalition, d. h. SPD, Zentrum, BVP, DDP und DVP gingen eine Koalition ein. Mit einer Regierungszeit von etwa 21 Monaten war sie zugleich die längste Regierung der Weimarer Republik, aber letztlich scheiterte sie an der Reform der Arbeitslosenversicherung im Zuge der Weltwirtschaftskrise.

6.6 Von der Weltwirtschaftskrise zum Ende der Weimarer Republik 1929-1933

Diese Weltwirtschaftskrise hatte ihren Ursprung Ende Oktober 1929 in den USA. Was ist dort passiert? Die USA waren der große Sieger nach dem Ersten Weltkrieg. Da der Krieg nicht im eigenen Land geführt worden war, waren die USA schon 1918 zu maximalen wirtschaftlichen Leistungen fähig und zugleich waren die Ententemächte Frankreich und das Vereinigte Königreich[154] massiv bei den US-Amerikanern verschuldet, sodass beide Staaten mit der Schuldentilgung beschäftigt waren.

Das Geld, das in die USA durch die Zahlungen aus dem Ausland hereinkamen, wurden von vielen Unternehmen für Investitionen genutzt und so führte die Einführung von neuen Technologien im Agrar- und Industriesektor zu einer höheren Zahl an produzierten Gütern.

---

[154] Bis 12.04.1927 Vereinigtes Königreich Großbritannien und Irland, seitdem Vereinigtes Königreich Großbritannien und Nordirland.

Zunächst war das noch kein Problem, da es eine entsprechend hohe Nachfrage an den Produkten gab. Bald schon überstieg allerdings das Angebot bei Weitem die Nachfrage und das führte letztlich dazu, dass die Preise für die Produkte massiv sanken. Gerade Kleinbauern und mittelständische Unternehmen traf dies hart. Oft gingen sie pleite und mit ihnen nicht selten diejenigen Bankinstitute, die ihnen Kredite gegeben hatten.

Ein zweiter Faktor, der zur Wirtschaftskrise in den USA geführt hat, ist eine Spekulationsblase. Viele Amerikaner investierten in Aktien, aber zahlreiche Unternehmen wurden dadurch überbewertet, d. h. der Wert des Unternehmens gemessen an Aktien überstieg bei Weitem den tatsächlichen Wert des Unternehmens. Als es allmählich zum wirtschaftlichen Abschwung kam und damit die Aktienkurse nicht mehr so stark stiegen, ergriff die Aktieninhaber (Anleger) die Angst, ihr Geld zu verlieren. Ende Oktober, v. a. am Schwarzen Donnerstag, den 24.10.1929, verkauften zahlreiche Anleger panikartig ihre Aktien. Damit platzte die Spekulationsblase in den USA und die USA gerieten in eine herbe Wirtschaftskrise.

Bis Ende Oktober 1929 war die Krise eine rein US-amerikanische, aber es dauerte nicht lange, bis vor allem Deutschland von ihr betroffen war. US-Banken und US-Firmen, die Kredite im Ausland (v. a. in Deutschland) hatten, kündigten ihre Kredite und holten sich das Geld zurück, um die Krise im eigenen Land zu lindern. Ohne das Geld aus den USA konnte Deutschland seine eigene Wirtschaft nicht mehr am Laufen halten und somit kam es auch in der Weimarer Republik zur Wirtschaftskrise und die traf die Deutschen hart.

Betrug der Wert der Arbeitslosen im September 1929 1,3 Mio., so waren Anfang 1933 über 6,0 Mio. Deutsche ohne Arbeit.[155] Zugleich versagte die Arbeitslosenversicherung bei der Versorgung der Arbeitslosen. Die 1927 eingeführte Arbeitslosenversicherung war nämlich nur für rund 1,4 Mio. Arbeitslose ausgelegt[156], was wiederum bedeutete, dass die Mehrzahl der Arbeitslosen kein Geld vom Staat erhielt. Dies führte letztlich zur Massenverarmung, zum Anstieg der Obdachlosigkeit und auch die Prostitution und Selbstmordzahlen stiegen an.

Eine Reform der Arbeitslosenversicherung scheiterte zudem und zugleich wurde damit auch Ende der parlamentarischen Demokratie besiegelt (dazu gleich mehr). Was die wirtschaftliche Krise darüber hinaus so gefährlich für die Republik machte, war, dass die Wirtschaftskrise als Folge der Demokratie angesehen wurde, und so konnten die KPD, DNVP und vor allem die NSDAP bei den Wahlen ab 1930 große Erfolge erzielen (auch dazu gleich mehr).

---

[155] Vgl. Scriba, Arnulf, Die Weltwirtschaftskrise, URL: https://www.dhm.de/lemo/kapitel/weimarer-republik/industrie-und-wirtschaft/weltwirtschaftskrise.html, Stand: 02.09.2014, abgerufen am 23.04.2020.

[156] Vgl. Scriba, Arnulf, Die Arbeitslosenversicherung, URL: https://www.dhm.de/lemo/kapitel/weimarer-republik/innenpolitik/arbeitslosenversicherung-1927.html, Stand: 25.03.2007, abgerufen am 23.04.2020.

Zurück zur Krise: Insgesamt sank die Produktionsleistung während der Krise in der Spitze um 41,8 %[157] und auch einige Großbanken wie die Danat-Bank brachen völlig zusammen. Von Seiten der neuen Regierung Brüning (30.03.1930-30.05.1932) wurden ein paar Dinge versucht, um die Krise zu bändigen. Sie setzte auf eine Deflationspolitik – viel zu negativ waren die Erfahrungen mit der (Hyper-)Inflation 1923 gewesen: Zum einen wurden die Löhne und Preise gesenkt, zum anderen wurden die Exportpreise niedrig gehalten und weniger Geld wurde in den Umlauf gebracht. Auf diese Weise sank das Volksjahreseinkommen um mehr als die Hälfte innerhalb der ersten drei Krisenjahre.[158] In der Tat verhinderte die Regierung damit eine Inflation, aber es wurde auch kein Anreiz zu Investitionen geliefert. Apropos Investitionen: Brüning setzte durch, dass der Staat Reichszuschüsse an die Arbeitslosenversicherung zahlte. Das reichte aber nicht aus, um die 5,5 Mio. Arbeitslosen zu versorgen. Daneben wollte die Regierung über öffentliche Bauaufträge Arbeitsplätze schaffen. Brüning versäumte allerdings eine Realisierung der Pläne; stattdessen griff die NSDAP nach der Machtübernahme diese Pläne auf und ließ sich dafür vom Volk feiern.

Insgesamt profitierte die NSDAP von der Weltwirtschaftskrise. Der Höhepunkt war in Deutschland nämlich 1932 erreicht und, als sich die Situation ab Mitte 1932 allmählich entspannte, kamen die Nationalsozialisten Ende Januar 1933 an die Macht, sodass sie die folgende wirtschaftliche Entspannung auf ihre Politik zurückführten, was aber ein bewusster Trugschluss war, um das Volk hinter sich zu wissen.

Wie kamen die Nationalsozialisten nun aber an die Macht? Blicken wir dazu auf das Jahr 1930 zurück. Zunächst war die Regierung Müller II im Amt. Diese scheiterte letztlich am 27.03.1930 an der Frage nach der Erhöhung der Beiträge für die Arbeitslosenversicherung um einen halben Prozentpunkt: Die SPD (unterstützt von den Gewerkschaften) wollte die Beiträge erhöhen, die DDP (unterstützt von den Industriellen) wollte nicht mitgehen, die Koalition zerbrach und mit ihr die letzte Regierung der parlamentarischen Demokratie. Fortan sollte es bis zum Ende der Weimarer Republik nur noch Präsidialkabinette geben, die ihre Machtbasis in den Artikeln 25 und 48 fanden. Zur Erinnerung und Vertiefung, wie das System der Präsidialkabinette funktionierte: Nach Art. 53 der Weimarer Verfassung wurden der Reichskanzler und die Minister vom Reichspräsidenten ernannt. Normalerweise ernannte der Reichspräsident nur solche Personen zu Kanzlern, die vorher vom Parlament die absolute Mehrheit bei einer Abstimmung erhalten hatten. Nach dem Ende der Großen Koalition machte es Paul von Hindenburg jedoch anders. Durch Art. 48 konnte der Reichspräsident den Notstand ausrufen und in diesem Fall Gesetze ohne Zustimmung des Parlamentes erlassen. Zwar konnte nach Abs. 3

---

[157] Vgl. Romer, Christina, Great Depression, 20.12.2003, URL: https://eml.berkeley.edu/~cromer/Reprints/great_depression.pdf, abgerufen am 27.05.2020.
[158] Vgl. Kursbuch Geschichte Hessen – Qualifikationsphase – Prüfauflage 1. Aufl. Berlin 2017, S. 203.

dieses Artikels der Reichstag mit einer absoluten Mehrheit die Aufhebung des Notstandes erzwingen, jedoch konnte der Reichspräsident im Gegenzug mithilfe von Art. 25 den Reichstag auflösen. Da Wahlen spätestens erst 60 Tage nach der Auflösung des Reichstages stattzufinden hatten, konnte der Reichspräsident und die Reichsregierung in dieser Zeit mithilfe neuer Notverordnungen alleine regieren. Damit konnten sie das Parlament letztlich aushebeln. Es sei aber darauf hingewiesen, dass es zwischen 1930 und 1933 nicht dauern zu Neuwahlen gekommen ist.

Am 30.03.1930 wurde Heinrich Brüning (Zentrum) von Paul von Hindenburg zum Reichskanzler ernannt. Er hatte keine absolute Mehrheit im Parlament hinter sich, aber dadurch, dass die Große Koalition gescheitert war, waren Neuwahlen sowieso in Aussicht. Diese Neuwahlen fanden am 14.09.1930 statt und führten zu einer Pattsituation im Parlament: Weder die Kommunisten, noch die Wunschkoalitionen der demokratischen Parteien, noch DNVP und NSDAP kamen auf eine absolute Mehrheit. Demzufolge war es wahrscheinlich, dass das Parlament keinen neuen Reichskanzlerkandidaten finden würde, der vom Parlament mit absoluter Mehrheit gewählt werden würde, aber Brüning konnte so oder so weiter mithilfe von Notverordnungen des Reichspräsidenten regieren. Die SPD tolerierte letztlich den Kurs Brünings – was zu einer absoluten Mehrheit im Parlament für ihn führte – weil sie in der Unterstützung Brünings das kleinere Übel sah – die SPD hatte nämlich Angst vor Neuwahlen, weil sie befürchtete, dass dann v. a. die NSDAP noch stärker werden würde (1930 wurde die NSDAP bereits die zweitstärkste Kraft hinter den Sozialdemokraten).

Wer wählte aber eigentlich die NSDAP? Der Aufstieg der NSDAP hängt vor allen Dingen damit zusammen, dass sie mehrere Gesellschaftsschichten ansprach. Nach der Neugründung 1925 wurde sie zu einer Massenpartei, die mithilfe diverser Techniken (Massenveranstaltungen, Propaganda, SA und SS) an Zustimmung gewann. Die Partei wurde sowohl von Angestellten, Handwerkern und Beamten gewählt, die Angst vor einem sozialen Abstieg im Zuge der Weltwirtschaftskrise hatten, als auch von Teilen der konservativen Oberschicht, die sich nach autoritären Strukturen sehnte und Sorge vor einem sozialistischen Deutschland hatte. Zugleich wählten aber auch viele Arbeiter die NSDAP, die ihnen als wahre Alternative zu den Sozialisten (KPD, SPD) erschien. Viele wurden zur NSDAP durch die vermeintlich einfachen Antworten auf die gegenwärtigen Probleme gelockt: Die Demokraten, Kommunisten und Juden seien der NSDAP zufolge an der Weltwirtschaftskrise schuld und die NSDAP sei es, die die Lösung der Probleme sei.

Mit diesen Parolen und dieser Strategie stieg die NSDAP bis 1930 zur zweitstärksten Partei auf, aber sie sollte zwei Jahre später noch stärker werden. Bereits im April 1932 zeigte sich, welche Stärke die NSDAP erreicht hatte. Am 10.04.1932 stand nämlich der 2. Wahlgang bei der Wahl des Reichspräsidenten an und neben Paul von Hindenburg (parteilos) traten Adolf

Hitler (NSDAP) und Ernst Thälmann (KPD) an. Obwohl Paul von Hindenburg Monarchist war und damit eigentlich großen Rückhalt von den Konservativen hätte bekommen können, war sein Sieg kein glanzvoller, wenn man bedenkt, dass Hindenburg viele Stimmen von SPD-Wählern erhalten hat (denn die SPD unterstütze ihn): 19,36 Mio. Stimmen entfielen auf ihn, 13,42 Mio. auf Hitler und 3,71 Mio. auf Thälmann. Hitler und die NSDAP konnten gestärkt aus der Reichspräsidentenwahl gehen.

Schon bald darauf (am 31.07.1932) stand die nächste Reichstagswahl an. Ihr vorausgegangen war das Ende der Regierung Brünings, die an Differenzen mit Paul von Hindenburg beim Ostsiedlungsprogramm gescheitert war. Am 01.06.1932 wurde Franz von Papen mit der Regierungsbildung beauftragt – es wurde das sogenannte Kabinett der Barone (wegen der vielen Adligen in der Regierung) gebildet – und die SPD wollte diese Regierung mithilfe eines Misstrauensvotums stürzen. Hier griff am 04.06.1932 Paul von Hindenburg ein und löste den Reichstag mittels des Art. 25 auf.

Bei der Reichstagswahl konnte die NSDAP mit 37,3 % und 230 Mandaten den Wahlsieg erzielen. Die SPD verlor rund 3 %-Punkte und kam mit 21,6 % und 133 Mandaten auf den zweiten Rang. Damit strebte die NSDAP nach mehr Macht und konnte durch die Stimmen des Zentrums mit Hermann Göring den Reichstagspräsidenten stellen. Bereits am 12.09.1932 wurde jedoch der Reichstag erneut aufgelöst, als die KPD zusammen mit der NSDAP der Regierung Papen das Misstrauen aussprechen wollte. So kam es am 06.11.1932 zu den nächsten Neuwahlen. Die NSDAP blieb zwar die stärkste Partei, verlor aber 4,2 %-Punkte und kam auf 196 Mandate; die KPD konnte dagegen mit 16,9 % auf Rang 3 mit 100 Mandaten ihr bestes Ergebnis erzielen.

Damit hatten die antidemokratischen Parteien (KPD, DNVP, NSDAP) im Parlament eine absolute Mehrheit und ein erneutes Misstrauensvotum gegen die Regierung von Papen war zu erwarten. Dieser wollte nun eine Militärdiktatur errichten, aber da die Reichswehrführung dies nicht unterstützte, wurde er von Paul von Hindenburg entlassen und Kurt von Schleicher wurde sein Nachfolger. Dieser wollte die NSDAP ultimativ schwächen. Es gab nämlich innerhalb der NSDAP einen Richtungsstreit zwischen Hitler und Gregor Strasser. Kurt von Schleicher wollte den Flügel von Strasser für sich gewinnen und die NSDAP spalten. Dies scheiterte und damit endete im Januar 1933 die Kanzlerschaft von ihm. Nach Gesprächen zwischen von Papen, Hitler und später auch mit Oskar von Hindenburg (ein Bruder von Paul von Hindenburg) wurde Hitler am 30.01.1933 zum Reichskanzler ernannt. Während von Papen glaubte, Hitler und die NSDAP durch die Regierungsverantwortung klein zu bekommen, geschah genau das Gegenteil: Die Nationalsozialisten bauten die Weimarer Republik nach und nach in einen totalitären Führerstaat um: Das Dritte Reich entstand.

7 Das nationalsozialistische Deutschland und der Zweite Weltkrieg 1933-1945

7.1 Die Ideologie des Nationalsozialismus

Als die Nationalsozialisten in Deutschland an die Macht kamen, begannen sie damit, den Staat und die Gesellschaft nach ihrer Weltanschauung (Ideologie) umzuformen. Hierbei gibt es vier wesentliche Eckpfeiler der nationalsozialistischen Ideologie.

1 Rassenlehre

Der Vorstellung der Nationalsozialisten nach gab es drei menschliche Rassen, denen eine Rangordnung zugrunde lag. Die oberste aller Rassen, die als Herrenrasse bezeichnet worden ist, ist die nordisch-arische Rasse. Dazu zählten nicht nur Deutsche, sondern generell im Norden gelegenen weiße Menschen, die nach Ansicht der Nationalsozialisten die Herrscher über alle anderen Menschenrassen waren.

Die zweite Rasse ist die kulturtragende Rasse. Ihr gehörten beispielsweise Afrikaner und Asiaten an. Die dritte und unterste Rasse bildeten die Semiten, also die Juden, die als kulturzerstörende Rasse angesehen wurden.

Die nationalsozialistische Rassenlehre war dabei gepaart mit der Vorstellung des Sozialdarwinismus. Diese gesellschaftliche Theorie basiert auf der Evolutionstheorie von Charles Darwin und überträgt seine Erkenntnisse auf die menschliche Gesellschaft. Nach Ansicht des Sozialdarwinismus würden stärkere Rassen überleben, während schwächere aussterben würden. Die verschiedenen Rassen befänden sich in einem Kampf gegeneinander, womit die Zerstörung und Vernichtung von nichtarischen Rassen von den Nationalsozialisten legitimiert wurde. Vor allen Dingen gegen die Juden schürte sich der Hass der Nationalsozialisten. Der Antisemitismus war hierbei keine Neuheit unter der Diktatur Hitlers; vielmehr waren Juden immer wieder im Laufe der vergangenen Jahrhunderte zur Zielscheibe der Bevölkerung geworden (man denke z. B. an die Judenpogrome im Mittelalter). Unter Hitler gehörte der Antisemitismus der Staatsdoktrin an. Juden wurden für sämtliche Katastrophen und negative Ereignisse der Moderne verantwortlich gemacht, z. B. die politischen und wirtschaftlichen Krisen, die deutsche Niederlage im 1. Weltkrieg oder den Versailler Vertrag. Auch für die Ausbeutung durch den Kapitalismus sah man in den Juden die Schuldigen und die Existenz des Bolschewismus wurde ebenfalls auf die Juden projiziert. Juden wurden zudem als Gefährder und Zerstörer der staatlichen Einheit angesehen. Deswegen waren der Kampf und letztlich die völlige Zerstörung und Vernichtung der Juden ein wesentliches Ziel Hitlers gewesen.

Damit nicht genug: Der Sozialdarwinismus spricht auch davon, dass man innerhalb von Rassen Schwächere beseitigen müsse, und auch das realisierten die Nationalsozialisten in diversen Formen. Behinderte sollten sich nicht fortpflanzen und durch das Programm der Euthanasie wurden zahlreiche Kranke und Behinderte von den Nationalsozialisten getötet.

2 Führerprinzip

Das Oberhaupt des Staates, dem sich jeder und alles unterzuordnen hatte, war Hitler selbst. Ihm unterstand alles und der Führer des Staates vereinigte sämtliche Gewalten in sich. Eine Gewaltenteilung, wie sie es in demokratischen Staaten gab und gibt, gab es in der Vorstellung der Nationalsozialisten nicht. Hitler selbst sah sich zudem als Retter der arischen Rasse an.

3 Volksgemeinschaft

Ein wichtiger Begriff für die Nationalsozialisten war jener der Volksgemeinschaft. Das Ziel der Nationalsozialisten war es, die Klassenunterschiede dadurch zu überwinden, dass sich das Individuum dem Volkswillen und letztlich dem Willen des Führers unterwarf. Eine klassische Parole lautete *„Gemeinnutz vor Eigennutz"*. Nicht sollte jemand eigennützig agieren, sondern immer das Wohl des Staates bedenken und in diesem Sinne handeln.

Um das Gemeinschaftsgefühl und die Verbundenheit auszubilden und zu stärken, griffen die Nationalsozialisten auf verschiedene Methoden zurück. Es wurden mit dem Tag der Arbeit am 01.05. oder dem Eintopfsonntag bestimmte Feiertage eingeführt und gemeinschaftlich zelebriert. Es wurden auch Organisationen und Institutionen wie die HJ (Hitlerjugend), der BDM (Bund Deutscher Mädchen) oder KdF (Kraft durch Freude) gegründet, um die Bevölkerung auf Linie zu bringen und in der Spur zu halten.

Während sich die HJ und der BDM an die Kinder und Jugend richtete, um sie nach dem Willen des Führers und der Ideologie zu erziehen, richtete sich KdF an Arbeitnehmer, um sie mit Freizeitprogrammen im Sinne der staatlichen Doktrin „umzuerziehen".

Erwähnt werden sollte an dieser Stelle, dass zur Volksgemeinschaft nicht nur Nichtarier nicht gehören konnten, sondern auch politische Gegner und Kranke von ihr ausgeschlossen waren.

4 Lebensraumlehre

Prägend für die nationalsozialistische Außenpolitik war die Lehre vom Lebensraum. Nach Ansicht der Nationalsozialisten ist das Deutsche Reich zu klein gewesen, um für die Volksgemeinschaft ausreichend zu sorgen. Autarkie, d. h. wirtschaftliche Unabhängigkeit von anderen Staaten, sei nicht möglich gewesen. Deswegen müsse der Staat zwingend territorial expandieren und dabei richtete sich der Blick Hitlers auf den Osten Europas.

Die dort lebenden Slawen wurden als ein minderwertiges Volk angesehen, das vernichtet werden sollte. Auch hier spielte der Sozialdarwinismus eine Rolle und auch die sogenannte Blut-und-Boden-Lehre, die u. a. besagt, dass es das Recht des Stärkeren sei, Land zum Erhalt einer Rasse zu erobern, war wichtig. Hierbei scheute Hitler nicht vor Krieg zurück, denn seiner Meinung nach sei Krieg ein Mittel zum Zweck gewesen, um diese neuen Gebiete im Falle eines Falles zu erobern/erobern zu können.

7.2 Die Machtübertragung und die Errichtung der nationalsozialistischen Diktatur über Deutschland 1933-1934

Nach Verhandlungen im Januar 1933 wurde Adolf Hitler am 30.01.1933 zum Reichskanzler der Weimarer Republik ernannt. Mit dieser Machtübertragung[159] war der deutsche Staat allerdings nicht von jetzt auf gleich eine Diktatur geworden. In Hitlers Kabinett standen 8 Minister der DNVP deren 3 der NSDAP gegenüber. Hitler musste anfangs mit den konservativen Kräften kooperieren, um seine Macht abzusichern und die Weimarer Republik in eine Diktatur der Nationalsozialisten umzuwandeln. Dies gelang ihm bis zum Sommer 1934.

Als eine der ersten Amtshandlungen ließ Hitler am 01.02.1933 den Reichstag auflösen. Das Ziel war das Erreichen der absoluten Mehrheit und so auf keine Koalitionspartner angewiesen zu sein. Hierbei wurden die SA[160] und die SS[161] – das waren paramilitärische Einheiten der NSDAP – als Hilfspolizeikräfte anerkannt, die fortan mit Terror und Repressalien versuchten, den Wahlkampf der anderen Parteien (v. a. KPD und SPD) zu sabotieren.[162] Kurz darauf wurden am 04.02. durch eine Verordnung die Meinungs- und Pressefreiheit eingeschränkt.

In der Nacht vom 27. auf den 28.02.1933 brannte der Berliner Reichstag. Schnell wurde der niederländische Kommunist Marinus van der Lubbe als Brandstifter ausgemacht, was Hitlers Propaganda gegen die Kommunisten in die Karten spielte. Ob van der Lubbe tatsächlich der Brandstifter war, er als Einzeltäter handelte oder nicht doch die Nationalsozialisten diesen Brand inszenierten, ist letztlich bis heute ungeklärt geblieben. Hitler nutzte die Situation, um am 28.02. alle Bürgerrechte außer Kraft setzen zu lassen, womit es nun möglich war, politische Gegner ohne Probleme gefangen nehmen zu lassen.

Die Reichstagswahl am 05.03.1933 verlief für die NSDAP aber überraschend. Zwar holte man 288 der 647 Sitze, doch verfehlte man die absolute Mehrheit klar. Dass es am Ende doch zur

---

[159] Die Nationalsozialisten sprachen von der Machtergreifung.
[160] Sturmabteilung.
[161] Schutzstaffel.
[162] Bald nach der Machtübernahme entstand auch die Gestapo (Geheime Staatspolizei). Neben kriminalpolizeilichen Tätigkeiten war sie vor allen Dingen eine politische Polizei, d. h. sie war für politische Straftaten zuständig.

absoluten Mehrheit gereicht hat, hängt damit zusammen, dass Hitler die 81 Sitze der KPD drei Tage nach der Wahl für ungültig erklären ließ. Damit konnte Hitler ohne Koalitionspartner regieren – ein Präsidialkabinett war nicht mehr nötig.

Nichtsdestotrotz war es Hitler sehr gelegen, mit den alten Eliten zu kooperieren, um so seine Macht in weiten Teilen der Gesellschaft abzusichern. Zu diesem Zweck war das Treffen von Hitler mit Reichspräsident Paul von Hindenburg am Grab von Friedrich dem Großen am 21.03. (bekannt als Tag von Potsdam) eine nationalsozialistische Inszenierung gewesen, um die Eliten des alten Staates mit der neuen Elite verschmelzen zu lassen. Gleichzeitig wurde an diesem Tag in der Berliner Krolloper das Parlament eröffnet.

Dort ging es Hitler nur um eine Sache: Das Parlament sollte dem Ermächtigungsgesetz[163] zustimmen, womit das Parlament de facto auf seine ganze Macht verzichten würde. Da es sich hierbei um eine Verfassungsänderung handelte, bedurfte es einer Zweidrittelmehrheit und, um diese zu erreichen, scheute Hitler nicht davor zurück, die SA und SS aufmarschieren zu lassen und offen mit Gewalt gegen die Parlamentarier zu drohen. Dies wirkte: Nur die SPD stimmte mit 94 Stimmen gegen das Gesetz, alle anderen Parteien stimmten für das Ermächtigungsgesetz (444 Stimmen). Damit konnte Hitlers Regierung auf 4 Jahre sämtliche Gesetze und Verfassungsänderungen ohne das Parlament und Reichsrat beschließen. Das Gesetz wurde im Laufe der nationalsozialistischen Herrschaft mehrmals verlängert[164].

Als nächstes fand die Gleichschaltung der Länder in 2 Stufen statt: Am 31.03.1933 wurde verfügt, dass das Wahlergebnis der Reichstagswahl die Grundlage für die Sitzverteilung der Landesparlamente sein sollte, und am 07.04. wurden Reichsstatthalter eingesetzt, die die Landesregierungen benennen sollten. Der endgültige Todesstoß für den Föderalismus erfolgte ein Jahr später, als am 30.01.1934 die Auflösung der Landesparlamente und am 14.02.1934 die Auflösung des Reichsrates festgelegt wurden.

Nach der Ausschaltung des Parlamentes und der Gleichschaltung der Länder ging es an die Gewerkschaften. Der 01.05. wurde zum nationalen Feiertag (Tag der Arbeit) erhoben und am 02.05.1933 besetzen SA und SS Gewerkschaftshäuser. Führende Gewerkschafter wurden verhaftet sowie alle Gewerkschaften aufgelöst. Am 10.05.1933 wurde die Deutsche Arbeitsfront (DAF) gegründet, doch handelte es sich hierbei nicht um eine Gewerkschaft – die Tarifverträge wurden z. B. vorgegeben – sondern es ging hier um die Verbreitung der nationalsozialistischen Ideologie.

Die NSDAP selbst sicherte sich ihre Macht als zentrale Partei Deutschlands in den Folgemonaten. Am 22.06.1933 wurde die SPD verboten, am 27.06. löste sich die DNVP selbst auf und mit der Selbstauflösung der Zentrumspartei am 05.07. war auch die letzte Partei fernab der

---

[163] Offiziell: Gesetz zur Behebung des Not von Volk und Reich.
[164] 1937, 1939, 1943.

NSDAP ausgeschaltet. Daraufhin wurde am 14.07. ein Gesetz erlassen, das die Neubildung von Parteien verbot, und am 01.12. wurde die NSDAP als herrschende Partei definiert, womit letzten Endes aus Deutschland ein Einparteienstaat geworden ist. Bereits zuvor (am 12.11.) fand eine Reichstagswahl statt, bei der die NSDAP 92,1 % Zustimmung bei einer Wahlbeteiligung von 95,2 % erzielt hatte.

Bereits erwähnt worden ist, dass Hitler und die NSDAP auch in die Wirtschaft eingriffen. Unter anderem wurde im Juni 1933 das Unternehmen Reichsautobahn beschlossen – allerdings ist es ein Irrtum der Bevölkerung, dass die erste Autobahn in Deutschland unter den Nationalsozialisten gebaut worden ist. Seit 1921 gab es die Automobil- und Verkehrsübungsstrecke in Berlin und 1932 wurde die A555 zwischen Köln und Bonn durch den Kölner Oberbürgermeister Konrad Adenauer eingeweiht. 1934 wurde das Führerprinzip in der Wirtschaft eingeführt (20.01.) und alle Arbeiter wurden in die DAF eingegliedert (24.10.).

Im Laufe der Zeit wurde die SA für Hitler immer mehr zum Problem, denn das Ziel der SA, ein Volksheer zu errichten, führte zu Unmut in der Reichswehr, die die SA als Konkurrenz ansah. Für Hitler war aber die Unterstützung der Reichswehr für seine Herrschaft von großer Bedeutung und deshalb entmachtete er zwischen dem 30.06. und 03.07.1934 die SA. Die Vorgänge wurden von den Nationalsozialisten als Röhm-Putsch bezeichnet. Hierbei wurde dem SA-Stabschef Ernst Röhm vorgeworfen, einen Putsch gegen Hitler geplant zu haben. Er sowie viele weitere führende Männer der SA wurden ermordet und die SA verlor schließlich ihre Bedeutung. Hitlers Macht war – auch wenn Röhm keinen Putsch geplant hatte – gesicherter, denn die Reichswehr wurde am 02.08.1934 nach dem Tod von Reichspräsident von Hindenburg auf Hitlers Namen vereidigt.

Apropos Reichspräsident: Einen Tag vor dem Tod von Paul von Hindenburg wurden das Amt des Reichskanzlers und Reichspräsidenten für den Fall des Todes von von Hindenburg zusammengelegt. Diese Zusammenlegung wurde am 19.08. von einem Plebiszit bestätigt. Damit war Hitler Reichskanzler und Reichspräsident in einer Person. Aus der demokratischen Weimarer Republik ist das diktatorische Dritte Reich geworden.

7.3 Antisemitismus im Dritten Reich und der Holocaust

Ein Teil der nationalsozialistischen Ideologie und ein Kennzeichen der nationalsozialistischen Diktatur war der Antisemitismus, der letztendlich in den Versuch mündete, sämtliche Juden zu vernichten (Holocaust). Schätzungen zufolge kostete der Holocaust rund 6 Mio. Juden[165] das Leben.

Dass Juden die Zielscheibe der Nationalsozialisten waren, hat u. a. mit ihrer Rassenlehre zu tun. Nach dieser Lehre war die semitische Rasse, welche die Juden waren, die minderwertigste und niedrigste gewesen und diese Rasse müsse der NS-Ideologie zufolge zerstört werden. Zugleich wurden die Juden für die Schattenseiten der Moderne verantwortlich gemacht. Ausbeutung durch den Kapitalismus und die Existenz des Bolschewismus wurden ihnen vorgeworfen und laut Hitler würden die Juden die Einheit des Deutschen Volkes zerstören.

Der Antisemitismus war dabei nicht auf die Nationalsozialisten beschränkt, sondern wurde auch von einigen anderen Teilen der Gesellschaft vor der nationalsozialistischen Machtübernahme getragen.

Was passierte also zwischen 1933 und 1939? Schon als Hitler Reichskanzler geworden ist, gab es Übergriffe auf Juden. Damals lebten ca. 500000 Juden auf dem Gebiet der Weimarer Republik.[166] Das waren 0,8 % der Bevölkerung. Nach und nach wurde ihre Situation im Deutschen Reich schlechter. Am 01.04.1933 kam es zu einem landesweiten Boykott von jüdischen Geschäften, d. h. man sollte nicht bei Juden einkaufen gehen. Sechs Tage später wurde das sogenannte Gesetz zur Wiederherstellung des Berufsbeamtentums verabschiedet. Durch dieses Gesetz wurde es Juden untersagt, in eine Laufbahn im öffentlichen Dienst einzuschlagen, und alle jüdischen Beamten wurden in den Ruhestand versetzt mit der Ausnahme von all jenen Juden, die beim Ersten Weltkrieg auf Seiten des Kaiserreiches gekämpft haben; diese Ausnahme wurde von Reichspräsident Paul von Hindenburg verfügt.

Schon kurz darauf wurden die Juden noch weiter in ihrer Lebensführung eingeschränkt. Es wurde die Zahl der Juden an den Universitäten begrenzt (25.04.) und Juden wurden aus Presseberufen entfernt (04.10.). Ab dem 21.05.1935 war es Juden zudem nicht mehr gestattet, den Wehrdienst zu absolvieren.

Explizit gegen Juden richteten sich die sogenannten Nürnberger Gesetze vom 15.09.1935. Diese Gesetze bestanden aus zwei Teilen: Im Reichsbürgergesetz wurde festgelegt, dass nur solche Bürger, die deutscher oder blutsverwandter Abstammung waren, die vollen Bürgerrechte besitzen. Zugleich waren auch solche Menschen Juden, von denen mindestens 3 der 4 Großeltern jüdisch waren – ganz gleich, ob die Person selbst dem Judentum angehörte oder nicht.

---

[165] Vgl. Paál, Gábor, 6 Millionen ermordete Juden – Woher stammt diese Zahl?, Stand: Steht zwar nicht genau da, aber Google gibt den 24.01.2020 an, unter: https://www.swr.de/wissen/1000-antworten/6-millionen-holocaust-opfer-woher-stammt-diese-zahl-100.html, abgerufen am 23.04.2020.

[166] Vgl. https://www.bpb.de/fsd/centropa/judenindeutschland1933_1939.php, abgerufen am 24.04.2020. Auf der dortigen Seite wird für die angezeigten Zahlenwerte verwiesen auf: Arndt, Ino/Boberach, Heinz: Deutsches Reich, in: Benz, Wolfgang (Hrsg.), Dimension des Völkermords. Die Zahl der der jüdischen Opfer des Nationalsozialismus, München 1996, S. 23-65. Und: Benz, Wolfgang, Auswandern aus Deutschland. Einwandern in Palästina, in: Tribüne 145 (1998), S. 164-174.

Der zweite Teil der Nürnberger Gesetze war das Blutschutzgesetz. Ehen zwischen Juden und „Staatsangehörige[n] deutschen oder artverwandten Blutes"[167] wurden verboten und außerehelicher Geschlechtsverkehr zwischen jüdischen Männern und Frauen „deutschen oder artverwandten Blutes"[168] wurde ebenfalls verboten.

Ab dem 21.12.1935 war es Juden nicht mehr möglich, ihren Beruf frei auszuüben.

Danach folgte eine Phase, in der die Verfolgung der Juden nicht so stark ausgeprägt war, was mit den Olympischen Winterspielen 1936 in Berlin zusammenhing. In den Jahren 1938 und 1939 verschlechterte sich die Lage für die Juden dramatisch. Zunächst wurde damit begonnen, jüdische Betriebe zu arisieren, d. h., dass Juden aus ihren Geschäften herausgedrängt worden sind; dann verloren jüdische Ärzte ihre Zulassung (Juli 1938) und es gab Kennkarten für Juden (23.07.). Am 17.08.1938 wurde verfügt, dass ab dem 01.01.1939 jeder Jude den Namen Sara oder Israel seinem Namen hinzuzufügen habe, wenn sie oder er nicht schon einen Namen besitze, der an sich klar dem Judentum zugeordnet werden könne. Im Oktober 1938 bekamen Juden in ihre Reisepässe ein rotes J eingetragen und einen Monat später durften jüdische Kinder keine deutschen Schulen mehr besuchen.

Heftige Reaktionen von Seiten der Nationalsozialisten gab es infolge der Ermordung des deutschen Legationssekretärs Ernst Eduard vom Roth durch den Juden Herszel Grynszpan in Paris am 07.11.1938. Als Racheakt kam es in der Nacht vom 08. zum 09.11.1938 zur Reichspogromnacht, die von den Nationalsozialisten Reichskristallnach genannt worden ist. Hierbei wurden Synagogen und jüdische Geschäfte zerstört, Juden wurden ermordet und rund 30000 wurden festgenommen und in Konzentrationslagern interniert. Darüber hinaus wurden die Juden mit einer Sühneleistung von 1 Mrd. Reichsmark, die später auf 1,25 Mrd. angehoben worden ist, versehen. Die Schäden an den Synagogen und den Läden mussten die Juden selbst tragen.

Es verwundert kaum, dass die Unterdrückung der Juden zu einer starken Emigration von Juden aus dem Deutschen Reich geführt hat. Die nachfolgende Tabelle[169] zeigt dies sehr deutlich:

1933	1934	1935	1936	1937	1938	1939	1940	1941
37000-38000	22000-23000	20000-21000	24000-25000	23000	46000	75000-80000	15000	8000

[167]   https://de.wikisource.org/wiki/Gesetz_zum_Schutze_des_deutschen_Blutes_und_der_deutschen_Ehre,   abgerufen   am 23.04.2020, Quellenangabe dort: Deutsches Reichsgesetzblatt Band 1935 Teil I, Nr. 100, S. 1146.

[168] Ebd.

[169] Zahlenwerte laut Quelle von Benz, Wolfgang, Die Juden in Deutschland 1933–1945. 3. Auflage, Beck, München 1993, S. 738. Quelle: Meierhenrich, Jens, The Remnants of the Rechtsstaat. An Ethnography of Nazi Law. Oxford 2018, URL: https://books.google.de/books?id=D2pNDwAAQBAJ&printsec=frontcover&hl=de&source=gbs_ge_summary_r&cad=0#v=onepage&q&f=false, abgerufen am 27.05.2020.

Viele Juden blieben aber trotz der schlechten Lebensumstände im Deutschen Reich. Für sie sollte es nach dem Ausbruch des 2. Weltkrieges noch schlimmer werden. Am 10.09.1939 wurde verkündet, dass sich Juden bei Bombardierungen selbst um Schutz bemühen müssten, und zugleich war es Juden verboten, nach 22 Uhr auszugehen. Wenige Tage später erfolgte dann ein Gesetz, das es Juden verbat, ein Radio zu besitzen. Weiterhin wurden im Januar 1940 die Lebensmittelkarten der jüdischen Bevölkerung mit einem J versehen. Juden wurden deutlich kleinere Rationen als ihren deutschen Mitmenschen zugeteilt.

Ab diesem Zeitraum begann auch die Ghettoisierung von Juden. Mietverhältnisse mit Juden wurden gekündigt, um Wohnraum für deutsche Bürger zu schaffen. Die aus ihren Wohnungen gekündigten Juden wohnten in speziellen Judenhäusern, wo sie auf engstem Raum mit anderen Familien zusammenleben mussten. Zugleich wurden Juden zur Zwangsarbeit verpflichtet, für die sie in der Regel keinen Lohn erhielten. Die Ghettoisierung von Juden vollzog sich nicht nur im Deutschen Reich, sondern vor allen Dingen im von den Deutschen eroberten und besetzten Polen. Das Warschauer Ghetto wurde dabei zum größten jüdischen Ghetto und hatte zeitweise 450000.[170]

1941 verschlechterte sich die Situation der Juden massiv. Nicht nur mussten Juden ab dem 01.09.1941 einen Judenstern als Erkennungszeichen tragen und ab dem 23.10.1941 galt ein Auswanderungsverbot für Juden, sondern Hitler selbst erteilte Mitte September 1941 den Auftrag, dass sämtliche Juden im deutschen, österreichischen und tschechischen Gebiet in den Osten deportiert werden sollten. Mit der Abfahrt der ersten Züge Mitte Oktober 1941 (exakt am 15., 16., 18.) wurde mit der Umsetzung des Befehls begonnen. Nun kam es dadurch zu massiven Problemen in den Ghettos. Diese waren schon vor der Ankunft der deutschen Juden überfüllt gewesen und für die Neuankömmlinge war kein Platz vorhanden. In dieser Situation kam es zur Massenerschießung nichtdeutscher Juden, um für die deutschen Juden Platz in den Ghettos zu schaffen. Damit nahm der deutsche Umgang mit den Juden eine neue und zerstörerischere Dimension an.

Ebenfalls im Oktober 1941 erbat der Gauleiter vom Reichsgau Wartheland[171] Arthur Greiser vom Reichsführer SS Heinrich Himmler die Erlaubnis, eine Vernichtungsstätte für Juden zu errichten. Nach Erteilung der Erlaubnis entstand das Vernichtungslager Kulmhof/Chełmno (westlich von Warschau), in dem insgesamt mindestens 152000 Juden ihr Leben verloren haben.[172]

---

[170] Vgl. Wehler, Hans-Ulrich, Der Nationalsozialismus. Bewegung, Führerherrschaft, Verbrechen 1919-1945, München 2009, S.217, URL: https://books.google.de/books?id=_pifT1GeSPMC&printsec=frontcover&hl=de&source=gbs_ge_summary_r&cad=0#v=onepage&q&f=false, abgerufen am 27.05.2020.

[171] Lag teils im Osten des Deutschen Reiches und teils im Westen des besetzten Polens.

[172] Vgl. Benz, Wolfgang, Nationalsozialistische Zwangslager. Ein Überblick., in: Benz, Wolfgang (Hrsg.) / Distel, Barbara (Hrsg.), Der Ort des Terrors. Geschichte der nationalsozialistischen Konzentrationslager. Band 1: Organisation des Terrors, München 2005, S. 24, unter: https://books.google.de/books?id=UEK79UdtRBkC&pg=PA24&lpg=PA24&dq=kulmhof+chelmno+152000&source=bl&ots=MZmF

Diesem ersten Vernichtungslager folgte bald darauf die Errichtung weiterer Lager, z. B. in Sobibór (südöstlich von Warschau) und Treblinka (nordöstlich von Warschau), wo die Internierten hauptsächlich durch Panzerabgase getötet worden waren. Gleichzeitig kam es aber auch zu Massenerschießungen in den Lagern. Eines der größten Konzentrationslager war das KZ Auschwitz-Birkenau im heutigen Südpolen. Ursprünglich wurde es 1939 als Haftanstalt für polnische politische Häftlinge gebaut und wurde ab 1941 als Lager für sowjetische Kriegsgefangene genutzt. Ab Juli 1942 wurde es zur Vernichtungsstätte von hauptsächlich Juden. Schätzungen gehen von insgesamt rund 1,1-1,5 Mio. ermordeten Menschen aus, davon ca. 960000 Juden.[173]

Die Wannseekonferenz, die am 20.01.1942 stattfand, und auf der 15 führende Staatsbeamte und SS-Vertreter zusammenkamen, regelte das weitere Vorgehen in der Judenfrage. Man kam zum Beschluss des Massenmordes an den Juden, der bis zum Kriegsende durchgeführt worden ist. Damit sollte die sogenannte „Endlösung der Judenfrage" erreicht werden.

Mit den Beschlüssen der Wannseekonferenz ging es nun daran, die jüdischen Ghettos in Polen aufzulösen, um die Bewohner in Vernichtungslagern zu ermorden. Durch die schlechte Versorgungslage im Deutschen Reich intensivierte sich der Mord an den Juden von Juli bis November 1942. Der sogenannten Aktion Reinhard fielen insgesamt rund 2 Millionen Juden zum Opfer.[174] Rund 1,4 Millionen Juden wurden in Konzentrationslagern vergast[175], andere erschossen, und nur als arbeitsfähig eingestufte Juden umkamen oft nur temporär der Tötung und wurden unter menschenverachtenden Umständen zur Zwangsarbeit gezwungen.

Eine zusätzliche Erweiterung des Massenmordens erfolgte ab dem 27.03.1942, denn an diesem Tag fuhr der erste Zug aus dem Westen Europas mit Juden in den Osten. Der Zug aus Compiègne nahe Paris hatte mehr als 1000 Juden deportiert[176], die in den Vernichtungslagern entweder gleich nach ihrer Ankunft als arbeitsunfähig eingestuft getötet oder als arbeitsfähig eingestuft zur Zwangsarbeit verpflichtet wurden. Die Deportation französischer Juden war der

---

qsB0Gh&sig=ACfU3U0Oj0xN-q1T76bnkpjEuIaWE7GQsw&hl=de&sa=X&ved=2ahUKEwjVhOXuzYDpAhXGAGMBHYkzDOYQ6AEwBHoE CAcQAQ#v=onepage&q=kulmhof%20chelmno%20152000&f=false, abgerufen am 24.04.2020. Oder: Vgl. Wildt, Michael, Massenmord und Holocaust, Stand: 18.12.2012, entnommen aus: https://www.bpb.de/izpb/151942/massenmord-und-holo caust?p=all, abgerufen am 24.04.2020. Der Text online ist ein Auszug aus: Informationen zur politischen Bildung Nr. 316/2012 - Nationalsozialismus: Krieg und Holocaust.

[173] Vgl. Steinbacher, Sybille, Auschwitz. Geschichte und Nachgeschichte, 2. Aufl. München 2007, S. 105-106 URL: https://books.google.de/books?id=-f0uBgAAQBAJ&printsec=frontcover&hl=de&source=gbs_ge_summary_r&cad=0#v=one-page&q&f=false, abgerufen am 27.05.2020. Auf S. 106 heißt es, dass neben den rund 960000 Juden auch nichtjüdische Polen (70000-75000), Sinti und Roma (21000), sowjetische Kriegsgefangene (15000) und noch weitere 10000-15000 Menschen aus anderen Nationen getötet wurden.

[174] Vgl. Wildt, Michael, Massenmord und Holocaust, Stand: 18.12.2012, entnommen aus: https://www.bpb.de/izpb/151942/mas senmord-und-holocaust?p=all, abgerufen am 24.04.2020. Der Text online ist ein Auszug aus: Informationen zur politischen Bildung Nr. 316/2012 - Nationalsozialismus: Krieg und Holocaust.

[175] Vgl. ebd.

[176] Vgl. ebd.

Beginn für die Deportation nichtdeutscher Juden in den von den Deutschen besetzten Gebieten.

Insgesamt lassen sich bis zum Ende des Zweiten Weltkriegs folgende geschätzten Zahlenwerte für die Herkunft der ermordeten Juden angeben[177]:

> 100000 Opfer			10000-100000 Opfer			< 10000 Opfer	
Polen	3000000		Frankreich	76000		Italien	7500
Sowjetunion	1000000		Lettland	70000		Luxemburg	1200
Rumänien	285000		Österreich	65000		Estland	1000
Ungarn	270000		Jugoslawien	60000		Norwegen	758
Tschechoslowakei	260000		Griechenland	58800		Bulgarien	142
Deutsches Reich	165000		Belgien	25000		Dänemark	116
Litauen	145000					Albanien	100
Niederlande	102000					Tunesien	20
						Finnland	7

Die Bilanz des Holocausts ist verheerend: Wie eingangs erwähnt, kostete der Völkermord[178] an den Juden rund 6 Millionen Juden das Leben.

7.4 Euthanasie im Dritten Reich

In der Ideologie der Nationalsozialisten spielte der Sozialdarwinismus eine zentrale Rolle. Dieser besagt unter anderem, dass innerhalb einer Rasse Schwächere beseitigt werden müssten. In anderen Worten ausgedrückt ist damit in Bezug auf den NS-Staat gemeint, dass beispielsweise Menschen mit Behinderungen, selbst wenn sie Deutsche waren, aus dem Staat entfernt werden sollten.

---

[177] Vgl. https://www.bpb.de/fsd/centropa/ermordete_juden_nach_land.php, abgerufen am 24.04.2020. Auf der dortigen Seite wird für die angezeigten Zahlenwerte verwiesen auf: (1) Stiftung Jüdisches Museum Berlin/Stiftung Haus der Geschichte der Bundesrepublik Deutschland (Hrsg.): Heimat und Exil. Emigration der deutschen Juden nach 1933, Frankfurt am Main 2006. (2) Benz, Wolfgang (Hrsg.): Dimension des Völkermords. Die Zahl der jüdischen Opfer des Nationalsozialismus, München 1996. (3) Laqueur, Walter (Hrsg.): The Holocaust Encyclopedia, New Haven/London 2001. (4) Gutmann, Israel (Hrsg.), Encyclopedia of the Holocaust, Jerusalem 1990. (5) The issues of the Holocaust research in Latvia. Report of an international conference and the Holocaust research in Latvia. Riga 2001. (6) Randolph R. Braham: The Politics of Genocide. The Holocaust in Hungary. Boulder 1994.
[178] Im Übrigen übten die Nationalsozialisten auch einen Völkermord an den Sinti und Roma aus. Wie Juden wurden Sinti und Roma nach und nach entrechtet. Sie wurden auch in Konzentrationslager deportiert. Schätzungen zufolge sind rund 500000 Sinti und Roma der nationalsozialistischen Herrschaft zum Opfer gefallen, vgl. Kursbuch Geschichte Hessen – Qualifikationsphase – Prüfauflage 1. Aufl. Berlin 2017, S. 270.

Es ist also kaum verwunderlich, dass unter der nationalsozialistischen Diktatur die Situation für behinderte und kranke Personen prekär war und sogar darin mündete, diese Menschen mittels eines Euthanasieprogrammes zu töten.

Das erste Gesetz, das sich gegen kranke Menschen richtete, war das *Gesetz zur Verhütung erbkranken Nachwuchses* vom 14.07.1933. Menschen, die Erbkrankheiten hatten, mussten sich zwangssterilisieren lassen. Bis zum Ende der NS-Herrschaft wurden 300000-400000 Menschen sterilisiert[179], von denen einige den Eingriff nicht überlebt haben.

Knapp zwei Jahre später wurden Abtreibungen per Gesetz vorgeschrieben, wenn bei dem ungeborenen Nachwuchs eine Erbkrankheit diagnostiziert worden war. Im Oktober desselben Jahres wurde beschlossen, dass behinderte Menschen keine Ehe mit nichtbehinderten Menschen schließen konnten.

All dies waren schon starke Eingriffe in das menschliche Leben, aber damit war noch lange nicht genug: Immer mehr Nationalsozialisten forderten die Tötung von Behinderten und psychisch Kranken. In einem geheimen Dokument vom 18.08.1939 wurden Hebammen aufgefordert, alle Neugeborenen mit Fehlbildungen zu nennen, und später wurden dann auch Kliniken aufgefordert, erwachsene Menschen mit psychischen Erkrankungen zu melden.

Ein von Hitler persönlich erteilter Befehl im Oktober 1939 (rückdatiert auf den 01.09.1939) war dann der offizielle Startschuss des Euthanasieprogramms. Zunächst wurden Kinder getötet, aber schon bald wurden Behinderte und Kranke systematisch ermordet. Nachdem Menschen zur Tötung bestimmt worden waren, wurden sie mit Bussen in spezielle Anstalten (z. B. Bernburg oder Brandenburg[180]) gefahren, wo sie dann in Gaskammern durch Kohlenstoffmonoxid getötet worden sind. Der erste Versuch in der Anstalt Brandenburg, Menschen auf diese Weise zu töten, wurde Ende Dezember 1939 oder Anfang Januar 1940 vollzogen.[181] Die IG-Farben[182] lieferte das Gas und Mitglieder des Euthanasieprogramms[183] verfolgten die Vergasungen.

---

[179] Vgl. Antrag der Abgeordneten Frau Dr. Vollmer, Frau Nickels und der Fraktion DIE GRÜNEN, Nichtigkeitserklärung des Gesetzes zur Verhütung erbkranken Nachwuchses vom 14. Juli 1933 und der nach diesem Gesetz ergangenen Entscheidungen, Antrag vom 06.04.1987, unter: http://dipbt.bundestag.de/doc/btd/11/001/1100143.pdf, abgerufen am 23.04.2020.

[180] Die Anstalt hieß Brandenburg und lag in Brandenburg an der Havel im heutigen Bundesland Brandenburg.

[181] Vgl. Wildt, Michael, Massenmord und Holocaust, Stand: 18.12.2012, entnommen aus: https://www.bpb.de/izpb/151942/massenmord-und-holocaust?p=all, abgerufen am 24.04.2020. Der Text online ist ein Auszug aus: Informationen zur politischen Bildung Nr. 316/2012 - Nationalsozialismus: Krieg und Holocaust.

[182] Das Werk der IG-Farben in Ludwigshafen gehört heute zur BASF. – Vgl. Wildt, Michael, Massenmord und Holocaust, Stand: 18.12.2012, entnommen aus: https://www.bpb.de/izpb/151942/massenmord-und-holocaust?p=all, abgerufen am 23.04.2020. Der Text online ist ein Auszug aus: Informationen zur politischen Bildung Nr. 316/2012 - Nationalsozialismus: Krieg und Holocaust.

[183] Das Euthanasieprogramm wurde von den Nationalsozialisten Aktion Gnadentod genannt. Heute bezeichnet man das Programm unter dem Namen Aktion T4 – dieser Name stammt vom Ort des Hauptsitzes des Programmes, der sich in Berlin in der Tiergartenstraße 4 befand.

Bis August 1941 starben auf diese Weise rund 70000 Menschen[184]. Um die Angehörigen zu täuschen, wurden falsche Angaben auf den Totenscheinen (wie Todesursache und Todesort) gemacht, doch glaubte das nicht jeder und so erregte das Vorgehen der NS-Führung Missstimmungen in der Bevölkerung. Die Morde blieben nicht geheim. Evangelische Pfarrer und katholische Priester wandten sich gegen das Programm, einige Ärzte ließen sich nicht für das Melden von kranken Menschen einspannen und der Richter Lothar Kreyssig, ein ursprünglicher NS-Wähler, stellte letztlich eine Anzeige und war der einzige Richter, der sich gegen das Euthanasieprogramm stellte. Anfang August predigte der Bischof von Münster, Clemens August Graf von Galen, öffentlich gegen die Morde. Der Unmut in der Bevölkerung führte letztlich zum öffentlichen Einlenken Hitlers. Am 24.08.1941 stoppte er die Euthanasie offiziell; allerdings war das nicht ihr wahres Ende. Weitere mehr als 30000 Menschen[185] sollten der Euthanasie zum Opfer fallen: Sie wurde nämlich weiter an Kindern durchgeführt, und auch KZ-Häftlinge, die nicht mehr arbeitsfähig waren, fielen der Euthanasie zum Opfer. Darüber hinaus gab es zahlreiche Kranke, die in Kliniken verlegt wurden, in denen sie durch Überdosen an Medikamenten starben oder durch mangelnde Versorgung verhungerten.

Insgesamt fielen ca. 275000 Menschen dem Euthanasieprogramm der Nationalsozialisten im Deutschen Reich und den besetzten Gebieten zum Opfer. [186]

7.5 Widerstand im Dritten Reich

Widerstand gegen eine Regierung oder ein Staatssystem kann auf verschiedenen Ebenen ausgedrückt werden. In Bezug auf den NS-Staat fing Widerstand im Kleinen beim Verweigern des Hitlergrußes oder durch das Fernbleiben von NS-Veranstaltungen[187] an und konnte im Großen in organisierten Aktionen zum Umsturz des Regimes Ausdruck finden. Zur Zeit des Nationalsozialismus gab es allerdings keinen einheitlichen und von der breiten Öffentlichkeit getragenen Widerstand gegen Hitlers Diktatur. Zum einen hatte der NS-Staat dafür gesorgt, Oppositionelle weitestgehend zu verfolgen und kaltzustellen, zum anderen genoss Hitler aufgrund seiner wirtschaftlichen (starker Rückgang der Arbeitslosigkeit) und bis 1943 militärischen Erfolge eine große Popularität. Nichtsdestotrotz entstanden immer wieder Widerstandsgruppen, die versucht haben, sich dem NS-Staat zu widersetzen.

---

[184] Vgl. Mirjam Husemann, "Euthanasie", © Deutsches Historisches Museum, Berlin, Stand: 15.05.2015, CC BY NC SA 4.0, unter: https://www.dhm.de/lemo/kapitel/der-zweite-weltkrieg/voelkermord/euthanasie.html, abgerufen am 23.04.2020.
[185] Vgl. Mirjam Husemann, "Euthanasie", © Deutsches Historisches Museum, Berlin, Stand: 15.05.2015, CC BY NC SA 4.0, unter: https://www.dhm.de/lemo/kapitel/der-zweite-weltkrieg/voelkermord/euthanasie.html, abgerufen am 23.04.2020.
[186] Vgl. Wildt, Michael, Massenmord und Holocaust, Stand: 18.12.2012, entnommen aus: https://www.bpb.de/izpb/151942/massenmord-und-holocaust?p=all, abgerufen am 23.04.2020. Der Text online ist ein Auszug aus: Informationen zur politischen Bildung Nr. 316/2012 - Nationalsozialismus: Krieg und Holocaust.
[187] Vgl. Kursbuch Geschichte Hessen – Qualifikationsphase – Prüfauflage 1. Aufl. Berlin 2017, S. 348.

Vom Beginn der Kanzlerschaft Hitlers 1933 zählten die Kommunisten dazu. Gegen sie gingen die Nationalsozialisten schon sehr früh nach der Machtübernahme vor. Bis März 1933 wurden 7500 KPD-Mitglieder verhaftet[188] und die Partei wurde kaltgestellt. In der Folge wurden Kommunisten weiter stark verfolgt und zahlreiche Inhaftierte ermordet. Nichtsdestotrotz waren die Kommunisten nach 1933 im Untergrund tätig. Es gab bis 1935 eine eigene Zeitschrift und zusammen mit der SPD, die auch früh dem nationalsozialistischen Terror ausgesetzt war – insgesamt wurden auch unter ihnen viele verhaftet – wurden Flugblätter verteilt und es wurde Hilfe für Verfolgte angeboten. Kontakte zum Ausland wurden zusammen mit ehemaligen Gewerkschaftlern geknüpft, um so über die Taten der Nationalsozialisten zu berichten. Allerdings wurden Widerständler oft schnell entdeckt und von den Nationalsozialisten zur Rechenschaft gezogen, was oft Todesurteile bedeutete.

Eine dieser Gruppen mit Kontakten zum Ausland war die von der Gestapo genannte Gruppe „Rote Kapelle". Sie entstand bereits in Grundzügen 1933 und war ab 1939 stark aktiv. Die führenden Männer dieser Gruppe waren Arvid Harnack und Harro Schulze-Boysen. Nachdem der Funkkontakt zur Sowjetunion die Gruppe 1942 hatte auffliegen lassen, wurden die 120 Mitglieder verhaftet. 49 von ihnen wurden hingerichtet.

Kontrovers war der Umgang der evangelischen und katholischen Kirche mit dem Nationalsozialismus. Innerhalb der evangelischen Kirche kam es schon bald nach der Machtübernahme Hitlers zu einer Spaltung. Während die sogenannten Deutschen Christen die Vereinbarkeit von NS-Diktatur und Christentum propagierten, stand die 1934 gegründete Bekennende Kirche unter Pfarrer Martin Niemöller für das Gegenteil. Predigten und Messen der Bekennenden Kirche standen unter Kontrolle der Gestapo, was genauso für Pfarrer Dietrich Bonhoeffer galt. Er hatte Kontakte zu Oppositionellen in der Wehrmacht, wurde entdeckt und noch vor Kriegsende am 09.04.1945 hingerichtet.

Innerhalb der katholischen Kirche war der Widerstand insgesamt geringer. Am 20.07.1933 gab es das Konkordat zwischen der NS-Führung und dem Papst: Die katholische Kirche schützte ihre Priester vor staatlichen Eingriffen, im Gegenzug sollte sich die Kirche aus der Politik heraushalten. Das war der theoretische Teil, in der Praxis waren die Priester durch das Konkordat nicht geschützt und mit zunehmender Zeit lehnten mehr und mehr Katholiken die Diktatur Hitlers ab.

Größerer Widerstand kam immer erst dann auf, wenn sich Beschlüsse der NS-Führung explizit gegen die katholische Kirche richteten, z. B. die Auflösung der katholischen Jugendverbände 1936 oder das Verbot des Aufhängens von Kreuzen in Klassenzimmern. Nichtsdestotrotz gab

---

[188] Vgl. Echtenkamp, Jörg, Das Dritte Reich. Diktatur, Volksgemeinschaft, Krieg, Berlin/Boston 2018, S. 14, URL: https://books.google.de/books?id=kotuDwAAQBAJ&printsec=frontcover&hl=de&source=gbs_ge_summary_r&cad=0#v=onepage&q&f=false, abgerufen am 27.05.2020.

es auch Ausnahmen: Der Berliner Domprobst Bernhard Lichtenberg beispielsweise stellte sich öffentlich gegen die Deportation von Juden. Er wurde verhaftet und verstarb auf den Weg ins KZ 1943. Bischof Clemens Graf von Galen predigte zusammen mit dem evangelischen Landesbischof Theofil Wurm gegen das Euthanasieprogramm. Seine Predigten waren der Ausgangspunkt dafür, dass im August 1940 das Euthanasieprogramm auf Druck der Bevölkerung von Hitler offiziell für beendet erklärt wurde – dennoch wurde das Programm inoffiziell noch auf andere Weise fortgeführt. Bischof von Galen selbst wurde für seine Predigten nicht verhaftet, da er populär in der Bevölkerung war.

Unter den Christen ist zudem noch die Studentenorganisation Weiße Rose zu nennen, die in München durch die Geschwister Sophie und Hans Scholl ins Leben gerufen worden war. Mit Flugblättern versuchten sie, die Bevölkerung aufzurütteln. Am 18.02.1943 wurde die Gruppe verhaftet. Die Geschwister Scholl wurden hingerichtet.

Eine weitere Widerstandsgruppe, die von Jugendlichen geprägt war, waren die Edelweißgruppen (von der Gestapo Edelweißpiraten genannt), deren Zentrum im Rheinland lag.

Widerstand gab es vereinzelt auch im bürgerlichen Milieu. Der deutsche Diplomat Rudolf von Scheliha, der im Auswärtigen Amt tätig war, half Juden in Polen unterzutauchen und teilte dem Ausland die von ihm in Erfahrung gebrachten Verbrechen mit. Im Oktober 1942 wurde verhaftet und aus Mangel an Beweisen unter dem Vorwand, Mitglied der „Roten Kapelle" gewesen zu sein, hingerichtet.

Größere Widerstandsgruppen waren der Kreisauer-Kreis und der Goerdeler-Kreis. Der Kreisauer-Kreis entstand 1940 in Schlesien und wurde nach dem Landgut von Helmuth von Moltke benannt. Die Gruppe, die aus hohen Offizieren, Diplomaten, Christen und Sozialdemokraten bestand, entwickelte Ideen für ein Deutschland nach dem Krieg. Es solle ein Rechtsstaat entstehen und Deutschland solle Teil einer Europäischen Union werden. Zudem lehnte man das Streben nach Hegemonie in Europa ab. Zugleich war man gegen eine Ermordung Hitlers und gegen die Durchführung eines Staatsstreiches. Diese Haltung änderte sich bei einigen Mitgliedern, nachdem Helmuth von Moltke im Januar 1944 verhaftet worden war.

Der Goerdeler-Kreis, der nach dem ehemaligen nationalkonservativen Oberbürgermeister von Leipzig, Carl Goerdeler, benannt ist, wollte einen gewaltvollen Umsturz mithilfe des Militärs. Goerdeler selbst verfügte über Kontakte zum ehemaligen General Ludwig Beck, der wiederum der Gruppe Infos über unzufriedene Soldaten weiterleiten konnte. Der Goerdeler-Kreis, zu dem auch Gewerkschaftler gehörten, forderte einen deutschen Rechtsstaat, einen starken deutschen Staat in Europa und befürwortete die Monarchie.

1944 kam es dann zu einem bedeutenden Attentatsversuch auf Hitler. Dies war nicht der erste. Bereits am 08.11.1939 entging Hitler knapp einem Attentat durch den schwäbischen Schreiner Georg Elser. Er platzierte seine Bombe im Münchener Bierbräukeller, doch scheiterte er knapp mit seinem Attentat.[189] 1944 war es Claus Graf Schenk von Stauffenberg, der ein Attentat auf Hitler ausführte. Von Stauffenberg hatte Kontakte zum Goerdeler-Kreis, zum Kreisauer-Kreis und zu Generaloberst[190] Ludwig Beck und hatte als Stabschef beim Ersatzheer Zugang zum Führerhauptquartier. Der Plan von von Stauffenberg und den Mitwissern umfasste aber mehr als nur die Ermordung Hitlers. Die Gruppe nutzte den Unmut gegen Hitler infolge der Niederlage in der Schlacht von Stalingrad im Februar 1943 und der drohenden Kriegsniederlage, um eine Vielzahl an Gegnern Hitlers für ihren Plan zu gewinnen. Diese Gegner umfassten Menschen, die schon immer gegen Hitler waren, solche, die als Soldaten den Krieg und die Verbrechen des Regimes erlebt haben und sich dann gegen das Regime gewendet hatten, und auch solchen, die ihre eigene Haut im Falle eines Endes der NS-Herrschaft retten wollten. Die Ziele der Gruppe waren es, nach der Ermordung Hitlers, das gesamte NS-Regime zu beseitigen und Friedensschlüsse mit den Kriegsgegnern zu schließen und einen neuen deutschen Staat zu errichten, wobei die meisten Mitglieder der Verschwörer gegen eine Republik waren. Am 20.07.1944 war es so weit und von Stauffenberg führte das Attentat aus, scheiterte aber. Damit war der Plan der Verschwörergruppe gescheitert. In der Folge wurden zahlreiche Personen im Zusammenhang mit dem gescheiterten Attentat verhaftet. Es kam zu Hinrichtungen von Gefangenen. Letztlich lässt sich festhalten, dass sämtliche Attentate auf Hitler missglückten.

Abschließend sei noch auf deutschen Widerstand aus dem Ausland verwiesen. Es gab einige, die aus Deutschland ausgewandert waren und später als Soldaten auf Seiten der Alliierten kämpften. Vor allen Dingen Kommunisten bildeten hierbei das Nationalkomitee „Freies Deutschland", das an der Front zum Überlaufen von Wehrmachtssoldaten aufrief, um so die deutsche Front zu schwächen.

Alles in allem kann man erkennen, dass es durchaus Widerstand im Dritten Reich gab, der sehr oft für die Beteiligten tödlich endete.

7.6 Die nationalsozialistische Wirtschaftspolitik 1933-1939

Hitlers Hauptziel in der Wirtschaftspolitik war die Aufrüstung des Deutschen Reiches. Dieses Ziel verkündete er schon kurz nach der Machtübernahme zum einen im Geheimen vor ranghohen Vertretern der Reichswehr (03.02.1933), denen er seine Expansionspläne im Osten darlegte, und zum anderen im Kabinett am 08.02.1933, in der er die Wehrhaftmachung des deutschen Volkes forderte. Zunächst allerdings konnte Hitler nicht allzu stark die

---

[189] Hitler redete kürzer und verließ 13 Minuten vor der Explosion das Gebäude.
[190] Nach seinem Rücktritt und der Pensionierung zum 01.11.1938 war Ludwig Beck Generaloberst.

Rüstungsindustrie fördern, denn aufgrund des Versailler Vertrages waren dem Deutschen Reich starke Grenzen gesetzt, und das Ausland beäugte das Deutsche Reich sehr genau wegen der Machtübernahme von Hitler.

Mit der Aufrüstung eng verbunden war das Ziel der Autarkie. Hierbei wollte Hitler das Deutsche Reich unabhängig von Importen aus dem Ausland machen, um im Falle eines Krieges nicht von Einfuhren abhängig zu sein und von Embargos getroffen zu werden. Dieses Ziel wurde allerdings, wie noch beschrieben werden wird, klar verfehlt.

Ein weiteres Ziel Hitlers war die Beseitigung der Arbeitslosigkeit. Dieses Ziel hatte die NSDAP im Vorfeld der Machtübernahme bei Reichstagswahlen propagiert und hier setze Hitler nach der Machtübernahme an. Hitler konnte dabei die positive Entwicklung am Ende der Weimarer Republik nutzen, um sie in einen Erfolg des Nationalsozialismus umzumünzen. Waren 1933 im Jahresschnitt rund 4,8 Mio. Menschen arbeitslos (die Spitze lag im Januar 1933 bei 6,0 Millionen Arbeitslosen), sank diese Zahl 1934 auf 2,7 Mio., 1936 auf 1,6 Mio. und 1937 auf unter 1 Mio.[191] Dieser starke Fall der Arbeitslosenzahlen hat mehrere Gründe: Erstens erholte sich Weltwirtschaft nach der schweren Wirtschaftskrise im Laufe der 30er-Jahre allmählich und auch die deutsche Wirtschaft kam wieder besser in Gang. Zweitens griffen die Nationalsozialisten die Idee der staatlichen Maßnahmen auf, die am Ende der Weimarer Republik durchgeführt worden sind, und konnten so die Arbeitslosigkeit stark mindern. Zu den staatlichen Fördermaßnahmen gehörten Bauaufträge für Autobahnen – ein Projekt, das, wie beschrieben, in der Weimarer Republik ausgearbeitet wurde –, Bauaufträge für die Reichsbahn und Reichspost. Zudem wurde der Wohnungsbau gefördert und Geld in öffentliche Bauten investiert. Weiterhin erhielt die Landwirtschaft Steuererleichterungen, wenngleich der Agrarsektor unter Hitler zu den Verlierern zählte. Agrarbetriebe wurden gleichgeschaltet (Jun. 1933), aber die Landflucht setzte sich auch unter den Nationalsozialisten fort. Ebenfalls nicht erfolgreich war der Versuch, Frauen aus der Wirtschaft herauszuhalten bzw. herauszuführen. Frauen wurden mit dem Ehestandsdarlehen gelockt. Dies war eine Geldzahlung, die Frauen bei ihrer Hochzeit bekommen konnten, wenn sie dafür ihren Job aufgaben. Zwar wurde das Darlehen genutzt, aber die Zahl der erwerbstätigen Frauen nahm zu[192] und im Laufe des Krieges stieg die Zahl an arbeitenden Frauen weiter. Selbst das NS-Idealbild der Frau als Mutter einer größeren Familie setzte sich nicht durch. Die Geburtenrate stieg nicht immens an.

---

[191] Vgl. Thamer, Hans-Ulrich, Wirtschaft und Gesellschaft unterm Hakenkreuz, Stand: 06.04.2005, entnommen aus: https://www.bpb.de/geschichte/nationalsozialismus/dossier-nationalsozialismus/39551/wirtschaft-und-gesellschaft?p=all, abgerufen am 23.04.2020. Der Text online ist ein Auszug aus: Informationen zur politischen Bildung (Heft 266) - Wirtschaft und Gesellschaft unterm Hakenkreuz.

[192] 1932: ca. 4,6 Mio.; 1933: 4,75 Mio.; 1934: 5,5 Mio. Vgl. Thamer, Hans-Ulrich, Wirtschaft und Gesellschaft unterm Hakenkreuz, Stand: 06.04.2005, entnommen aus: https://www.bpb.de/geschichte/nationalsozialismus/dossier-nationalsozialismus/39551/wirtschaft-und-gesellschaft?p=all, abgerufen am 23.04.2020. Der Text online ist ein Auszug aus: Informationen zur politischen Bildung (Heft 266) - Wirtschaft und Gesellschaft unterm Hakenkreuz.

Nichtsdestotrotz konnte die Arbeitslosigkeit stark gesenkt werden, wie die Zahlenwerte oben zeigen. Auch die Einführung einer halbjährigen Arbeitsdienstpflicht für Männer zwischen 18 und 25 Jahren im Juni 1935 – für Frauen war dieser Dienst optional möglich – und die Einführung der zweijährigen Wehrpflicht am 16.03.1935 trieben die Zahlen weiter nach unten. Das NS-Regime propagierte dies alles als Erfolge und erhielt dafür auch viel Zustimmung im Volk. Mit der Einführung der Wehrpflicht brach Hitler ganz offen mit dem Versailler Vertrag und, da das Ausland ihn nicht wesentlich hinderte, konnte Hitler nun auch relativ ungestört, die Rüstungsindustrie fördern. Im ersten Vierjahresplan im August 1936 formulierte Hitler zwei zentrale Ziele: Bis 1940 solle das Deutsche Reich kriegsfähig und die Wehrmacht einsatzfähig sein. Demzufolge erfuhr die Wirtschaft eine starke staatliche Lenkung, für die Hermann Göring die Leitung übernahm. Zwar blieb die private Wirtschaft erhalten, aber der Staat lenkte sie im Sinne der Erfüllung der Ziele des Vierjahresplans. Es kam zu einem Boom in der Rüstungsindustrie und bald schon herrschte in diesem Sektor ein Fachkräftemangelvor. Im Gegensatz dazu gab es in der Konsumgüterindustrie noch immer zu viele Fachkräfte. Dieser Industriebereich wurde von Hitler auch nicht gefördert. Trotz des Booms in der Rüstungsindustrie blieb das Lohnniveau aber ziemlich niedrig. Das war von Hitler auch so gewollt gewesen, um mehr Geld für die Produktion zu haben. Widerstand dagegen gab es nicht. Hitler hatte bereits am 02.05.1933 die Gewerkschaften schließen lassen und die DAF (Deutsche Arbeiterfront) eingerichtet, die aber keine Gewerkschaft war, sondern die NS-Ideologie unter die Arbeiter streuen sollte. Tarifverträge wurden staatlich vorgegeben, ein Streikrecht gab es nicht und in Betrieben hatten nach der Einführung des Führerprinzips in den Betrieben die Arbeiter nichts mehr zu sagen. Um die Arbeiter dennoch nicht (zu) unzufrieden werden zu lassen, setzte das NS-Regime auf andere Mittel: Mit dem Tag der Arbeit wurde am 01.05. ein neuer Feiertag eingeführt, an dem der volle Lohn gezahlt wurde, und die Organisation Kraft durch Freude (KdF) kümmerte sich um die Freizeitaktivitäten der Arbeiter. Arbeitern war es möglich, für erschwingliche Preise durch das Reich zu reisen und so günstig Urlaub zu machen. Verlierer von Hitlers Politik war der Mittelstand. Kleinere Betriebe schlossen und konnten nicht profitieren. Zurück zur Rüstungspolitik: Zahlen zur staatlichen Investitionen in die Aufrüstung sprechen Bände, wie zentral Hitler dieser Wirtschaftsbereich war: Bereits 1934 wurden 50 % aller Investitionen in die Aufrüstung des Deutschen Reiches gesteckt.[193] Die Ausgaben stiegen von 720 Mio. Reichsmark 1933 auf 10,8 Mrd. Reichsmark 1937.[194] Die Rüstungspolitik verschlang

[193] Vgl. Griesshaber, Dieter, Die Machtübernahme der NSDAP und die Errichtung der Diktatur Hitlers (1933 - 1939), Stand: 30.06.2019 unter: http://geschichtsverein-koengen.de/Hitler.htm, abgerufen am 08.05.2020.

[194] Vgl. Thamer, Hans-Ulrich, Wirtschaft und Gesellschaft unterm Hakenkreuz, Stand: 06.04.2005, entnommen aus: https://www.bpb.de/geschichte/nationalsozialismus/dossier-nationalsozialismus/39551/wirtschaft-und-gesellschaft?p=all, abgerufen am 23.04.2020. Der Text online ist ein Auszug aus: Informationen zur politischen Bildung (Heft 266) - Wirtschaft und Gesellschaft unterm Hakenkreuz.

also viel Geld und die Steuermittel reichten dazu bei Weitem nicht aus. Deshalb bediente sich die NS-Führung eines Tricks und finanzierte einen Teil der Ausgaben durch Kredite, die allerdings die Gefahr einer Inflation und eines Staatsbankrotts in sich trugen, da der Staat diese Kredite eigentlich nicht zurückzahlen konnte. Hier spielten die sogenannten Mefo-Wechsel eine entscheidende Rolle, zu der gleich noch was geschrieben werden wird. Im April 1933 wurde auf Betreiben der NS-Führung die sogenannte Metallurgische Forschungsgesellschaft (kurz: Mefo) gegründet. Hierbei traten u. a. Siemens und Krupp – zwei der angesehensten Unternehmen – als Gründer auf, doch betrug das Startkapital nur 1 Mio. Reichsmark. Die Mefo beauftragte andere Firmen zum Bau von Rüstungsgütern. Diese konnte die Mefo zwar nicht bezahlen, machte aber die Zusicherung, in 5 Jahren die Waren zu bezahlen. Da fünf der angesehensten Unternehmen zu den Gründern der Mefo gehörten, glaubten die Firmen, dass die Mefo tatsächlich das Geld haben werde. Das war aber nach 5 Jahren nicht der Fall. Auch das Benutzen von Vermögen privater Sparer zur Absicherung der Kredite reichte längst nicht aus, und die Sühneleistung von 1 Mrd. Reichsmark, die die deutschen Juden nach der Reichspogromnacht zu zahlen hatten, und die später auf 1,25 Mrd. Reichsmark erhöht worden ist, konnte das Defizit nicht decken. Um eine extreme Inflation zu vermeiden, wurden Eroberungen für Hitler immer drängender, um an neue Geldmittel zu gelangen und so die Kosten zu bezahlen. Durch den Anschluss Österreichs am 12.03.1938 und die Errichtung des Protektorates Böhmen und Mähren am 16.03.1939 kam das Reich an neues Geld und Polen wurde nach der Eroberung von den Deutschen finanziell ausgebeutet.

Was kann man zu Hitlers Autarkieplänen sagen? Das Deutsche Reich verfehlte dieses Ziel. Zwar wurden neue industrielle Verfahren zur Erzeugung von synthetischen Treibstoffen oder synthetischem Kautschuk (das sogenannte Buna) entwickelt und Kunstseide wurde für Baumwolle verwendet, aber autark wurde das Deutsche Reich dadurch nicht. Nur rund 50 %[195] des Bedarfs an Kautschuk konnte bis zum Kriegsbeginn durch Buna abgedeckt werden, und, was das Mineralöl betrifft, sank die Importrate von 66 % im Jahre 1936 nur auf 60 % 1938. Auch beim Eisenbedarf (zur Stahlproduktion) konnte das Deutsche Reich nur die Hälfte bis zum Kriegsbeginn selbst decken und war noch mehr auf den Import von veredeltem Stahl angewiesen, und auch rund 20 % der Lebensmittel wurden importiert (je nach dem, um was es sich handelte, musste mehr oder weniger importiert werden[196]). Es lässt sich also leicht erkennen,

---

[195] Zahlenwerte für Buna, Mineralöl, Eisenerz und Lebensmittel entnommen aus: Thamer, Hans-Ulrich, Wirtschaft und Gesellschaft unterm Hakenkreuz, Stand: 06.04.2005, entnommen aus: https://www.bpb.de/geschichte/nationalsozialismus/dossier-nationalsozialismus/39551/wirtschaft-und-gesellschaft?p=all, abgerufen am 23.04.2020. Der Text online ist ein Auszug aus: Informationen zur politischen Bildung (Heft 266) - Wirtschaft und Gesellschaft unterm Hakenkreuz.
[196] „Auch die Selbstversorgung bei den wichtigsten Nahrungsmitteln, die bereits 1933/34 insgesamt bei etwa 80 Prozent lag, konnte nicht wesentlich gesteigert werden. Besonders bei der Fettversorgung klaffte eine Lücke von 40 bis 50 Prozent, während Grundnahrungsmittel wie Getreide, Kartoffeln, Gemüse und Fleisch mit 90 bis 100 Prozent hinreichend vorhanden waren." - Thamer, Hans-Ulrich, Wirtschaft und Gesellschaft unterm Hakenkreuz, Stand: 06.04.2005, entnommen aus: https://www.bpb.de/geschichte/natio

dass das Deutsche Reich weit von der Autarkie entfernt war und damit durch Warenembargos im Krieg verwundbar war.

Zuletzt sei noch etwas zur wirtschaftlichen Situation im Krieg gesagt: Es liegt auf der Hand, dass der Bedarf an Arbeitskräften in der Rüstungsindustrie immens war; doch fehlte es an diesen Kräften. Wenn das Deutsche Reich nicht auf Zwangsarbeiter zurückgegriffen hätte, wäre eine Fortsetzung des Krieges spätestens ab Ende 1941 nahezu unmöglich gewesen.[197] Ende 1944 arbeiteten mehr als 7,5 Millionen Ausländer im Deutschen Reich[198], zudem wurden sehr viele KZ-Häftlinge und Kriegsgefangene zur Zwangsarbeit verpflichtet. Es verwundert nicht, dass die Lebensumstände für die Zwangsarbeiter schlecht waren.

7.7 Die nationalsozialistische Außenpolitik von 1933-1939

Kaum vier Tage war Hitler Reichskanzler gewesen, als er am 03.02.1933 vor ranghohen Vertretern der Reichswehr in einer Rede seine außenpolitischen Konzepte im Geheimen vorstellte. Es ging ihm um die Eroberung von sogenanntem „Lebensraum im Osten" und der „Germanisierung" dieser Gebiete. Das konnte nicht auf friedlicher Basis erreicht werden.

Die Machtübernahme von Hitler wurde allerdings im Ausland sehr genau beäugt und von vielen sehr kritisch gesehen. Hitler agierte deshalb anfangs gemäßigt und verkündete seine Ziele, die er im Geheimen sagte, zunächst nicht in der Öffentlichkeit. Er zielte darauf ab, durch Friedensrhetorik für Ruhe zu sorgen und Schritt für Schritt seine Ziele zu erreichen, ohne dabei das Ausland zu beunruhigen. Erst später (ab 1936) wurde die deutsche Außenpolitik aggressiver und zielte ab 1938 auf einen Krieg, den Hitler wollte.

1933 war die deutsche Außenpolitik also noch gemäßigter. Am 05.05.1933 wurde der Berliner Vertrag mit der Sowjetunion verlängert, womit die wirtschaftliche Zusammenarbeit zwischen beiden Staaten fortgesetzt worden ist. Am 20.07. desselben Jahres schloss das Deutsche Reich mit dem Papst ein Konkordat ab: Die katholische Kirche schützte ihre Priester vor staatlichen Eingriffen, im Gegenzug sollte sich die Kirche aus der Politik heraushalten. Tatsächlich geschützt wurden die Priester durch das Konkordat allerdings nicht und im Laufe der NS-Herrschaft opponierten immer mehr Katholiken und auch Protestanten der Diktatur Hitlers.

Zum Jahresende 1933 kapselte sich das Deutsche Reich von der internationalen Staatengemeinschaft ab. Im Oktober (14.10.) verließ das Deutsche Reich die Genfer

---

nalsozialismus/dossier-nationalsozialismus/39551/wirtschaft-und-gesellschaft?p=all, abgerufen am 23.04.2020. Der Text online ist ein Auszug aus: Informationen zur politischen Bildung (Heft 266) - Wirtschaft und Gesellschaft unterm Hakenkreuz.
[197] Vgl. Scriba, Arnulf, Zwangsarbeit, © Deutsches Historisches Museum, Berlin, Stand: 13.08.2015, CC BY NC SA 4.0, unter: https://www.dhm.de/lemo/kapitel/der-zweite-weltkrieg/industrie-und-wirtschaft/zwangsarbeit.html, abgerufen am 23.04.2020.
[198] Vgl. ebd.

Abrüstungskonferenz, durch die ein maximales Maß an Aufrüstung für die teilnehmenden Staaten festgelegt werden sollte, und am 19.11. trat das Deutsche Reich nach einem erfolgreichen Plebiszit aus dem Völkerbund aus. Damit entzog sich das Deutsche Reich der internationalen Aufrüstungskontrolle, was Hitler in die Karten spielte, weil er in erster Linie das Militär stark machen wollte, um die expansionistischen Ziele seiner Außenpolitik zu erreichen. Die Siegermächte des 1. Weltkrieges ließen Hitler gewähren.

Statt internationaler Verträge versuchte Hitler, bilaterale Bündnisse zu schließen. Dies war nicht von großem Erfolg geprägt. Immerhin schaffte er es, dass am 26.01.1934 ein deutsch-polnischer Nichtangriffspakt unterzeichnet werden konnte, in dem auf 10 Jahren eine bewaffnete Auseinandersetzung verhindert werden sollte. Zugleich wurde durch die Annäherung an Polen Frankreichs Plan eines Bündnisses mit Polen durchkreuzt.

Ein erster Versuch der Expansion fällt in den Sommer des Jahres 1934. In Österreich wurde der (österreichische) Bundeskanzler Engelbert Dollfuß bei einem missglückten Putschversuch der Nationalsozialisten ermordet. Hitler hätte gerne Österreich schon in dieser Zeit dem Deutschen Reich eingegliedert, aber der faschistische Führer Italiens, Benito Mussolini, garantierte die österreichische Eigenständigkeit, weshalb Hitler von einer Annexion und damit einer militärischen Auseinandersetzung mit Italien absah.

So hatte es bis 1935 gedauert, bis das Deutsche Reich erste Gebietsveränderungen erfuhr: Am 13.01.1935 fand die Saarabstimmung statt, womit der Status des Saarlandes geklärt werden sollte. Während 8,87 % die Fortsetzung der Kontrolle durch den Völkerbund bevorzugten und 0,40 % eine Angliederung an Frankreich wollten, stimmten 90,73 % der Befragten (bei einer Wahlbeteiligung von 97,99 %) für die Angliederung an das Deutsche Reich.

Angetrieben von der Verlängerung der französischen Wehrpflicht und der Erneuerung des französisch-belgischem Militärabkommens führte Hitler am 16.03.1935 die allgemeine Wehrpflicht in Deutschland ein, was ein Bruch mit den Bestimmungen des Versailler Vertrages darstellte. Zugleich ging es ihm um die Förderung der deutschen Luftwaffe. Das Vereinigte Königreich und Frankreich sowie das faschistische Italien, das Österreich vor einer Vereinigung mit dem Deutschen Reich schützen wollte und Zustimmung für seine Expansionspläne in Äthiopien suchte, missbilligten diesen Schritt Hitlers und schlossen sich auf der Stresa-Konferenz am 14.04.1935 gegen das Deutsche Reich zusammen.

So richtig lange hielt die Opposition zum Deutschen Reich allerdings nicht. Bereits am 18.06.1935 wurde zwischen dem Deutschen Reich und dem Vereinigten Königreich ein Flottenabkommen geschlossen, das dem Deutschen Reich erlaubte, 35 % der britischen Flottenstärke zu erreichen, und im Abessinienkrieg, der am 03.10.1935 ausbrach, unterstütze das Deutsche Reich bald die schwächelnden Italiener, während die anderen Großmächte (eben auch das Vereinigte Königreich, was Mussolini nicht erwartete) Sanktionen gegen Italien aussprachen. Dies trieb das faschistische Italien in die Hände Hitlers, was dieser zu nutzen wusste. Italien wurde nach und nach immer abhängiger vom Deutschen Reich und zum Bündnispartner Hitlers. Am 25.10.1936 schlossen beide Mächte ein Abkommen: Das Deutsche Reich erkannte die italienische Annexion Abessiniens an. Zudem wurden Interessenszonen abgesteckt: Das Deutsche Reich erhielt den Osten Europas als Interessensgebiet, die Italiener das Mittelmeer. Zugleich beschloss man ein gemeinsames militärisches Vorgehen im Spanischen Bürgerkrieg (seit dem 17.07.1936) auf Seiten des Nationalisten Francisco Franco, der nach dem Sieg spanischer Diktator wurde und dies bis zu seinem Tod am 20.11.1975 blieb. Am 01.11.1936 verkündete Benito Mussolini schließlich die Achse Berlin-Rom und im Januar 1937 trat Italien dem Antikominternpakt zwischen dem Deutschen Reich und Japan bei, der Ende 1936 (25.11.) geschlossen worden war.[199]

Während des Aufbaus der intensiven Beziehung zu Italien wurde am 07.03.1936 das Rheinland remilitarisiert. Damit wurde ein weiteres Mal der Versailler Vertrag durch Hitler gebrochen, doch eine starke Reaktion der anderen Großmächte blieb aus. Diese Zurückhaltung wusste Hitler schon bald stärker zu nutzen. Hitlers Außenpolitik wurde zunehmend aggressiver. Im 2. Jahresplan vom Oktober 1936 wurde festgehalten, dass das Deutsche Reich bis 1940 kriegsbereit sei, und in der Hoßbach-Niederschrift[200] vom 05.11.1937 hieß es, dass Eroberungen im Osten nötig seien und ein Krieg um Österreich und der Tschechoslowakei (wenn nötig) spätestens 1943/5 erfolgt sein solle.

Schon ein paar Monate später sollte Österreich ganz ohne Krieg Teil des Deutschen Reiches werden. In einem von der NS-Führung selbst geschriebenen Telegramm wurde um Hitlers Hilfe und den Einmarsch von deutschen Truppen in Österreich gebeten. Dies geschah am 12.03.1938 und am 10.04.1938 fand eine Volksabstimmung zur Eingliederung Österreichs an das Deutsche Reich statt. 99,73 % aller abgegebenen Stimmen aus Österreich und 99,08 % der Stimmen aus dem Deutschen Reich sprachen sich für die Zusammenführung der Gebiete aus. Danach richtete Hitler den Blick auf die Tschechoslowakei. Im Sudetenland lebte eine größere Zahl an Deutschen, sodass Hitler dieses Gebiet beanspruchte. Hierfür war Hitler auch bereit, einen Krieg zu entfachen, doch wurde dieser durch den britischen Premier Neville Chamberlain und Benito Mussolini verhindert, die zur Lösung der Sudetenfrage eine Konferenz durchführten. Die Münchner Konferenz am 29. und 30.09.1938 führte in Abwesenheit der tschechoslowakischen Regierung zur Eingliederung des Sudetenlandes ins Deutsche Reich.

---

[199] Diesem Bündnis trat Spanien 1939 bei.
[200] Dieses Protokoll wurde unaufgefordert von Oberst Friedrich Hoßbach angefertigt. Darin fasste er eine mehrstündige Rede Hitlers vor den obersten Vertretern der Wehrmacht und Außenminister Konstantin von Neurath zusammen.

Der Rest der Tschechoslowakei hielt nicht mehr lange. Am 15.03.1939 zerschlug Hitler die Resttschechei: Tschechien und das Sudetenland wurden zum Protektorat Böhmen und Mähren (s. M13[201]) und die Slowakei war abhängig vom Deutschen Reich. Hiermit war das Ende der britischen Appeasementpolitik erreicht. Fortan wollte das Vereinigte Königreich nicht zur Vermeidung eines Krieges Hitler nach dessen Willen Schalten und Walten lassen. Schon kurz darauf zeigte sich die neue Haltung der Briten sehr deutlich. Hitler forderte von Polen am 21.03.1939 die Stadt Danzig und einen Zugang über den Landweg zur Stadt. Einen Tag später wurde das Memelland nach einem Ultimatum an Litauen annektiert. Die Polen jedoch gingen nicht auf die Forderung ein und am 31.03. erfolgte eine britisch-französische Garantieerklärung an Polen. Frankreich wurde zur Schutzmacht von Polen. Damit drohte ganz offen ein

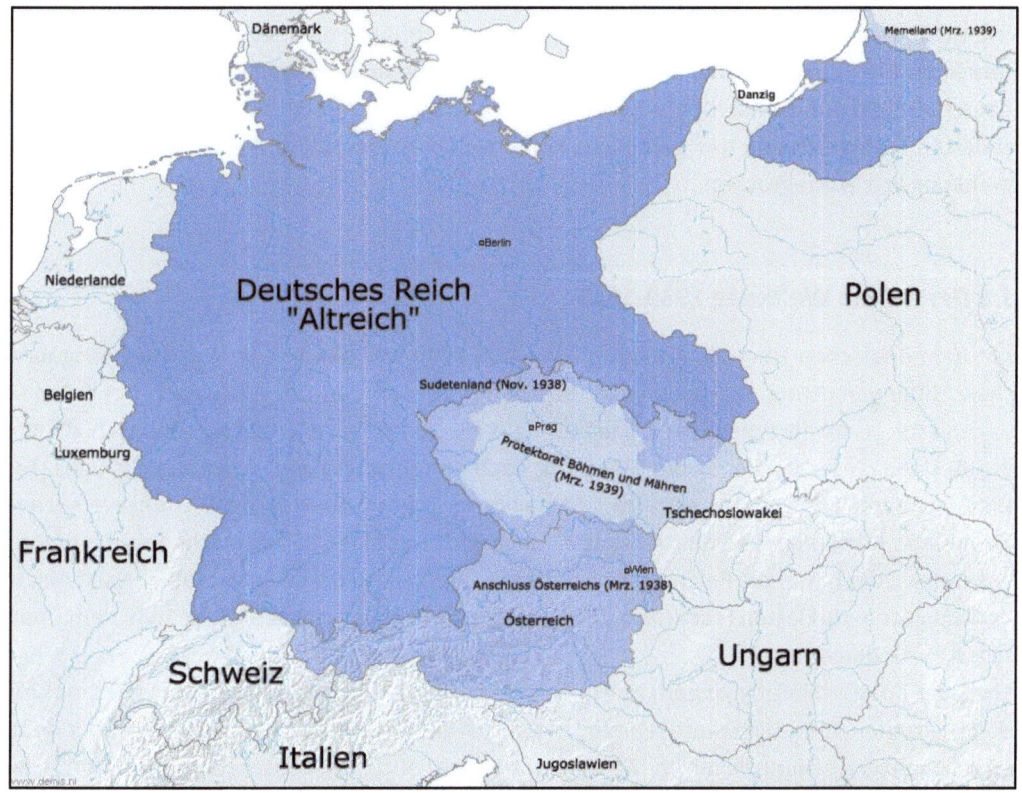

M13 Das Deutsche Reich nach dem Münchner Abkommen

[201] https://upload.wikimedia.org/wikipedia/commons/c/c9/Deutschesreich1939.png, Urheber: FJ-de, Angabe auf der Internetseite unter Quelle: „Eigenes Werk und Demis", hochgeladen von: FJ-de, zuletzt bearbeitet von: NordNordWest, Stand: 03.10.2009, gemeinfrei, abgerufen am 26.04.2020.

Krieg mit Frankreich und dem Vereinigten Königreich, sollte das Deutsche Reich Polens Territorium angreifen.

Hitler ließ dies unbeeindruckt. Seit dem 11.04. arbeitete die Wehrmacht an Kriegsplanungen gegen Polen. Am 28.04. wurde der Nichtangriffspakt mit Polen aufgekündigt und das Ende des Flottenabkommens mit dem Vereinigten Königreich verkündet. Am 22.05. wurde der Stahlpakt mit Italien geschlossen, der ein italienisches Eingreifen in einen Krieg sicherstellte – jedoch unter der Zusicherung eines noch 4 Jahre fortbestehenden Friedens. Tags darauf befahl Hitler die Ausführung der Niederwerfung Polens. Der Beginn der militärischen Operation dauerte noch einige Zeit. Bis dahin schloss Hitler Pakte mit Dänemark, Estland und Lettland und am 24.08. mit Stalin. Durch den Hitler-Stalin-Pakt sicherte sich Hitler die Neutralität der Sowjetunion beim bevorstehenden Feldzug gegen Polen und hoffte auf ein Stillhalten von Frankreich und dem Vereinigten Königreich bei einem Angriff auf Polen. Zugleich wurde in einem geheimen Teil Polen zwischen dem Deutschen Reich und der Sowjetunion aufgeteilt.

Am 01.09.1939 führte das Deutsche Reich einen Angriff auf Polen durch. Zwei Tage später erklärten Frankreich und das Vereinigte Königreich dem Deutschen Reich den Krieg. Der 2. Weltkrieg war ausgebrochen.

7.8 Der Zweite Weltkrieg 1939-1945

Mit dem deutschen Überfall auf Polen am 01.09.1939 war der Zweite Weltkrieg ausgebrochen. Hitler versuchte, das Ausland zu täuschen, indem er den Kriegsausbruch mit Polen so inszenierte, als ob die Polen zuerst das Feuer auf die Deutschen eröffnet hätten, doch glaubte das Ausland dieser Version nicht. Einen Tag nach dem Beginn des deutschen Feldzuges (Fall Weiß genannt) gegen Polen erklärte sich Italien nach gescheiterten Vermittlungsversuchen für neutral. Frankreich und das Vereinigte Königreich forderten das Deutsche Reich ultimativ auf, sich wieder hinter die Reichsgrenze zu ziehen, was die Deutschen nicht taten. Nach Ablauf des Ultimatums erklärten Frankreich und das Vereinigte Königreich am 03.09.1939 dem Deutschen Reich den Krieg.

Trotz der Kriegserklärung gingen die Franzosen und Briten nicht in einen direkten Kampf mit den Deutschen über. Die Franzosen fürchteten sich vor einer möglichen Übermacht der deutschen Wehrmacht und sicherten die Maginot-Linie (nahe der belgischen Grenze) ab[202], das Vereinigte Königreich versuchte die Übermacht zur See auszunutzen, um das Deutsche Reich von Nachschublieferungen zu blockieren.

---

[202] Vgl. Scriba, Arnulf, Kriegsverlauf, © Deutsches Historisches Museum, Berlin, Stand: 15.05.2015, CC BY NC SA 4.0, unter: https://www.dhm.de/lemo/kapitel/der-zweite-weltkrieg/kriegsverlauf.html, abgerufen am 24.04.2020.

Das Deutsche Reich umkam damit zunächst einem Zweifrontenkrieg und führte seinen Feldzug gegen Polen weiter. Bereits am 06.10.1939 war der Feldzug mit der Kapitulation der letzten polnischen Truppen an ein Ende gebracht worden. Die Deutschen siegten vernichtend über die Polen. In den eroberten Gebieten fanden Massenmorde an Zivilisten und Kriegsgefangenen statt und Universitäten wurden geschlossen. Aufgrund der Schnelligkeit, mit der die Deutschen den Feldzug gegen Westpolen siegreich abgeschlossen haben, spricht man von einem Blitzkrieg.

Der Rest Polens, also Ostpolen, wurde seit dem 17.09.1939 durch sowjetische Truppen besetzt. Dies war im Hitler-Stalin-Pakt vereinbart worden, die polnische Eigenstaatlichkeit gelangte zu einem Ende. Zur Sicherung des Friedens im Osten schlossen das Deutsche Reich und die Sowjetunion am 28.09. einen Grenz- und Friedensvertrag.

Am Tag des vollständigen Sieges über die Polen hielt Hitler im Reichstag eine Rede, in der er Frankreich und dem Vereinigten Königreich den Frieden anbot, sofern beide Staaten den neuen Status quo anerkennen würden. Sowohl Frankreich, als auch das Vereinigte Königreich lehnten dies entschieden ab. Offen kriegerische Handlungen blieben aber weiterhin aus.

Am 30.11.1939 griff die Sowjetunion Finnland an und konnte durch den Frieden von Moskau am 12.03.1940 die Grenzen zu ihren Gunsten verschieben.

Vor einem Angriff auf Frankreich geriet Skandinavien in den Fokus der Deutschen. Das Deutsche Reich hatte aus mehreren Gründen den Blick in den Norden gerichtet: Zum einen hatte man die Sorge, dass die Alliierten Skandinavien besetzen könnten und so das Deutsche Reich von Erztransporten aus Schweden abschneiden könnte. Zum anderen bestand die Gefahr, dass die Alliierten über Dänemark eine Nordfront gegen das Deutsche Reich eröffnen konnten, was deutsche Kräfte im Norden gebunden hätte, und weiterhin würde ein von den Deutschen besetztes Skandinavien die Wirtschaftsblockade des Vereinigten Königreiches weiter schwächen, was durch ein deutsch-sowjetisches Wirtschaftsabkommen vom 11.02.1940 sowieso schon geschwächt wurde.

All diese Gründe führten am 09.04.1940 zu einem Angriff auf Dänemark und Norwegen. Dänemark ergab sich aufgrund der deutschen Übermacht kampflos, Norwegen dagegen ließ sich nicht so leicht besetzen. Ein schneller Sieg ließ sich nicht erringen, denn alliierte Truppen unterstützten Norwegen. Die vollständige Besetzung Norwegens am 10.06.1940 gelang den Deutschen dadurch, dass die alliierten Truppen zwischen dem 03. und 07.06. aufgrund des deutschen Angriffes auf Frankreich abgezogen worden waren.

Apropos Angriff auf Frankreich: Der Westfeldzug der Deutschen begann am 10.05.1940. Die Deutschen griffen zum einen die neutralen Benelux-Staaten (Belgien, Niederlande, Luxemburg) an (Fall Gelb), um alliierte Kräfte dort zu binden, und zum anderen wurde über die Ardennen ein Angriff auf Frankreich ausgeführt (Fall Rot). Die Niederlande kapitulierten sehr bald am 15.05., Belgien am 28.05. Ab dem 05.06.1940 konzentrierte sich der Kampf der Deutschen gegen Frankreich.

Auch beim Kampf gegen die Franzosen handelte es sich um einen Blitzkrieg. Bereits am 14.06. wurde Paris eingenommen und am 17.06. kam es zu einem französischen Waffenstillstandsgesuch. Am 22.06.1940 wurde der Waffenstillstand von Compiègne unterzeichnet. Frankreich verlor 60 % seines Staatsgebietes an die Deutschen. Sämtliche bedeutenden Industriestädte fielen unter deutsche Herrschaft. Der Rest Frankreichs, Vichy-Frankreich genannt, wurde zu einem Marionettenstaat der Deutschen. Erwähnt werden soll an dieser Stelle der Kriegsbeitritt Italiens. Aufgrund der deutschen Siege entschloss sich der faschistische Führer Italiens, Benito Mussolini, zu einem Kriegsbeitritt Italiens auf Seiten ihres Bündnispartners, dem Deutschen Reich, am 10.06.1940. An jenem Tag erfolgten Kriegserklärungen an Frankreich und das Vereinigte Königreich. Das italienische Heer jedoch war keinesfalls besonders stark und schlagkräftig und blieb bereits in den französischen Alpen stecken. Durch den deutschen Sieg über Frankreich aber war der Feldzug für die Italiener schnell beendet.

Mit dem Sieg über Frankreich blickte Hitler nun auf das Vereinigte Königreich, das er zu Lande invadieren wollte. Entscheidend war dabei aber zunächst ein Sieg bei der Luftschlacht um England, die am 13.08.1940 begann. Nur ein deutscher Sieg würde den Deutschen einen ungestörten Zugang zu England erlauben, aber für die Deutschen kam es anders. Die Luftwaffe konnte die Briten nicht besiegen und verlor diese Schlacht. Letztlich gab Hitler den Invasionsplan Anfang 1941 auf.

Im Laufe des Jahres 1940 entfachten an anderen Orten kriegerische Handlungen, die das Deutsche Reich davon abhielten, bereits 1940 die Sowjetunion anzugreifen. Im September 1940 startete Italien von seiner Kolonie Libyen aus einen Angriff auf das britische Ägypten. Die Italiener waren einmal mehr den alliierten Truppen unterlegen und liefen Gefahr, Libyen zu verlieren. Italien wandte sich an die Deutschen und suchte Hilfe, die Hitler schließlich zugestand. Im Februar 1941 wurde unter Führung von Erwin Rommel ein Afrikakorps nach Libyen entsandt, das zunächst einige Erfolge feiern sollte. Die Deutschen stießen in Ägypten bis El-Alamein (30.06.1941) und damit bis kurz vor das Nildelta vor. Dann allerdings schlugen die Briten zurück und konnte bis zum Ende des Jahres 1941 den Status quo vor Kriegsbeginn wiederherstellen. Bis Oktober 1942 waren die Briten wieder deutlich nach Libyen eingefallen und am 13.05.1943 kapitulierte schließlich die Heeresgruppe Afrika. 275000 deutsche und italienische Soldaten gerieten in Kriegsgefangenschaft.[203]

---

[203] Vgl. Kellerhoff, Sven Felix, Das Afrikakorps ging mit einem „Heia Safari" unter, unter: https://www.welt.de/geschichte/zweiterweltkrieg/article116016236/Das-Afrikakorps-ging-mit-einem-Heia-Safari-unter.html, abgerufen am 24.04.2020.

Bereits 1941 – und dies sei der Vollständigkeit halber erwähnt – hatte Italien seine andere afrikanische Kolonie, nämlich Abessinien, nach der Kapitulation der dortigen italienischen Truppen verloren gehabt.

Ein weiterer Brandherd 1940 entstand auf dem Balkan. Dort begannen die Italiener am 28.10. von Albanien aus einen Feldzug gegen Griechenland. Auch dieses Mal war die italienische Kriegsführung nicht von großem Erfolg geprägt, sodass ein weiteres Mal die Deutschen aushelfen mussten. Zugleich rückte auch aus einem anderen Grund der Balkan in den Fokus der Deutschen, denn es bestand die Gefahr, dass die Alliierten über den Balkan eine Front im Südosten Europas eröffnen würden. Zugleich erschien die Sicherung des Balkans aus deutscher Sicht vor einem Angriff auf die Sowjetunion sinnvoll.

Um die Herrschaft über den Balkan zu erlangen wurde der Dreimächtepakt, der am 27.09.1940 auf Betreiben Hitlers zwischen dem Deutschen Reich, Italien und Japan geschlossen worden war, sukzessive erweitert. Als erstes trat Ungarn dem Pakt am 20.11.1940 ein. Drei Tage später folgte Rumänien, tags darauf die Slowakei. Am 01.03.1941 folgte Bulgarien. Jugoslawien war dagegen nur wenige Tage Teil des Paktes gewesen, als es dort am 27.03.1941 zu einem Staatsstreich kam und am 05.04. desselben Jahres ein Freundschaftsvertrag mit der Sowjetunion geschlossen wurde. So kam es, dass die Deutschen am 06.04.1941 den Kampf gegen Jugoslawien begannen, der am 17.04. final gewonnen wurde. Derweil trat Ungarn am 11.04.1941 dem Krieg bei, Bulgarien folgte am 19.04. und Rumänien am 22.06.

Nach Jugoslawien eroberten die Deutschen auch Griechenland. Die Griechen kapitulierten am 23.04.1941. Am 01.06. landeten deutsche Truppen auf Kreta, was zuvor von britischen Truppen besetzt worden war.

Damit konnte sich Hitler voll und ganz auf einen Krieg gegen die Sowjetunion konzentrieren. Hiernach strebte Hitler schon seit dem Herbst 1940, doch gerade die Unsicherheiten am Balkan hielten die Deutschen vor einem Angriff auf die Sowjetunion ab. Am 18.12.1940 erteilte Hitler mit der Weisung 21 jedoch den Befehl, den Angriff auf die Sowjetunion zu planen. Hitler verfolgte damit das Ziel, den nach der Ideologie der Nationalsozialisten propagierten Lebensraum im Osten noch weiter zu erobern.

Die Sowjetunion, die am 13.04.1941 ein Neutralitätsbündnis mit Japan geschlossen hatte, um einen Zweifrontenkrieg zu verhindern, wurde von den Deutschen ohne Kriegserklärung am 22.06.1941 überfallen. Italien, Rumänien, die Slowakei und Ungarn traten dem Krieg gegen die Sowjetunion bei, die Sowjetunion erhielt Unterstützung von den Alliierten – allerdings nicht in Form von Truppen. Am 12.07.1941 wurde ein britisch-sowjetisches Bündnis gegen das Deutsche Reich geschlossen und am 30.07. erklärte die USA der Sowjetunion, mit Kriegsmaterial helfen zu wollen. Am 04.12.1941 schloss die Sowjetunion einen Beistandspakt mit der polnischen Exilregierung.

Zunächst erzielten die Deutschen zahlreiche Erfolge und stießen in den Osten vor. Wenige Tage nach dem Kriegsausbruch war die Luftwaffe der Sowjetunion außer Gefecht gesetzt. Kesselschlachten wurden gewonnen und zwar am 09.07.1941 in Minsk, am 05.08.1941 in Orscha-Witebsk und am 07.08.1941 in Uman. Hundertausende sowjetischen Soldaten gerieten in Kriegsgefangenschaft. Im Spätsommer 1941 waren das gesamte Baltikum sowie große Teile der Ukraine und Weißrusslands unter deutscher Herrschaft. Gerade in der Ukraine wurden die Deutschen anfangs positiv als Befreier von der Herrschaft Stalins angesehen, doch die Verbrechen und Gräueltaten gegen die zivile Bevölkerung dort ließen schnell das Pendel umschlagen und führten zu Partisanenkämpfen.[204]

Die anfänglichen deutschen Erfolge brachten die Sowjetunion in die Bredouille. Im September 1941 wurde Hitler geraten, direkt nach Moskau zu gehen und die Hauptstadt der Sowjetunion unter deutsche Herrschaft zu bringen. Hitler selbst jedoch bevorzugte eine andere Taktik, die letztlich umgesetzt wurde: Er wollte Moskau quasi in die Zange nehmen: Zum einen solle im Süden das Doneszbecken erobert werden, da es dort reiche Erz- und Erdölvorkommen gab, zum anderen solle im Norden das Ostseegebiet unter deutsche Kontrolle gebracht werden, um eine Verbindung mit Finnland herzustellen. Die Eroberung des Doneszbecken glückte den Deutschen. Im Norden allerdings scheiterten die Deutschen mit der Einnahme Leningrads (heute: St. Petersburg). Ab dem 08.09.1941 wurde die Stadt belagert und konnte letztlich bis zum Ende der Belagerung am 27.01.1944 nicht von den Deutschen erobert werden. Die Verluste in der Zivilbevölkerung waren immens: Rund 1,1 Millionen Zivilisten verloren im Zuge der Belagerung ihr Leben.[205]

Am 02.10.1941 sah Hitler den richtigen Moment gekommen, um Moskau anzugreifen. Die Schlacht um Moskau dauerte bis 08.12.1941 an. Die deutschen Truppen konnten am Anfang nah an Moskau heranrücken. Die Regierung verlegte ihren Sitz nach Kujbyschew, Stalin allerdings verblieb in Moskau. Eisige Temperaturen führten dann aber zum Abbruch des deutschen Angriffes. Die Truppen hatten keine passende Ausrüstung, um den klimatischen Bedingungen standzuhalten. Diese Niederlage war ein vorläufiger Endpunkt des deutschen Vormarsches, ab dem 05.12.1941 kam es zur sowjetischen Winteroffensive. Hierbei wurden zahlreiche Gebiete wiedererobert. Teile des deutschen Militärs wurden in den Städten Demjansk und Cholm eingekesselt und letztlich gelang es den Deutschen nur mit großen Mühen, einen Zusammenbruch der Front zu verhindert. Erst im Frühjahr 1942 stabilisierte sich die Ostfront wieder. In der Zwischenzeit übernahm Hitler selbst das Oberkommando.

---

[204] Vgl. Scriba, Arnulf, Kriegsverlauf, © Deutsches Historisches Museum, Berlin, Stand: 15.05.2015, CC BY NC SA 4.0, unter: https://www.dhm.de/lemo/kapitel/der-zweite-weltkrieg/kriegsverlauf.html, abgerufen am 24.04.2020.

[205] Vgl. Niemetz, Daniel, Die Leningrader Blockade: Vernichtung durch Hunger, URL: https://www.mdr.de/zeitreise/ns-zeit/leningrader-blockade-100.html, abgerufen am 27.05.2020.

Im Frühjahr und Sommer 1942 führte das Deutsche Reich eine erneute Offensive im Osten durch mit dem Ziel, die Erdölfelder im Kaukasus zu erobern. Am 28.05. wurde Charkow erobert, der Kampf auf der Halbinsel Krim vom 07.06.-04.07. endete mit der Eroberung der Halbinsel durch die Deutschen. Am 01.09. begann der Kampf um die Stadt Stalingrad. Bis Mitte November waren etwa 90 % der Stadt unter der Kontrolle der Deutschen[206], womit der östlichste Vorstoßpunkt des deutschen Militärs im 2. Weltkrieg erreicht worden war. Einen Tag später begann die sowjetische Gegenoffensive: Am 22.11. wurden die deutschen Truppen in Stalingrad eingekesselt und konnten sich nicht mehr daraus befreien. Hitler selbst verbot jedoch am 23.12. die Aufgabe der Stadt. Am 25.01.1943 wurde der Kessel gespalten und entgegen des Willens Hitlers kapitulierte der Südkessel unter Generalfeldmarschall Friedrich Paulus am 31.01. und der Nordkessel am 02.02.1943. Insgesamt starben rund 150000 deutsche Soldaten und mehr als 400000 sowjetische Soldaten bei der Schlacht um Stalingrad, rund 91000 deutsche Soldaten gerieten in Kriegsgefangenschaft.[207]

Die Niederlage in Stalingrad und die heftigen Verluste machte vielen Deutschen klar, dass eine Wende im Krieg erreicht war. Neben den verlustreichen Kämpfen im Osten kam es seit einiger Zeit schon zu Luftangriffen auf deutsche Großstädte von Seiten der Briten und Amerikaner, die seit dem japanischen Angriff auf Pearl Harbor seit dem 07.12.1941 in den 2. Weltkrieg eingriffen. Bei diesen Luftangriffen kam es zu zahlreichen zivilen Opfern in der deutschen Bevölkerung. So wurden bei der Bombardierung von Hamburg im Juli und August 1943 (Operation Gomorrha) mindestens 34000 Menschen getötet.[208]

Die Situation des Deutschen Reiches spitzte sich zu. Um sich nochmal richtig aufzubäumen hielt Joseph Goebbels, der Reichspropagandaminister, im Berliner Sportpalast eine berühmt gewordene Rede, in der er den totalen Krieg ausrief. Eine richtige Wende erreichten die Deutschen nicht.

Vom 05. bis 13.07.1943 kam es zu einer letzten deutschen Offensive im Kursk-Bogen im Osten, die mit dem Namen Unternehmen Zitadelle bezeichnet worden war. Nahe der Stadt Kursk fand die größte Panzerschlacht der Weltgeschichte statt. Die Deutschen blieben ziemlich bald stecken, die Offensive wurde abgebrochen.

Im weiteren Verlauf des Sommers holten die Russen zum Gegenschlag aus. Der Sowjetunion gelangen tiefe Einbrüche durch die deutsche Front, bis November 1943 wurden Großteile der

---

206 Vgl. Scriba, Arnulf, Die Schlacht um Stalingrad, © Deutsches Historisches Museum, Berlin, Stand: 19.05.2015, CC BY NC SA 4.0, unter: https://www.dhm.de/lemo/kapitel/der-zweite-weltkrieg/kriegsverlauf/schlacht-um-stalingrad-194243.html, abgerufen am 24.04.2020.
207 Vgl. ebd.
208 Vgl. Gretzschel, Matthias, Hamburg. Kleine Stadtgeschichte, Ausgabe 3 Regensburg 2015, URL: https://books.google.de/books?id=MYI3DwAAQBAJ&printsec=frontcover&hl=de&source=gbs_ge_summary_r&cad=0#v=onepage&q&f=false, abgerufen am 27.05.2020.

Ukraine mitsamt der Stadt Kiew zurückerobert und auch die sowjetische Winteroffensive verlief erfolgreich.[209]

Im Deutschen Reich dagegen lief es immer schlechter: Es gab Probleme beim Nachschub, die Versorgung der Bevölkerung war schlecht und die Deutschen mussten Teile ihrer Truppen nach Italien verlegen, denn dort schritten die Alliierten voran.[210]

Mit der Kapitulation der Heeresgruppe Afrika am 13.05.1943 war für die Alliierten nämlich der Weg nach Süditalien frei geworden. Am 10.07.1943 landeten erste Truppen auf Sizilien (Operation Husky), das relativ zügig bis zum 17.08.1943 erobert worden ist. Danach setzten die alliierten Truppen auf das italienische Festland über und schritten nach Norden voran.

In der Zwischenzeit tat sich in Italien einiges. Die schlechte militärische Situation der Italiener führte am 25.07.1943 zum Sturz Mussolinis, der festgenommen wurde und nach mehreren Zwischenstationen auf dem Gran Sasso d'Italia festgehalten worden ist. Der Nachfolger als Regierungschef wurde Pietro Badoglio (26.07.). Die faschistische Partei wurde aufgelöst (28.07.) und seit dem 03.08. führte Italien trotz Zusicherung an die Deutschen Geheimverhandlungen mit den Alliierten. Diese führten letztlich zum Waffenstillstand von Cassibile am 03.09.1943. Hitler befahl daraufhin die Besetzung von Nord- und Mittelitalien (Fall Achse). Auf dem von den Deutschen besetzten Gebiet wurde die Repubblica Sociale Italiana gegründet, dessen Staatsoberhaupt ziemlich bald Benito Mussolini geworden ist, nachdem er am 12.09.1943 von deutschen Soldaten aus seinem Gefängnis befreit worden war. Am 13.10.1943 erfolgte schließlich die deutsche Kriegserklärung an das von den Faschisten befreite Italien.

Der Krieg in Italien zog sich lange hin und gestaltete sich für die Alliierten als kompliziert, denn immer wieder konnten sich die Deutschen die Geografie Italiens zu Nutze machen und Stellungen lange verteidigen. Am 15.02.1944 wurde das Kloster Montecassino von den Alliierten zerstört, aber erst im Mai konnte die Gegend tatsächlich erobert werden. Am 04.06.1944 wurde Rom erobert, am 26.07. folgte Pisa und kurz darauf am 04.08. Florenz. Danach kam der alliierte Vormarsch ins Stocken. Erst die alliierte Offensive vom 09.-14.04.1945 durchbrach die Apenninfront. Am 19.04. wurde Bologna von den Amerikanern erobert und am 28.04.1945 kapitulierte das Deutsche Reich in Italien. Am gleichen Tag wurde Benito Mussolini von Partisanen in den Alpen aufgegriffen und erschossen. Sein Leichnam wurde in Mailand öffentlich aufgehängt.

Im Jahre 1944 kam es auch an der Ostfront zu massiven Veränderungen. Die Sowjets eroberten die Krim, stießen in das Baltikum vor und erreichten bis August 1944 Ostpreußen und

---

[209] Vgl. Scriba, Arnulf, Kriegsverlauf, © Deutsches Historisches Museum, Berlin, URL: https://www.dhm.de/lemo/kapitel/der-zweite-weltkrieg/kriegsverlauf.html, Stand: 15.05.2015, abgerufen am 24.04.2020.
[210] Vgl. ebd.

waren nur noch rund 25 km von Warschau entfernt. Ebenfalls im August fiel Rumänien vom Deutschen Reich ab (25.08.) und erklärte den Deutschen den Krieg. Kurz darauf fiel auch Bulgarien ab und wechselte auf die andere Seite. Mit dem Waffenstillstand zwischen Finnland und der Sowjetunion am 19.09.1944 schied auch Finnland als Bündnispartner der Deutschen aus.

Auf dem Balkan zogen sich die Deutschen ebenfalls zurück. Auf Hitlers Befehl hin wurde bis zum 02.11. erst Griechenland und danach auch Albanien geräumt und am 23.12. erklärte Ungarn dem Deutschen Reich den Krieg.

Ende 1944 konnten die Deutschen ein letztes Mal die Front im Osten stabilisieren.

Derweil kam es auch im Westen Europas zu Veränderungen. Die Sowjetunion forderte schon seit einiger Zeit die Errichtung einer zweiten Front im Westen gegen das Deutsche Reich, aber erst nachdem die USA die Japaner im Pazifik stark in Bedrängnis gebracht hatten und ein Sieg absehbar gewesen war, kam es zu einem gemeinsamen Vorgehen der USA und dem Vereinigten Königreich im Westen. Am 06.06.1944 startete die Operation Overlord. An diesem Tag, der auch als D-Day bekannt ist, landeten alliierte Soldaten in der Normandie. Dies gelang umso besser, als dass Hitler eine Landung in der Normandie nur als Täuschungsmanöver hielt und die Alliierten an anderer Stelle (Pas-de-Calais) erwartete. Bald erzielten die alliierten Truppen große Erfolge: Am 31.07. wurde die Front bei Avranche durchbrochen, Mitte August wurde die Kesselschlacht bei Falaise gewonnen und am 25.08. wurde Paris von den Deutschen befreit und Charles de Gaulle bildete eine provisorische Regierung.

Kurz vorher starteten die Alliieren noch eine weitere Operation in Frankreich und zwar die Operation Dragoon. Hierbei landeten alliierte Truppen an der südfranzösischen Küste zwischen Toulon und Cannes. Sehr schnell brach das Regime in Vichy-Frankreich zusammen. Im September 1944 war ganz Frankreich von den Alliierten befreit worden.

Die Alliierten setzten ihren Westzug fort. Am 21.10. wurde Aachen eingenommen, doch konnte kein Frontdurchbruch erzielt werden. Die Westfront konnte stabilisiert werden und die deutschen Truppen führten ab dem 16.12. mit der Ardennenoffensive nochmal einen Angriff aus, der allerdings fehlschlug.

So waren wieder die Alliierten am Zug, die bis zum 05.03.1945 sämtliche westrheinischen Gebiete unter ihre Kontrolle gebracht haben. In der Folge wurde das Ruhrgebiet eingekesselt und Hitler forderte mit dem sogenannten Nerobefehl vom 19.03. die Befehlshaber im Ruhrgebiet auf, die Zerstörung der Industrieanlagen durchzuführen. Dieser Anordnung widersetzten sich die Befehlshaber. Am 18.04. kapitulierte das Ruhrgebiet, am 25.04. trafen sich in Torgau die westalliierten Truppen mit den sowjetischen Truppen.

Diese waren bis dahin auch weit in den Westen vorgedrungen. In einer Winteroffensive im Winter 1944/45 stießen sie schnell bis zur Oder und Neiße vor. In dieser Zeit kam es zu einer starken Massenflucht von Deutschen in den Ostgebieten des Deutschen Reiches in Richtung Westen ausgelöst durch Propaganda über „die" grausamen bolschewistischen Russen.

Die sowjetischen Truppen stießen schließlich auf Berlin. Dort begann ab dem 16.04. die Schlacht um Berlin. Die Stadt konnte von den Deutschen nicht verteidigt werden und Hitler selbst beging am 30.04.1945 Selbstmord. Karl Dönitz, der die Regierungsgeschäfte übernahm, unterzeichnete daraufhin am 04.05. die deutsche Kapitulation in Dänemark, den Niederlanden, Nordwestdeutschland und Norwegen. Am 07.05. folgte die Unterzeichnung der bedingungslosen Kapitulation in Reims gegenüber den Westalliierten und am 08.05. die Unterzeichnung der bedingungslosen Kapitulation in Berlin-Karlshorst gegenüber den Russen. Damit war der 2. Weltkrieg in Europa vorbei. Dönitz' Regierung wurde am 23.05. abgesetzt und ihre Mitglieder wurden verhaftet.

Mit der Unterzeichnung der bedingungslosen Kapitulation durch die Deutschen am 08.05.1945 war der 2. Weltkrieg insgesamt aber noch nicht vorbei. Japan führte noch bis Anfang September Krieg. Die Japaner selbst waren seit dem 07.12.1941 im 2. Weltkrieg beteiligt. An jedem Tag griffen die Japaner Pearl Harbor, einen US-Flottenstützpunkt, an, was am 08.12. zur US-amerikanischen Kriegserklärung an Japan und am 11.12. zur Kriegserklärung des Deutschen Reiches und Italiens gegen die USA führte.

Warum aber griffen die Japaner die USA an? Zwischen beiden Staaten existierten im Vorfeld des Angriffes heftige Spannungen. Japan hatte seit 1931 seinen Machtbereich erweitert, was den USA missfiel. 1931 wurde von Japan die Mandschurei besetzt, 1937 marschierte man in China ein und im April 1941 wurde Französisch-Indochina besetzt. Diese Besetzung führte zu einem Erdöl-Embargo des Vereinigten Königreiches und den USA gegen Japan. Dies traf die Japaner hart, da sie einen Großteil ihres Erdöls aus den USA importierten. Das Embargo selbst förderte zugleich das weitere Vordringen Japans in Südostasien, um es kompensieren zu können und damit wuchsen die Spannungen weiter. Die diplomatischen Verhandlungen scheiterten und die Japaner entschieden sich für einen Präventivschlag auf Pearl Harbor.

Zunächst verlief der 2. Weltkrieg für Japan erfolgreich: Bis Mai 1942 konnten Thailand, die Philippinen, Niederlande-Indien und Burma erobert werden. Die japanische Niederlage in der Schlacht im Korallenmeer am 08.05.1942 beendete die japanische Expansion im Süden und die Seeschlacht bei den Midway-Inseln vom 03.-07.06.1942, endete mit einer japanischen Niederlage, wobei vier japanische Flugzeugträger zerstört worden waren.

Im August 1942 gingen die Amerikaner in die Offensive. Zusammen mit alliierten Soldaten landeten sie auf der Insel Guadalcanal (Salomonen), die sie am 09.02.1943 komplett einnahmen. Zugleich starteten die Alliierten 1943 eine Offensive im Südwestpazifik.

Auf der Konferenz von Teheran im November 1943 forderten das Vereinigte Königreich und die USA die Sowjetunion dazu auf, gegen Japan in den Krieg zu ziehen. Stalin gestand allerdings nur zu, dass die Sowjetunion nach einem Sieg über das Deutsche Reich innerhalb von 3 Monaten den Krieg gegen Japan erklären würde. Somit kämpfte die Sowjetunion vorerst nicht gegen Japan mit.

Auch ohne sowjetische Hilfe konnte die japanische Niederlage vorbereitet werden. Im Mai 1944 endete die japanische Besetzung Neuguineas, ab Juni wurden die Marianen erobert, im Oktober kam es zur Schlacht um die Philippinen. Auch wenn die Japaner zahlreiche Kamikazeflieger eingesetzt hatten, konnte die Niederlage und letztlich die Rückeroberung der Philippinen im Februar 1945 nicht verhindert werden. Außerdem wurde Burma 1945 von den Alliierten zurückerobert.

Zugleich kam es aufgrund des Krieges zu einer Hungersnot in Japan. Zudem war die Truppenversorgung schlecht. Die Niederlage der Japaner war klar abzusehen.

Im Frühjahr 1945 waren die USA dann soweit, als nächstes die Invasion Japans vorzunehmen, die sie planten. Auf der Potsdam-Konferenz wurde Japan ein letztes Mal zur bedingungslosen Kapitulation aufgefordert, bevor sich der Krieg gegen das japanische Festland richten würde. Japan lehnte ab. Am 06.08.1945 wurde über Hiroshima die erste Atombombe im Zuge eines Krieges abgeworfen, drei Tage später folgte der Atombombenabwurf über Nagasaki. Wie viele Menschen dabei starben, lässt sich nur schätzen. Hinzu kommt, dass neben denjenigen, die sofort durch die Explosion getötet wurden, auch viele starben, die durch die freigesetzte Hitze und Strahlung schwere gesundheitliche Schäden erlitten hatten. Bis Ende 1945 dürften mehr als 200000 Menschen ihr Leben aufgrund der Atombombenabwürfe verloren haben.[211] Mit den Geschehnissen in Hiroshima und Nagasaki war die Niederlage Japans besiegelt. In der Zwischenzeit erklärte noch die Sowjetunion am 08.08.1945 Japan den Krieg und besetzte die Mandschurei und Korea.

Am 16.08.1945 kam es zur Waffenruhe, am 02.09.1945 folgte die bedingungslose Kapitulation der Japaner. Damit endeten die Kampfhandlungen des 2. Weltkrieges offiziell an jenem Tag. Der Friedensvertrag von San Francisco beendete den Kriegszustand zwischen Japan und den Alliierten jedoch erst am 28.04.1952 offiziell.

---

[211] Vgl. Barnaby, Frank, The Effects of the Atomic Bombings of Hiroshima and Nagasaki, in: Holdstock, Douglas (Hrsg.)/ Barnaby, Frank (Hrsg.), Hiroshima and Nagasaki: Restrospect and Prospect, London/Portland 1995, S. 2, URL: https://books.google.de/books?id=ynUBAwAAQBAJ&printsec=frontcover&hl=de&source=gbs_ge_summary_r&cad=0#v=onepage&q&f=false, abgerufen am 28.05.2020. Dort ist die Rede, dass in Hiroshima bis Ende 1945 nach Schätzungen 140000 Menschen starben und in Nagasaki deren rund 74000.